# Introducción

## Cómo nació este libro

Les recomiendo leer estas páginas antes de sumergirse en la historia. Este libro comenzó como un proyecto de la clase de inglés. Mi maestro nos pidió crear una historia donde se desarrollaran los personajes. Así fue como nació la primera parte de este libro. ( Ojo antes de leer si ven palabras fuera de lugar o texto repetitivo no son errores los puse a proposito ya que son easter eggs de un futuro personaje que estara en los siguientes libros. )

Recuerdo que, al imprimir esa primera parte para entregarla, el formato PDF se bugeó y el resultado fueron 172 páginas. Mi maestro se quedó impactado al ver un libro completo en lugar de un simple trabajo. Pasó mucho tiempo leyéndolo, pero a mí me dio tristeza, porque pensé que había hecho algo mal. Sin embargo, algo despertó en mí: sentí que era un buen escritor. Me vi como un profesional creando un libro, y esa experiencia me motivó a hacerlo más largo y completo.

Por eso decidí expandir esta obra y darle un lugar especial. Si este libro tiene éxito, ya tengo planes para escribir una segunda y hasta una tercera parte. Ahora, antes de comenzar, quiero aclarar que puede parecer que hay contradicciones, pero no lo son. Si encuentras Partes que parecen contradictorias sigue leyendo al final habra una explicación.

# *Inicio*

**(Capítulo 1: El primer día)**

En un lugar lejano donde reina la fantasía y la magia,

érase una vez una ciudad muy grande y mágica llamada

Liltod.

Ciudad donde reina la magia y donde hay muchas culturas, es una ciudad muy interesante y hermosa. En este lugar vive una persona muy inteligente que estudiará en la universidad de magia más importante en todo el mundo de la magia, la literatura y otras cosas. Él está durmiendo en la mansión de su familia.

*Rin, rin, riiiin, riiiiiiin, riiiiin*

—¡Despierta, despierta! —dice el reloj mágico.

—¡Despierta, el protagonista!

—¿Qué está pasando? —le grita, asustado, al reloj.

El reloj le dice:

—Listo para tu primer año en la Universidad de Magia, donde estudiarás un nuevo curso de literatura de terror y literatura gótica.

El protagonista grita:

—¿¡Qué!? Ya lo había olvidado, no puede ser, ¡esto es inaceptable! Tengo que vestirme y verme muy guapo.

*Procede a vestirse.*

Listo, me siento mucho mejor ahora tengo que ir así, empacar –procede a empacar todo-. en caso de que necesite usarlo y llevar todo con él ya que vivirá en la universidad mientras estudia sus 4 años , me siento mucho mejor ahora tengo que irme * alista todas sus cosas* prepara su varita mágica. en caso de que necesite usarla y se lleva todo con él* Ya que vivirá en la universidad mientras estudia sus 4 años. *se teletransporta con magia roja hacia la universidad*

—¡Ay, ya llegué! ¡Qué lugar más hermoso! No puede ser, es único e incomparable, ¡es un paraíso, es enorme!

(Universidad Mgius Literus)

El protagonista se siente bien, pero al mismo tiempo asustado y algo triste, ya que eligió un lugar totalmente diferente y nuevo, donde solo él era el único aceptado de todos sus amigos anteriores.

*Me pregunto si conoceré a alguien nuevo o qué pasará...* (escalofríos)

Una vez que entra, los guardias lo tratan amablemente y le dan la ubicación de su apartamento en el castillo.

Me doy cuenta de que las habitaciones aquí son mejores que la mía. ¡Jajaja! *Hace magia para traer al reloj.*

—Hola, amigo —dice el reloj mágico, mientras queda impresionado con la belleza de la habitación.

—Hola, decidí traerte al lugar en vez de dejarte. Además, no estaré en casa por 4 años, o tal vez más —dice Keo, colocando el reloj en su habitación.

—Mmm, creo que iré a explorar. Quiero ver qué áreas tiene y quiero conocer gente nueva, explorar y descubrir varias cosas.

*Se va a explorar.*

—¡WOW! Hay un poco de todo. ¿¡Una biblioteca infinita!? ¡¿Cómo?!

—Así es, querido Keo —dice la bibliotecaria. —¿Qué? ¿Cómo sabes mi nombre?

—Bueno, digamos que he leído todos los archivos de los que entran y salen de aquí.

—¡Wow, increíble! —dijo Keo. —Ooo... ¿Y por qué es infinita? —pregunta Keo.

—Bueno, digamos que en esta universidad amamos la literatura y cada día, cada estudiante escribe un nuevo libro o una novela. —¡Qué genial! Podré leer mis novelas favoritas o descubrir otras nuevas. —Así es, jaja —dijo la bibliotecaria. —¿Y cuál es tu nombre? Dice Keo.

—Mi nombre es Lirais Steel.

Oooh, bueno, voy a seguir explorando, pero de todos modos fue un placer conocerte.

(Lirais: Igualmente.)

Bueno, iré a ver el área social. ¡Wow, interesante! Hay un poco de todo, hay restaurantes de todo tipo, ¡wow! Todo es interesante, pero qué miedo, me siento tan solo, pero a la vez no. *Camina poco a poco.*

*Choca con alguien.*

—Oye, tonto, ten cuidado. —¿Qué? No, lo siento, lo siento.

*En mi mente digo: No, acabo de golpear a alguien que parece peligroso.*

*Ese alguien Intenta golpearlo, pero algo sucede.*

—Oye, déjalo en paz, o te ocuparás de mí. —¿Quién eres, estúpido? —dice el brabucon.

—Yo soy el que te romperá toda la cara. *Se pelean y el matón pierde.*

*Levanta a Keo.* —Oye, ¿estás bien? —Sí, sí, estoy bien. Oye, gracias por ayudar.

—De nada —dice el que lo defendió. —Mi nombre es Death Lidius.

—¿Y el tuyo?

—Oh, soy Keo Ardanich, encantado de conocerte.

(A partir de ese momento comienza una gran amistad entre ambos personajes.)

—Supongo que eres nuevo aquí, ¿no? Dice Death —Keo dice: Sí, sí, soy nuevo, jajaja, ¿y tú?

—Yo también, jajajaja, ¡wow, qué épico! —dice Keo. —¿Estamos en el mismo curso? Dice Keo

—Tal vez, jajaja. Dice Death —Bueno, ¿exploremos juntos? Dice Keo —Hay muchas cosas que quiero ver —dice Death. —Sí, sí, Vamos a explorar—dice Keo.

*Juntos exploran todo.* —Bueno, ¡qué épico! Me ha impresionado. Ya veo por qué dicen que es la mejor universidad y solo aceptan 200 personas al año —dice Keo.

—Pues sí, aunque me he enterado que a veces hay brabucones que vienen a hacerse pasar por estudiantes, como ese tonto que nos enfrentó, jajaja —dice Death.

—Jajaja, fue gracioso cómo se fue a correr —jajaja —dice Keo. —Bueno, ya es de noche. Me habían mencionado que aquí hay una zona donde hay conciertos. Dice Death —¿Podemos ir a ver si conocemos más gente? —Buena idea —dice Keo. —¿Cómo no? —dice Death.

(Keo) —¡WOW, tremendo concierto de Metalpunk!

(Death) —¡Siiii, muy bueno! Me encanta este tremendo género musical.

(Death) —Bueno, al final no conocimos a nadie, pero todo fue bien, jajaja.

—Pues claro, mi amigo —dice Keo. (Keo) —Bueno, ya son las 9:30, creo que deberíamos ir a nuestras habitaciones.

—Está bien —dice Death. *Proceden a irse.* (Keo) —Bueno, finalmente llegué a mi habitación. Fue realmente un buen día, jajaja. A ver, ¿por qué habrá tantos libros? Es como si aquí todo fuera mío... ¡WOW! Yo ni siquiera tengo espacio para poner el resto, jajaja.

—Bueno, a dormir. *Se queda dormido. Mientras tanto, en la noche, en un castillo lejano...*

Un villano corrompido por la oscuridad y el mal, con el corazón roto y destruido, planea destruir el mundo, ya que no ha podido recuperar a su pareja...

(Capítulo 2: El verdadero primer día)

*Rin, Rin, Rin* —dice el reloj. —¡Levántate, Keooooooooooo!

*Salta de la cama asustado.* —¡Aaaaa, ¿qué te pasa, reloj de basura?!

—¿No sabes que es tu primer día de curso, tonto? —dice el reloj. —Sí, sí, cierto, lo siento, el sueño, ya sabes... *jajajaja.* —Pues vístete —dice el reloj. —Hoy te toca tomar la clase de literatura de terror oscuro. —¡Oooh sí, mi favorita, me encanta! —grita Keo emocionado. —Bueno, ya estoy bien vestido, es hora de irnos.

*Camina a la sala de clases.* —¡Buenos días, estudiantes! —dice una voz seria.

—Yo seré su profesor de literatura de terror oscuro durante estos 4 años. Espero que les guste esta universidad. Me presento, soy Lord Erik Sidereus. Y mi segundo nombre es Volde, por si olvidan el primero.

(Keo) Mira a su alrededor y ve a Death. —Hola, Death —dice Keo en voz baja.

(Keo) —¿Cómo estás? (Death) —Bien, ¿y tú? Jajaja. (Lord Erik) —Bueno, estudiantes, saquen sus cuadernos. Escriban una historia corta que describa tales emociones: odio, ira y angustia. Hagan que estas emociones se vuelvan un personaje terrorífico. *Erik sonríe de forma siniestra.*

(Keo) y (Death) empiezan a copiar y dibujan el personaje.

*Pasan los minutos.* —Bueno, estudiantes, veamos sus creaciones.

—Sí, sí, señor —dice Keo. (Lord Erik) —Increíble, hiciste este trabajo muy bien, Keo, pero prepárate porque lo difícil viene pronto. *Jajaja* Entonces, por ahora tienes 10 en la clase.

*Corrige el cuaderno de Death y los demás estudiantes.* —Bien, mis alumnos lo han hecho muy bien sus historias, aunque algunos cometieron errores de ortografía, eso es malo en esta sala. Bueno, ya pueden ir al recreo, han pasado 4 horas.

(Death) —¿Qué te parece si vamos a almorzar al restaurante *Suchi*?

(Keo) —Bueno, vamos, jajaja. Quiero ver cómo es, no lo he visto.

(Una chica) Hola emm puedo sentarme con ustedes? es que ya las sillas estan llenas (Keo) bien ven sientate no hay problema. * Keo le pregunta a death oye y que tal la clase de Literatura * Death dice pues me fue muy bien aunque el profe dio miedito .* La chica dice* perdon por interrumpir igual me toco en el salon de ustedes y pues si jajaj da mucho miedo aunque hay rumores de que sufria mucho acoso de niño y por eso decidio cambiar su forma tras el rechazo sus amigos . Oh no que mal eso dice Keo (Death) pobresito quien sabe cuantas cosas ha pasado jajaa. Keo dice jajaja nosotros en nuestro primer dia los menos chismosos jajjaaja * se rien los tres* Bueno me presento soy Samantha Safir .

—Un gusto conocerle —dice Keo y Death. (Keo) —Bueno, aún hay más lugares a los que podemos ir.

(Samantha) —Ojo, pues sí, esta universidad es demasiado enorme. ¿Qué tal si vamos al área de hechizos? (Keo) —¡Interesante! *Proceden a ir juntos.*

(Death) —¡WOW, qué lugar tan épico! Jajaja, parece que el maestro de acá no está.

*Eeeee, como que no estoy. Aparece el maestro detrás de Death.*

—¡AAAAAAAAAAA, QUÉ SUSTO! —grita Death como una niña. *Jajajajaja, se ríe el señor.*

—Se asustó la nenita. *Death, enojado:* —¡Que no soy una niñita!

—Lo siento —dice el señor. *(Keo y Samantha) se ríen mucho.*

—Bueno, me presento, soy el Profesor Rumplis Steel.

Y bueno, como verán, mi clase es opcional. La pueden tomar en la hora libre o a cualquier hora. Esta clase les ayudará a reforzar sus destrezas en magia, hechizos y pociones, donde se les dará una puntuación extra en caso de que tengan algún curso con calificación baja. Una vez pasen los 4 años en esta clase, se les dará un certificado donde tendrán las 4 profesiones ya dichas: magia, hechizos, pociones y encantamientos.

—¡WOOOW, QUÉ EPICO! —grita Keo. (Samantha) —¿Y bueno, cómo elegimos esta clase?

(Rumplis) —Pues deben ir a la oficina para hablar con el señor director, quien les dará un examen sorpresa. Una vez lo pasen, serán aceptados. Aunque como me cayeron bien, les daré una pista: el examen trata de atacar un monstruo con los poderes que sepas, así que ya saben.

(Death) —Bueno, entonces, ¡hora de ir a esa oficina!

(Keo) —Sí, sí, vamos.

**(Capítulo 3: La Prueba)**

(Llegan los 3 a la oficina.) Ven a un niño sentado en un escritorio. —Buenos días, ¿qué necesitan? —dice el niño. (Keo) —Ooo, sí, sí, queremos ver al director, ¿sabe usted dónde se encuentra? —¡Ah, lo siento! Soy yo, el director —dice el niño. —¿Cómo así? —dice Samantha. —Bueno, sé que parezco un niño, pero realmente tengo más edad de la que creen.

(Death) se queda asombrado. (Keo, de curioso, pregunta:) —¿Y cuántos años tienes?

(El director) —Tengo unos 150 años. (Los tres brincan del asombro.)

—Bueno, mi nombre es Sirik Ghot.

Y bueno, sé que no me presenté en su primer día, Keo, Death y Samantha, pero bueno, es que estaba ocupado memorizando los nombres de cada estudiante y leyendo sus expedientes, ya que es importante que todos tengan una buena conducta y no más de 2 suspensiones en escuelas anteriores. Bueno, ¿qué necesitan?

(Keo) Ah, sí, sí, queremos participar en la clase del profesor Rumplis.

(Sirik) Mmm, me parece bien. Bueno, que empiece el examen. *Saca su varita mágica y los teletransporta a un tablero de ajedrez enorme.*

(Sirik) Y bueno, como verán, el monstruo es muy tierno, pero no lo subestimen, es capaz de aplastarlos vivos si hacen un mal movimiento. Así que, vamos, usen sus hechizos más poderosos. Pero antes, está prohibido que usen sus varitas. Deben invocar las varitas o armas de su interior. (Keo) ¿Y cómo hacemos eso?

(Sirik) Deben imaginarla. Deben sentirla a través de su miedo, pero no se dejen llevar por el miedo. Tengan paciencia, precisión, valentía y lograrán invocar su poder profundo.

(Death) Ni yo sabía que esto se podía hacer. ¡Jajaja!

(Samantha) Vamos, tenemos que demostrar de qué estamos hechos. —Se mueve la pieza de ajedrez de forma violenta, tratando de aplastar a los tres.— (Keo) ¡Oigan, sepárense! ¡Vamos, debemos esquivar eso! —Pasan 40 minutos.— (Aaaah, ya me siento tan cansada, dice Samantha.) (Keo) ¡No te rindas! ¡Tenemos el poder! (Death) ¡Vamos! (Sirik) Ahora, no se muevan y cierren los ojos. (¿Quéeeee? ¡Moriremos! ¡Noooo!) dice Death. (Keo) Death, recuerda que el miedo solo te destruirá. (Bien, vamos.) —Los tres se quedan inmóviles y cierran los ojos.— —La pieza de ajedrez les salta encima, pero algo detiene al monstruo.—

*BUUUUM* suena una explosión, y sale una espada de doble filo del aura de Death.

(Death) ¡WOW, qué cool! ¡En vez de una varita, tengo una espadaaa! —*BUUUUM*— sale un revolver oscuro del cuerpo de Samantha. (Samantha) ¡Siiii, desbloqueé mi arma interior! —Dice Samantha emocionada.— —De momento ocurre un fuerte estallido, el más fuerte de los dos primeros estallidos—. —Sale una varita mágica súper poderosa, la más legendaria y exclusiva que existe.—

(Keo) ¡WOW, me tocó una varitaaaaa! —*La usa contra la pieza de ajedrez malvada*—. La varita hace un poder tan fuerte que los 3 quedan inconscientes y interviene el director.
(Sirik) —¡Oh no, este poder es demasiado inimaginable, debo detener esto!— *Los teletransporta a la*

*oficina de nuevo.* Keo está en estado inconsciente.
(Death) —¡Oh no, qué pasó, señor director!— (Sirik) —Sus armas son demasiado exclusivas, no puede ser. (Samantha) —Pensé que los 3 tendríamos varitas.
(Sirik) —El poder interior desbloquea el arma interior, no siempre será una varita lo primero que salga.
(Death) —¿Y por qué a Keo le salió una? (Samantha) —¡Y muy poderosa!
—*Despierta Keo que estaba acostado en el sofá de la oficina.* Keo: —¡Auch, qué dolor tan fuerte tengo! (Sirik) —Ya es muy de noche, por favor vayan a dormir, deben estar muy cansados, y mañana hay mucho de qué hablar, pero por ahora duerman y vayan a clases.
(Keo) —Aún sigo con dolor de cabeza, creo que mejor me voy a dormir.
(Death) —Yo igual, ya tengo sueño. (Samantha) —¡Ando desbaratada, ojalá me den una poción de energía!
—*Los 3 se van a dormir en sus habitaciones.*

(Capítulo 4: Un encuentro interesante)
—*Rin Rin Rin grita el reloj mágico*—
—Levántate, amigo, que comienza un nuevo día!—
(Keo) —¡Siiii, hoy será el día de mi segundo curso, ojalá esté Death y Samantha, aaa Vamoooos!
—*Procede a vestirse*— ¡Aaaa casi dejo mi pluma! -*Se va para el salón*-
—Buenos días, mis queridos alumnos, ¿cómo andan? Bienvenidos a un año lleno de aventuras y cosas nuevas donde disfrutarán mucho, ya verán, ajjaja— *Dice el maestro*
—Bueno, me presento, soy el Profesor Yessi Miyo.

Y bueno yo seré su maestro de arte mágico donde aprenderán a crear obras utilizando magia etc. Saldrán de este curso siendo verdaderos artistas y no imitadores baratos jajaja y bueno para mí diversión y su sufrimiento les dejo una tarea corta donde tendrán que crear una obra de arte que tengan en mente utilizando el hechizo llamado GeistderdenktAugedasieht. Buena suerte. *se sirve un poco de té* (Keo) hay no esté hechizo está difícil de memorizar por suerte el maestro lo puso en la pizarra. (Death) si cierto. (Samantha) buenos días amigos. Hola Samantha, dice Keo. ¿Cómo andas?, dice Death. Bien, bien, bueno vamos a poner en práctica esto que si no nos mata el maestro ajajjaja. (Keo) manos a la obra 1, 2, 3. *los 3 hacen el mismo hechizo y crean una obra de arte bastante bonita* (Yessi) bastante bien para ser su primer día tienen bastante talento que bueno que eligieron este curso jajaja *se ríe Yessi mientras se toma su té*

Bueno, mis queridos alumnos, ya es hora de su tiempo libre, vayan y disfruten jajajajaj.

Se escucha una voz en todas partes: *Los alumnos, Death, Samantha y Keo, favor de pasar a la oficina.*

(Samantha) vamos volando. *van a la oficina*

(Sirik) que bueno que vinieron los andaba esperando. Bueno, les quería decir que sus armas no son muy comunes, nunca se han visto antes en ningún lugar, por lo tanto estaré investigando un poco sobre sus funciones y su control para que sepan usarlas bien. Muchas gracias, director, dice Keo. Bien, bien, dice Death. (Sirik) bueno, y como verán, han sido aceptados para estar en el curso del señor Rumplis Steel. ¡Esooooo! grita Samantha. Y Keo, junto con Death.

Su hora de curso será de las 3 hasta las 5, así que aprovechen esta oportunidad para seguir mejorando su talento. Bueno, los dejo, aprovechen su tiempo libre. (Keo) oigan, ¿qué tal si vamos al jardín? (Death) buena idea, amo las flores. (Samantha) igual, las flores son lo mejor.

*van caminando* (Death) esooo, hemos llegado al jardín, está hermoso este lugar, me encanta.

Y está detrás de la universidad, qué épica la vista y todo, tremendo lugar, dice Samantha.

(Keo) oigan amigos iré de camino a la máquina de café está acá cerca recién la vi mientras estábamos caminando . (Death) va no hay problema ve con calma * Keo va caminando y de repente una chica choca con el y se le caen sus libros * oh no lo siento mucho (Keo) está bien no te preocupes deja te ayudo a recoger los libros . Muchas gracias dice la chica supongo que ibas a la biblioteca no ? Dice Keo ( la chica ) si si bueno más bien saliendo de la biblioteca recién compré estos libros que estaban a la venta allá (Keo) a que bien no sabía que allá venden libros . La chica dice si quieres te acompaño y vamos (Keo) va va deja le aviso a mis amigos y como te llamas ? Dice la chica yo pues me llamo Keo Ardanich y tú ? Mi nombre es Lility Ferl .

Bonito nombre, dice Keo. *gracias,* dice Lility. (Keo) Bueno, vamos al jardín. (Lility) Bien, aunque primero iré a dejar estos libros en mi habitación. Está acá cerca. Te veo en el jardín. (Keo) Bien, bien. -Procede a comprar el café y a ir al jardín. (Keo) Amigos, les traje café. Ooo, muchas gracias,- dice Death. (Keo) Una amiga viene ya mismo. (Lility) -¡Sí, sí, ya viene! Jajajaja. (Keo) -¡Aaaaaa, qué sustooo! -Death y Samantha se ríen.- (Samantha) , ¿no te diste cuenta? (Keo) Oo sí, sí. Bueno, estos dos son mis amigos. Amigos, les presento a Lility. (Samantha) Hola, ¿cómo andas? (Lility) Bien, bien. (Death) Genial, ¡más amigos! Jajaj, ya tenemos nuestro grupito. ¡Qué bueno! (Keo) Oigan, tengo una idea: ¿qué tal una revelación de edad? (Ooo, buenísima idea,) dice Death. (Samantha) Yo tengo 18 años. (Death) Yo, pues, 20. Ya que perdí un año, pero sigo adelante. (Keo) Creo que soy el menor acá, ajjaja. Solo tengo 17. -¡¿QUÉEEE?! ¡¿CÓMO QUE 17?!- -Dicen Samantha y Death, mientras Lility se queda pensativa.- (Keo) Bueno, digamos que soy muy inteligente y me saltaron un año. (Ooo, qué bueno,) dice Samantha. (Lility) Yo... tengo... 77 años. -¿¡Qué?! ¿¡Cómo así?! ¿Por qué tanta edad si te ves muy joven?- -dice Death.-

(Lility) Es que soy de otra raza similar a la humana, como el director. Lo único es que esta raza no envejece nunca, además de que elige cómo se verá según la edad.

-Keo se queda impresionado. (Samantha) Ya sabía un poco de la raza. Es una de las más peculiares y muy interesantes.

(Death) Yo no sabía nada. En el mundo de donde vengo no hay personas así ni con ojos morados. (Keo) Igual, qué extraño, pero interesante a la vez.

(Lility) Jajaja, sí, sí. Bueno, somos de una raza humana que es una mezcla entre demonios y humanos, lo que hace que tengamos poderes un poco más elevados desde que nacemos.

(Keo) ¡WOW, qué curioso! ¿Poderes como frenar la vejez?

(Lility) Pues sí, aunque podemos morir rápido si no usamos bien los poderes. Por eso no hay muchos humanonios en esta universidad ni en el resto de ciudades.

(Keo) Bueno, amigos, iba a ir con Lility a la biblioteca para comprar unos libros. Si quieren, pueden acompañarnos. (Death) Sí, sí, yo quiero comprar. (Samantha) Suerte que traje mucho dinero. -Los 4 van a la biblioteca.-

*Narrador: En este mundo, no todas las personas envejecen. Algunas sí envejecen y mueren; otras no. Algunas tienen magia; otras no. Algunas son biológicamente inmortales; otras no.*

(Lirais) Hola chicos, ¿cómo les va en su segundo día? (Keo) Pues bastante bien. (Lirais) ¡SÍ! Me ha encantado esta universidad. Bueno, algo me dice que vinieron por la venta de libros, ¿no? (Death) ¡Siiiiiii! (Lirais) Bueno, los que están en esta zona se venden. (Samantha) Mmm, esta novela está muy interesante. (Lirais) Death, acá están tus mangas yaoi. (Death) ¡NOOOOOOO! Yo no veo eso, señora. Keo, Samantha, junto con Lility, se echan a reír a carcajadas.-

**(Capítulo 5: La clase y el caos)**

(Keo) Bueno, ya tenemos que ir a nuestra clase con el maestro Rumplis. (Samantha) ¡Geniaaal! ¿Cómo será? (Lility) Pues digamos que muy divertido. (Death) ¿Elegiste el curso también?

(Lility) ¡Claro que sí! Es el mejor curso. O sea, tienes cuatro Formas o de empleo o de emprendimiento, o sea, es increíble. ¡Dinero y dinero,! (Keo) Así se habla, ajajaja. ¡Vamos!

**(Rumplis)** —¡Buenos días, queridos alumnos! ¿Cómo andan? Siéntense.

—¡Jajajajajajajaja! *—se ríe Rumplis.* (Death): —Qué raro, cuando me senté salió un ruido como de un pedo. (Samantha): —¡Nooo! Yo tengo mis modales. (Keo): —¿Qué pasó? Qué raro. (Lility): —¡Noooo! Esto debe ser otra broma del profe.

(Rumplis): —¡Jajajajajajaja! Qué risa dan todos asustados. Estuvo bien buena la broma. Bueno, ya pónganse cómodos; solo son cojines que sueltan pedos. Como verán, hoy es el segundo día. El primero fue una presentación y las reglas que deben seguir. *—Le da los papeles de la presentación a los alumnos nuevos.—* Bueno, alumnos, les tengo esta tarea donde deben hacer una poción con los siguientes elementos: usarán oro líquido, mercurio, un poco de polvo de hadas y algo más. Esta poción les dará como resultado curación y rejuvenecimiento de piel; así no envejecerán nunca. Así que háganla bien, si no, les daré examen. *—Keo empieza a utilizar distintas técnicas para la poción.* (Keo): —Oiga, profe, creo que ya me salió. (Rumplis): —¿Tan rápido? (Keo): —Sí, sí. (Rumplis): — A ver, echa la poción en esta rosa marchita y fea. *—Keo procede a echar la poción. La rosa crece de forma brutal y se vuelve hermosa.* (Rumplis): —¡Genial! Así se hace. Ese es el secreto para verse joven. Yo, por ejemplo, tengo 77 años. (Keo): —¡Impresionante! Jajaja, cada día aprendo algo nuevo. (Lility): —Qué pena que esta poción no funcione para los humanonios. *—Se siente triste.* (Samantha): —Bueno, al menos tienes el poder de elegir cómo te verás según la edad. Lo único es que es arriesgado.

(Keo): —Y también tu apariencia es perfecta, así que no tienes que repetir ese poder, ¿no?

(Lility): —Creo que no lo repetiré, a menos que sea necesario.

(Rumplis): —Bueno, mis queridos alumnos, ya se acabó la clase. Ya pueden ir a dormir o desvelarse. Jajaja. Adiós, queridos alumnos. Recuerden que mañana no habrá curso debido a que es un día de reuniones importantes donde se evaluará su progreso en estos dos primeros días, etc. (Sirik): —Los tres alumnos: (Keo), (Death) y (Samantha), favor de pasar a la oficina. (Keo): —Vamos. (Lility): —Los acompaño. *—Llegan a la oficina.* (Sirik): —Perdón por interrumpirles. En fin, debo decirles que sus armas tienen un potencial el cual, para controlar, necesitan usar buen manejo de sus emociones a la hora de combatir, ya que un mal paso hará que el arma se ponga en contra de su voluntad y deje de funcionar. (Death): —Interesante. Bien, tendré cuidado a la hora de usarla. (Sirik): —(Samantha),

(Death) y (Lility), ya pueden irse. (Sirik): —(Keo), necesito que te quedes un rato más. (Keo): —Bien, me quedo.

(Sirik): —Tu arma es algo fuera de lo común. He estado investigando y es un arma demasiado poderosa. Actualmente no sé mucho sobre sus usos, ya que tiene múltiples, pero conozco a una persona la cual sí sabe sobre el poder de esta varita y sobre la historia de un señor muy malvado al cual te tendrás que enfrentar con esta varita. Pero pronto te contaré. Bueno, su nombre es Lozir Ferius, un poderoso ángel caído, el cual se asiló de la humanidad ya que su especie está casi extinta. La mayoría de ángeles caídos se ha ido a otros mundos y ciudades, pero él decidió asilarse porque vivió el genocidio de los ángeles caídos y por razones desconocidas que aún no sé. —*Sirik toma un respiro.* (Sirik): —Los ángeles caídos los querían matar durante una guerra por un mito falso que los hacía ver como personas malvadas. Actualmente no sé la ubicación de ese ángel, pero cuando la sepa, te avisaré. (Keo): —Bien, no hay problema, señor director. (Sirik): —Bien, ya puedes irte con tus amigos, (Keo). —*Keo va saliendo de la oficina, pero no ve a sus amigos. De repente…* (Death): —¡Buuuuuuu… HAAAAAAAAAAAAA! ¡Qué sustooooo! (Samantha) y (Lility) se ríen mucho. (Keo): qué graciosos son, casi me da un ataque cardíaco. (Death): —Oigan, ya tenemos tiempo libre, ¿qué tal si vamos a un concierto de Metal Gótico? (Lility): —Buena idea, va a haber uno en el mundo de donde provengo. Ahí se hacen los mejores conciertos, duran mucho, pero bueno, al menos mañana no hay cursos, así que podemos desvelarnos un poco. (Samantha): —Buena idea, jajaja. Bueno, antes hay que ir a comer. (Keo): —Bien, bien. Bueno, tenemos que teletransportarnos al lugar, pero no sabemos cómo es ni el nombre. (Lility): —No se preocupen, sé un hechizo especial que nos ayudará a ir sin ningún problema. (Lility): —Bueno, pónganse guapos, chicos. Digo, ya lo son. Jajaja. (Samantha): —Me falta ponerme un poco de delineador. —*Se lo pone.*—

(Lility): —Mmm, creo que estamos bastante bien vestidos. Jajaja. Bueno, tómense de la mano los tres. Ahora tómame de la mano, haciendo un círculo.

—*Lility piensa en el lugar y los teletransporta*—

(Keo): —¡Wow, esta ciudad es fascinante! Me gusta esta arquitectura. (Death): —¡Hermoso! Muchas casas rojas, amo el rojoooo. (Samantha): —¡Oooo, qué hermosas estrellas!

(Lility): —Jajaja, muchas gracias. Acá fue donde me crié, y es donde más conciertos de Metal dan, de todo tipo, desde el más extremo hasta el menos.

(Keo): —¡Wow, si supiera de esta ciudad, me mudaría de una! Jajajaja. (Death): —Yo también.

(Samantha): —Chicos... tengo mucha hambre. (Lility): —Aún no empieza el concierto, apenas son las 7:30. Vamos a comer. —*Proceden a ir a comer.*

(Lility): —¡Eso! Ahora podemos ir al concierto. (Keo): —¡Vamoooos! —*Van al concierto. —Wooow, todo va brutal.*

*—De repente, en medio del concierto, se escucha un fuerte estallido. ¡Buuuuum!*

*—Sale el señor oscuro más malvado de todos los universos y grita fuerte:*

**—¡ARDANICH, TE HE ESTADO ESPERANDO Y AL FIN TE ENCUENTROOOOO!!! PREPÁRATE PARA TU MUERTE, MALDITOOOOOOOOOOOO!** *—De repente, todas las personas empiezan a correr.*

(Keo): —¡Oye, tú, tonto! Qué malos modales tienes, ¿quién te enseñó a hablar así? *—El señor malvado:* **—¡Jajajaja, qué chistoso eres! Qué pena que no sabes quién soy ni el poder que tengo.** (Death): —¿Crees que eso nos importa? (Señor): **—Les importará, jajajaja!**

*—Los ataca.* **—¡Aaaaaaaa! Es demasiado rápido, apenas puedo verlo!** —dice Death.

(Samantha): —¡Lility, cuidadooo, detrás de tiii! (Lility): —¡Aaaa! *—Brinca super alto y corre.* (Keo): —¿Quién eres y por qué nos quieres matar?

(Blali): **—Yo soy Blali , y tú tienes algo que me pertenece. Tienes mi varita pasada, y me la vas a dar ahora.**

(Keo): —¡Imposible! Tendría que morir, ¡es mi arma interior!

(Blali): **—Exacto, y por eso vas a morir.** *—Dice mientras se ríe.*

(Keo): —En ese caso, lamento decirte que te quedarás con las manos vacías. (Blali): —¡TU HUMOR NO DA RISAAAAA! (Keo): —¡QUE NO ES CHISTEEEEE! *—Le lanza un ataque mágico mientras Blali ataca a Samantha y a Lility.*

(Blali): —¡Aaaaaa, mi abdomen! ¡Aaaaa, qué dolor! *—Se empieza a desvanecer.*

—Esto no se quedará así, Ardanich. ¡Iré por ti y por todos tus seres queridos! Cuando tenga esa varita, el mundo será mío, dominaré todos los mundos, todos los poderes, ¡dominaré todooo y morirás!

*—Desaparece a su castillo.*

(Capítulo 6: Una historia curiosa)

(Blali): —¡Aaaa, qué dolor! Esa varita es demasiado fuerte para mí. *—Se cura con su magia oscura.* (Keo): —¡Al fin se fue ese tipo raro! (Death): —Está más blanco que el azúcar... ¿quién será? (Lility): —Lo he visto antes. Es un señor muy poderoso y malvado, pocas personas saben su origen. Él hizo lo imposible por borrar su pasado, dicen. (Lility): —Me disculpo mucho, no pensé que esto pasaría. (Samantha): —No te preocupes, en la vida todo es inesperado. (Keo): —Cierto. (Death): —Ya no me siento seguro aquí, hay demasiadas personas heridas y tengo miedo. (Keo): —¿Y si los ayudamos? (Lility): —Vamos. (Samantha): —Por suerte traje una que otra poción de curación, démosela a los médicos. *—Van hacia los médicos y les dan las pociones.* (Un médico): —Muchas gracias, nos hacían falta de estas. (Samantha): —No se preocupe, es todo un placer. (Lility): —Bueno, teletransportémonos al castillo, a lo mejor el director sabe lo que pasó. *Se teletransportan hacia el castillo.*

(Keo): —¡Ay no, puede ser! Son las 10 y media, ¿creen que el director esté despierto? (Death): —A lo mejor. (Samantha): —No perdamos la esperanza. *Van a la oficina.* (Keo): —¡Señor director! (Sirik): —Diga, ¿qué sucedió? Los veo demasiado preocupados. (Death): —No tienes idea de lo que nos pasó. (Samantha): —Estábamos en otra ciudad y de repente vino un señor muy malvado. (Lility): —Tenía su cara re pálida, se llama Blali.

(Keo): —No hizo más que venir al concierto donde estábamos y me insultó, casi nos mata. Por suerte me defendí y le hice mucho daño. Dijo que quería mi varita, algo así, porque le pertenecía, eso dijo. (Sirik): —¡Ay no, no puede ser! Entonces es real la profecía. (Keo): —¿Cuál profecía?

(Sirik): —Una que dice que algún día la varita más poderosa elegirá al ser de corazón más Humilde y bueno para ayudar a hacer que Blali deje de ser malo y traerlo de vuelta a su estado normal, pero eso requerirá un esfuerzo demasiado poderoso.

(Sirik) En sí, tengo mis dudas sobre la profecía. Por eso pensé que era real pero falsa a la vez. Una disculpa por no haberte dicho.

(Keo): Está bien, director, pero ¿estamos seguros acá?

(Sirik): Pues más o menos. A veces se cuela gente mala en esta universidad, pero tenemos un hechizo que Blali no puede detectar, lo que hace que él no nos pueda ver. Además, si entra, será autodestruido una infinidad de veces mientras estemos en este mundo. (Sirik): He estado buscando un poco la dirección del ángel caído que te mencioné, pero no la he encontrado. Además, es una criatura que piensa que el mundo sigue siendo igual que hace 200 años, cuando extinguieron casi toda su raza... o eso creo.

(Sirik): Hay rumores de que Blali tuvo un hijo, el cual ha vivido muchos años. Lo único que nadie sabe es quién es. De ahí no se sabe más nada sobre Blali. Por eso es tan importante localizar al ángel caído, pero encontrar su dirección será una travesía muy larga.

(Sirik): Bueno, mejor duerman. Yo les prometo que encontraré su ubicación. En caso de que no pueda, yo solo les avisaré. Keo: Bueno, amigos, vayamos a nuestros apartamentos. ¡Tengan linda noche!

*— Se van a dormir —*

*Desde ese momento, pasan unos meses*

Profesor (Erik): Hola, estimados alumnos. Espero que estas primeras semanas les haya ido muy bien. Hoy les daré un tema muy importante. Todo lo que hable sobre este tema de la literatura de terror será importante para un futuro examen que tendrán, así que ya saben. (Keo), tengo una idea. Death: ¿Cuál? Keo: Anotemos cualquier dato importante. (Death): Maravillosa idea.

(Erik): Bueno, alumnos, ya dejen un poco el chisme. Es hora de prestar atención porque les prometo que... ¡ESTE EXAMEN SE LOS COMERÁ VIVOS! JAJAJAJAJA. *— Da la clase muy normal —*

(Volde): Bueno, alumnos, ya pueden ir a su recreo. (Erik): Keo, por favor, ¿podrías quedarte? (Keo): Sí, sí, no hay problema. (Erik): Tienes mucho talento a la hora de escribir literatura de terror, me gusta bastante. (Keo): Muchas gracias. *— Erik piensa contarle un secreto, pero decide mejor no hacerlo —*

(Erik): Bueno, por ahora tienes la nota más alta en la clase. Sigue así, aunque tengas 17 años desde el final de tu infancia, que eso no sea un límite para ti. (Keo): Bien, bien, lo tendré en cuenta. *— Keo piensa: "¿Cómo que el final de mi infancia? Qué raro." —* (Erik): Bien, ya puedes ir al recreo. Pásala bien y recuerda estudiar para el examen. El examen come vivos a los humanos.

(Keo): Sí, sí, estudiaré mucho. ¡Jajaja! *— Sale del salón —* (Keo): ¡Qué susto me pegó el profe cuando gritó así! ¡Jajaja!

(Death): Tiene un sentido del humor macabro.

(Keo): ¡Me encanta su humor! (Samantha): Hay que estudiar para que el examen no nos haga asado. (Keo): Vamos por Lility.

*— Van en busca de Lility —*

(Lility): ¡Oh, hola, amigos! ¿Cómo andan? ¿Durmieron bien? (Keo): Sí, jaja, yo dormí bastante bien, la verdad. (Death): Nooo, yo tuve pesadillas donde se me apareció en la azúcar del café Bali y me lo tomé. (Samantha): ¡Jajajaja! Eso es porque es muy pálido. (Lility): ¡Jajajaja, literal! (Lility): Bueno, ¿les apetece ir a algún restaurante? (Death): Mmm, bueno, yo pienso ir a uno de sushi. (Samantha): Igual. (Keo): Yo pues ando pensando en cuál ir. (Lility): Si quieres, vamos al de pastas (Keo): ¡Ooo, sí, sí, buena idea!

*— Keo se va con Lility —*

(Keo): Me encanta la elegancia de este sitio.

(Lility): Jajaj, sí, sí, es muy bonito. — Piden el menú — (Keo): Mmm, ando indeciso.

(Lility): Ya sé, pidamos el espagueti de vegetales.

(Keo): ¡Buena idea! Nunca he probado ese, jajaja. ¡Ah, y un poco de vino por si acaso, yo lo pago!

(Lility): Bien, bien. — Comen y todo — — Hablan una que otra cosa —

(Keo): Lility, ¿cuál es tu género de música favorito? (Lility): Me gusta mucho el metal gótico y el black metal.

(Keo): ¡Qué cool! A mí también me gusta, y otros tipos de metal, o no sé, un poco de post-punk y ese tipo de cosas, jajaja.

(Lility): Interesante. (Lility): Y, ¿cómo fue que lograste entrar acá siendo tan menor? — Le pregunta curiosamente —

(Keo): Pues, no lo sé, la verdad, . (Lility): Ooo, yo tengo 77 años y mira, aún estudio. Digo, es que me gusta mucho. , aunque no lo creas, tengo varios emprendimientos . Además, no te preocupes si piensas que está mal verse menor en esta universidad. (Keo) tienes razon bueno yo no tengo una empresa propia la que tengo es de mi familia y despues tengo las inverciones la unica razonpor la cual entre a esta uni era solo porque queria aprender a como hacer un buen libro de literatura mas aprender nuevas habilidades (Lility): eso es genial laverdad (Lility): Qué hermoso se ve el atardecer desde la ventana. (Keo): Es bastante hermoso, como tus ojos. — Lility se sonroja — (Lility): gracias. Lo siento si te incomodé.

(Keo): No, no te preocupes, es que fue inesperado. — Keo sonríe —

(Keo): Literal. — Pasan las horas y siguen hablando. Desde ese momento comienza algo más que una amistad —

Capítulo 7: En busca del ángel caído

(Keo): ¡Alaaaa, ya es de noche! (Lility): No puede ser, qué brutal. Bueno, no me quiero imaginar. A Death y Samantha deben estar como locos buscándonos, o quizás ya se fueron a dormir porque son las 9.

(Keo): Cierto, bueno, en ese caso... A ver, déjales escribo. — Les escribe desde su teléfono — (Keo): No responden, eso quiere decir que se durmieron. (Lility): En ese caso, vámonos a dormir.

(Keo): Vaaa, hasta mañana, duerme bien. (Lility): Igualmente.

— Pasa la noche y es un nuevo día —

— Suena una canción de MetalCore a todo volumen desde el reloj —

(Keo): ¡UFFFFF! Amo esa canción, gracias por levantarme de una buena forma hoy, reloj.

Reloj mágico: De nada, Keo. Bueno, ve poniéndote guapo que hoy es un nuevo día. — Va al curso de Yessi Miyo — — Tiempo de recreo — (Keo): Hola, Death, ¿cómo andas?

(Death): Bien, ¿y tú? (Keo): Igual. — Dice — (Samantha): ¡Hola, chicos! (Keo): Hola, Samantha.

(Lility): Ya los encontré, jajaja. Oigan, ¿qué les parece si descubrimos la dirección del ángel caído por nuestra cuenta?

(Keo): Buena idea, aunque debemos tener cuidado. A ver, hablemos con Rumplis o con la bibliotecaria, a lo mejor encontramos algo útil.

— Van a la biblioteca — (Lirais): Hola, chicos. Todos: Hola, Lirais.

(Keo): Lirais, necesitamos hablar contigo, algo importante. (Lirais): Bueno, hagan sus preguntas.

(Death): ¿Sabes algo sobre el ángel caído llamado Lozir Ferius?

(Lirais): Pues, solo sé que es de los pocos ángeles que conocieron al malvado señor Blali en su juventud, pero nunca lo he visto en persona ni sé su dirección. A lo mejor el profesor Rumplis sabe algo. — Van al salón de Rumplis —

— Entran y se escucha una explosión nada más al abrir la puerta —

(Rumplis): ¡Aaaaaaah, qué susto! — Se le caen sus donas al piso —

(Rumplis): Se me había olvidado que dejé esa broma de la explosión para asustarlos, jajaja.

(Death): Casi me da un paro cardíaco. (Lility): ¡Qué susto, no puede ser!

(Keo): Yo casi me pongo del color de piel de Blali, jajaja. (Lility): Jajajaja, qué gracioso eso.

(Rumplis): Bueno, ¿necesitan algo, chicos? — Dice mientras recoge las donas que se le cayeron al suelo y se las come —

(Keo): Queríamos saber si usted sabe algo acerca de la dirección del ángel caído llamado Lozir Ferius.

(Rumplis): Sí, sí, me suena mucho. Fue de los ángeles caídos que sobrevivieron, y dato curioso: ayudó a construir esta universidad.

(Lility): Bueno, ¿sabe dónde vive? Es urgente, necesitamos saber de él. (Rumplis): ¿Y eso por qué? (Keo): Blali nos atacó.

(Rumplis): Mmm, qué raro que los haya atacado. Él solo ataca mundos para conquistarlos, qué raro que hayan sobrevivido también.

(Samantha): Keo le hizo mucho daño con su varita. (Rumplis): A ver, tu varita, Keo. (Keo): Por supuesto, ten.

(Rumplis): Mmm, qué curioso. Nunca había visto una varita tan hermosa y con un aura de fuerza intensa a la vez. Tiene mucha magia, al parecer. Mmm, ¿no será esta la varita de Blali?

(Keo): Cuando Blali nos atacó, lo primero que quiso fue esta varita.

(Rumplis): Qué raro. ¿Cómo llegó hasta ti esta varita, a través de tu interior? (Samantha): Eso no lo sabemos, por desgracia.

(Rumplis): Bueno, les diré, pero no digan nada. No se lo he dicho a nadie, pero dicen que el ángel se esconde a través de unas montañas enormes, muy, muy altas, rocosas, y con un atardecer que quema. Pero ni sé qué lugar es. Además, hay montones de mundos a los que teletransportarse, y un 7% de todos esos mundos fueron destruidos por Blali y el Devora Mundos. (Keo): Bueno, muchas gracias, profesor. Iremos a investigar un poco más. — Van a la oficina del director — (Death): Hemos encontrado algo, dice Death. (Sirik): Mmm, ¿qué cosa?

(Keo): La dirección del ángel caído, nos dijo el profe Rumplis que vive en unas montañas rocosas con un atardecer que quema.

(Lility): Y que esas montañas son altas.

(Sirik): Mmm, me suena al mundo lejano de Rokocius.

(Keo): Es un mundo muy montañoso y natural, donde casi no hay personas y es muy tranquilo el lugar.

(Sirik): Quizás esté ahí. Tengan, — Les da una canasta de kiwis amarillos — estos son los favoritos de ese ángel, según la leyenda. Además, en ese mundo son demasiado caros y no se producen mucho.

(Keo): Bien, bien, se la daremos. (Lility): Bueno, yo los teletransporto.

— Van hacia el mundo —

(Keo) ¡Oh no! Este mundo es demasiado enorme, ¿cómo se supone que encontremos a Lozir?

(Death) Mmm, si usamos el hechizo de burbuja voladora podríamos ir por gran parte del mundo hasta ver rastros de él. (Lility) Mejor uso el hechizo de comunicación.

(Samantha) Si usas eso, asustarás al ángel, supongo.

(Lility) No, no. Hay que intentarlo. *—Procede a hacer el hechizo—*

(Keo) ¡Wow, qué cool el aura morada! *Fiuuuuuuum, piun piun piun* Suben destellos de luz al cielo.

Estimado Lozir Ferius: Sé que te sientes enojado porque aniquilaron casi toda tu raza y sé lo que se siente, mi raza está casi extinta también. Pero ahora, más que nunca, necesitamos de tu ayuda. Queremos conocer la historia de Blali, ya que Keo tiene su varita mágica. La invocó desde su interior y aún no se sabe cómo.

*La señal llega a Lozir.*

(Lozir): Espero que esto no sea un engaño.

*-Lozir les da su dirección a través de otra señal y les proyecta una imagen para que se teletransporten de una.-*

*Se teletransportan.* (Keo) ¿Hola? ¿Hay alguien? Qué raro, en este lugar no hay nadie. (Samantha) Sí, qué raro. (Lility) No me lo esperaba.

(Death) ¿Te imaginas que aparezca de repente? Nunca he visto un ángel caído, ¿serán guapos y fuertes como decían las leyendas? (Keo) A lo mejor, jajaja.

(Lozir) ¡Sí, sí, soy bastante guapo! *—dice mientras aparece de la nada—*

(Death) *Grita como niña* ¡Aaaaaaaa, qué susto!

(Lozir) *Ríe* Jajajaja. Bueno, ya saben mi nombre, pero como quiera, me presento. Soy Lozir Ferius.

(Samantha) ¡Wow, eres muy fuerte! (Lility) ¡Ala, tus alas son muy hermosas!

(Death) Bueno, déjenlo, ya no vinimos a ligarlo, jajajajaja. Aunque, por cierto, ¡tremendo abdomen!

(Lozir) ¡Oh, gracias, son muy amables! Jajaja. La verdad estaba muy nervioso, ya que no he recibido visitas de otros mundos desde hace... uff.

(Keo) Bueno, vinimos porque Blali nos atacó y, por alguna extraña razón, mi arma interior es su varita. O sea, ¿por qué? Qué raro. Ah, y por cierto, ten estos kiwis amarillos.

(Lozir) ¡Oooooo, kiwis amarillos! ¡Mi fruta favorita! Muchas gracias.

(Keo) Es de parte del director de nuestra uni.

(Lozir) Ooo, bueno, mmm... Como que tienes la varita de Blali. A ver... *—Keo le da la varita—* Interesante... Mmm... Bueno, qué curioso, eres el heredero y el elegido. Bueno, mmm, en ese caso me veo obligado a contarles la triste historia de Blali, ya que yo era su mejor amigo y su ángel caído protector. El era bueno pero...

Año 2113 Ciudad Tecris

*Ciudad que se divide entre una zona rica y una pobre, pero la zona rica no es lo que parece; fue construida por políticos malvados que buscan implementar un mal sistema económico.*

*Dunkel se levanta*

(Dunkel) — ¡Ah! Tuve otra pesadilla, no puede ser. Iré a dormir con mis padres, tengo mucho miedo...

*Decía el joven Dunkel en su mente. De repente escucha varias personas preocupadas mientras va de camino a la habitación.*

*Abre la puerta y ve que son oficiales.* (Dunkel) — ¡Nooooo! ¿Qué le pasó a mis padres?

(Oficial) — Chico, lamento informarte que tus padres han muerto debido a un criminal que se metió en la casa. *Dunkel ve el cuerpo de sus padres desmembrados y se pone a llorar.*

(Dunkel) — ¡Nooooo! ¿Quién puede ser tan malo como para hacer esto? ¡No puedo soportarloooo!
(Oficial) — Chico, tranquilo, te llevaremos con un familiar cercano.

*Dunkel se siente tan triste y traumatizado que se desmaya.*

(Oficial) — Oh no, ¿debo llevarlo con algún familiar? Esto debe ser horrible para él.

*Pasan 4 horas y Dunkel se despierta en la comisaría.*

(Coronel) — Él no tiene ningún familiar. Debe ir al orfanato o, si no, ser enviado al ejército.

(Oficial) — Mejor al orfanato, el ejército será muy fuerte para él.

*Al escuchar tal barbaridad de que iba a ir al ejército, Dunkel se asusta y se levanta.* (Coronel) — Por desgracia, el orfanato ya no acepta más niños. Su obligación es ir al ejército y servir a la ciudad, le guste o no le guste. *Dunkel, al escuchar tales palabras, decide levantarse e irse corriendo.*

(Oficial) — ¡Oh noooo! ¡Se escapaaa! ¡Vayan tras de él! — Grita el coronel.

*Dunkel se esconde en un bote de basura. Los policías se desvían por toda la ciudad.*

(Dunkel) — ¿Por qué solo me siento así? Ya no tengo a mis padres. ¿Por qué me busca la policía? ¿Por qué me pasa esto? ¿Por qué a mí? ¿¡Alguien que me ayude!?

*Llora mucho mientras está dentro del bote de basura. Decide salir y deambular por la ciudad.*

(Dunkel) — Tengo mucho frío... *Ve a unos tipos raros.*

(Dunkel) — Hola, ¿me podrían ayudar? Me están buscando policías y no sé dónde esconderme.

(Los tipos) — ¿A qué hace un mocoso aquí? Creo que debemos darle una lección para que no ande por la calle. (Dunkel) — ¡Pero si no les hice nada, solo una pregunta! (Un tipo drogado) — ¡Cállese, mocoso! ¡Te voy a golpear! *Corren detrás de Dunkel.* (Dunkel) — ¡Aaaaahhh! *Dunkel choca con una persona y se cae.* (Señor) — Oh, ¿estás bien?

(Dunkel) — ¡Nooo, ayúda! Me siguen esos tipos raros, ¡aaaaaa!

(Señor) — Bien, te ayudaré. No te preocupes, mantente a mi lado.

(Los tipos raros) — ¡Oye, tonto! ¡Ese chico es nuestro y si te metes con nosotros, te vamos a matar!

(Señor) — ¿Ah, sí? ¿Por qué no pelean contra mí? *Le salen alas oscuras.Noquea a todos los tipos raros.*

(Dunkel) — Muchas gracias, señor. — Dice Dunkel mientras sigue triste por lo que sucedió.

(Señor) — No, no te preocupes. Y bueno, dime, Lozir. No me gusta eso de "señor", jajaja, es como si fuera un viejito, jajaja. *Lozir ve a Dunkel muy triste.* (Lozir) — Chico, ¿estás bien?

(Dunkel) — No tanto... por favor, ayúdame, me busca la policía también, ¡oh no!

(Lozir) — Bueno, ven. *Lo agarra y lo lleva a su casa.* (Lozir) — Cuéntame, ¿qué te sucedió? *Dunkel le cuenta todo desde que se despertó.*

(Lozir) — Oh no, eso es muy malo y cruel. Has sufrido tremenda persecución hoy. Y, ¿cuál es tu nombre?

(Dunkel) — Mi nombre es Dunkel Lila.

(Lozir) — Ooo, curioso... Bueno, Dunkel, no podemos huir mucho de la ley, así que te adoptaré. Pero promete que, a pesar de todo este mal momento, serás una buena persona.

(Dunkel) — Lo prometo... todo menos ir al ejército. ¡Odio el ejército! No me gusta.

(Lozir) — Yo igual, y también no soporto ver cómo internan niños desde tan temprana edad.

*Bueno, cambiando de tema, acá tienes una habitación.*

(Dunkel) — ¡Muchas gracias! — Dice Dunkel.

*En ese entonces, Dunkel solo tenía 9 años. Ahora han pasado unos 11 años desde ese suceso. Durante esos años, Dunkel se convirtió en el mejor estudiante, pero a la vez se volvió un anti-gobierno y punk. Y también ayudó a muchas personas sin hogar, brindándoles comida junto con Lozir. Sábado por la mañana.*

(Lozir) — Dunkel, levántate. Hoy es un día especial. (Dunkel) — ¿Cuál es? No me acuerdo bien, jajaja. (Lozir) — ¿No te acuerdas de tu cumpleaños? (Dunkel) — ¡Aaaaah, sí! ¡Cierto! (Lozir) — Tus amigos te llamaron, ya que te tienen una sorpresa. Te esperan en el callejón de los punks, tu lugar favorito. Aprovecha y ve. (Dunkel) — ¡Síiiii! ¡Iré, iré!

*Procede a ir al lugar.* (Dunkel) — ¡Hola, amigos! ¿Cómo andan?

(Los amigos) — ¡Muy, muy bien! Oye, hoy haremos algo épico, reconociendo que es tu cumple.

(Dunkel) — ¿Qué harán, amigos? (Un amigo) — ¿Qué te parece si robamos el banco más corrupto de la ciudad y repartimos el dinero a los pobres?

(Dunkel) — Mmm, sé que suena como una bonita idea, pero eso es muy socialista desde mi punto de vista. Mejor vamos a hacer algo más caótico. Vamos a estallar el banco más corrupto para que así los políticos dejen de imprimir dinero. Han aumentado la inflación y arruinado la mitad de toda la ciudad.

(Erik) — ¡Eso me parece muy buena idea!

**Capítulo 9: Un estallido y una pelea**

(Dunkel) — Pues qué buena idea. Esta ciudad es demasiado corrupta, así que sería buena idea.

(Erik Sidereus) — ¡Sí, sí!

— Ando harto de ver cómo el gobierno manda a los niños sin hogar al ejército a sufrir, y también ando harto de ver cómo el gobierno se roba el dinero de la gente pobre y rica para mantener la ciudad en perfectas condiciones, aplastando a los más pobres y los más ricos, pero el gobierno disfrutando la vida.

(Dunkel) — Tienes toda la razón, andamos igual. Bueno, entonces vayamos de noche, jajaja.

(Erik) — Amigo, debemos comer primero. Vamos, hay que celebrar tu cumple en algún buen sitio de acá. (Dunkel) — ¡Síiiiiiiiiiiiii! *Van y comen en un restaurante mientras celebran.*

(Dunkel) — Ya es de noche, qué bueno, ¡al fin vamos!

(Erik) — Bueno, vamos al gran banco de la izquierda. Ese es el banco que más personas ha dejado en la calle por sus estafas y contratos fraudulentos.

*Van y destruyen el banco como por arte de magia. De repente...*

(Coronel) — Mmm, así que son ustedes los punks asquerosos que vienen a robar y a destruir la ciudad, ¿eh? (Erik) — Usa buen vocabulario, si no te romperé el hocico.

(Dunkel) — ¡Tú! Me querías mandar al ejército, eres un coronel de basura, no sirves.

(Coronel) — Cállate, niño insolente, sino te degollaré a ti como le hice a tus padres. ¡JAJAJAJAJA!

(Erik) — ¡Oh no! Este fue el sucio criminal que hizo eso.

*El coronel se transforma en un monstruo enorme.*

(Erik) — ¡Oh no! Sabía que esta ciudad no estaba siendo dominada por personas cien por ciento humanas. (Dunkel) — ¡Pero qué asco me da esta cosa!

(Los amigos) — ¡Vamos, ataquemos, no nos quedemos de brazos cruzados!

(Coronel) — ¡No podrán derrotarme jamás! Soy su peor pesadilla.

(Erik) — No eres más que una cosa blanca que se parece al yeti.

*Empiezan a atacar con todo, pero el monstruo les supera mucho.*

*De repente, se escucha un fuerte grito.*

(Dunkel) — ¡YAAAAA! ¡DEJA A MIS AMIGOS, SUCIO MONSTRUO! ¡MATASTE A MI FAMILIA, ME LA VAS A PAGAR!

*Se desbloquea el arma interior de Dunkel, una varita super poderosa capaz de destruir mucho.*

(Dunkel) — Hoy es tu día de muerte por ser un horrible monstruo que mató a muchas personas. Apuesto...

(Coronel) — Esa varita no me hará nada. Y si he matado personas, es porque nuestro gobernador necesita muertes para alimentarse. ¿Y qué?

(Dunkel) — ¡Das asco! *Lanza un hechizo, pero el hechizo es tan fuerte que lo mata en 2 segundos. Después se sientan a descansar mientras Dunkel se recupera de sus emociones.*

(Erik) — ¡¿Qué?! Dunkel, nunca he visto tanto poder en ti, explica eso.

(Dunkel) — No tengo idea de qué sucedió, solo sé que me enojé mucho y una varita salió de mi interior, cosa que la verdad es rara.

(Erik) — ¡Demasiado bueno! Al menos con un arma así de fuerte no tendríamos que huir a cada rato. (Dunkel) — Tienes razón. (Erik) — Jajaja. (Dunkel) — ¡Wow, Erik, mira esa chica cerca del teatro! (Erik) — ¿Cuál, cuál? (Dunkel) — La de pelo morado, mira su estilo. ¿Será punk como nosotros?

(Erik) — A lo mejor. Si quieres, ve y pregúntale, amigo. Y duerme bien, que hoy es tu cumple. Ah, por cierto, ten mi regalo.

*Le da una foto de ellos dos en una feria y dinero.* (Dunkel) — ¡Extraño esa feria de hace años! Jajaja, gracias, amigo. Adiós. *Procede a ir hacia la chica.*

(Dunkel) — Hola, emm... oye, una pregunta, ¿eres punk? (La chica) — Hola, sí, sí. ¿Y tú también lo eres, supongo?

(Dunkel) — Sí, sí, soy un punk. (La chica) — ¡Cool! Bueno, ¿también vienes al teatro?

(Dunkel) — Ya iba a irme a casa, pero sí, sí iré.

(La chica) — ¿Y si vemos la misma peli? (Dunkel) — Buena idea, no sé cuál ver.

*Bien, bien, dice la chica.*

(La chica) — Bueno, me presento. Soy Rebeka Riok.

Yo soy Dunkel Lila y por cierto Bonito nombre.

(Rebeka) — Gracias, gracias. ¡Tu nombre también es bonito!

*Van al cine y la pasan muy bien.* (Dunkel) — Bueno, ya me iré a casa. ¿Y si nos vemos mañana? Te presento un amigo.

(Rebeka) — Bien, bien, mañana nos vemos. *Pasa 1 día.* (Dunkel) — Lozir, no tienes idea de lo que nos pasó ayer. (Lozir) — ¿Qué sucedió? ¿El coronel, lo recuerdas?

(Dunkel) — ¡Sí! Se convirtió en un monstruo enorme y confesó que mató a mis padres y atacó a todos mis amigos. ¡Fue horrible! (Lozir) — ¡Oh no, qué horror! ¿Y lo mataste?

(Dunkel) — ¡Sí! Pero confesó que esta ciudad está siendo gobernada por monstruos caníbales, que mantienen a los humanos viviendo de forma cómoda e incómoda, pero luego se los comen poco a poco. (Lozir) — Tenemos que hacer algo al respecto. Reúne a Volde y a tus amigos.

(Dunkel) — Bien, pero antes iré por la chica que conocí anoche. (Lozir) — ¿Conociste una chica punk? (Dunkel) — ¡Sí, sí! Debo contarle, debe enterarse de este horror.

*Procede a ir por sus amigos y por Rebeka. Va y les cuenta todo, y reúne a sus amigos junto con Rebeka y Volde.*

(Dunkel) — Amigos, los he reunido a todos para preparar un plan de ataque contra los monstruos del gobierno. Ya que han sido caníbales y monstruos muy malvados, necesitamos devolver el equilibrio a la ciudad y liberar a los humanos de este horror. (Volde) — Buena idea, pero... ¿no lo ves muy arriesgado? (Lozir) — Lo mismo opino. ¿Cómo empezamos a atacar? (Rebeka) — Yo he desbloqueado mi arma interior, así que soy bastante fuerte. (Dunkel) — ¡Qué bueno escuchar eso! (Dunkel) — Yo tengo una varita, la cual destruyó al coronel malvado en tan solo 2 segundos. Si eso se pudo, la varita tiene un verdadero potencial, y sé que podemos. Si hago un hechizo de clonación, estoy seguro de que podemos derrotarlos. Y más ahora que la mayoría de los líderes estarán reunidos por la noche para el gran banquete. Además, nunca dejan saber qué es lo que se come en ese banquete. (Volde) — Para mí, que humanos también. (Rebeka) — He notado que después del gran banquete desaparecen personas. Incluso un familiar mío desapareció y no se ha vuelto a ver. (Dunkel) — Bueno, entonces ataquemos a la hora del gran banquete, por la noche. *Pasan las horas y siguen planeando. Dunkel y su gente, junto con Lozir, Erik y Rebeka, proceden a ir al gran banquete del gobierno.* (Dunkel) — ¡Hora de atacar, todos! (Volde) — Hagamos un ataque sorpresa. (Dunkel) — ¡Bien! ¡Buena idea!

(Rebeka) — Rompamos el vidrio del techo y caemos en la mesa. Así, les disparamos y les atacamos con todo. (Lozir) — No se olviden del hechizo de clonación. (Dunkel) — ¡Ataquemos!

*Rompen el vidrio del techo y bajan a la mesa.*

*-Dunkel ataca con todo su poder-*

*Rebeka empieza a dispararle a todos los monstruos malvados.*

(Lozir) — ¡Cuidado, son muchos monstruos! Vamos a mezclarnos entre nuestros clones para evitar morir. (Rebeka) — ¡Buena idea! *El narrador describe la escena:* Era brutal la cantidad de monstruos que había, pero fue increíble el poder de Dunkel, destruyendo a todos uno por uno. Sin embargo, faltó el más fuerte. (Presidente) — ¿Qué le hicieron a mi gente, malditos? (Dunkel) — Lo mismo que tú le hiciste a la nuestra, idiota.

Empieza el enfrentamiento más potente de la ciudad. Dunkel desbloquea el máximo potencial de toda su barita mágica, lo cual hace que el presidente muera en poco tiempo (Presidente) — ¡Me vengaréeeeeeee...! (Dunkel) — Se piensa vengar, pero necesitas estar vivo... qué tonto. (Erik) — ¡Esooo, ganamoooooos!

Y desde ese entonces pasan 3 meses. Durante esos 3 meses, tres economistas misteriosos llegan a la ciudad y crean el nuevo gobierno liberal libertario, mientras que Dunkel empieza a conocer más a Rebeka.

— Dos semanas después — (Dunkel) — ¿Se acuerdan cuando derrotamos a los políticos?

(Rebeka) — ¡Sí, sí! Fue brutal luchar a tu lado.

(Lozir) — Fue encantador cuando logramos derrotar a esos malvados. Espero que la ciudad esté libre y no haya más por ahí. Aunque bueno, ya está el nuevo gobierno liberal, y este sí está haciendo las cosas bien.

(Dunkel) — ¡Por fin! Ahora la ciudad está libre de la corrupción de los monstruos. ¡Al fin vamos a celebrar! Hacen una fiesta y todo termina muy bien.

— Durante la fiesta — (Dunkel) — Hola, Rebeka, ¿quieres ir al jardín? (Rebeka) — ¡Ooo sí, sí, vamos! Van al jardín. (Rebeka) — Qué hermoso lugar. (Dunkel) — Sí, sí, es el lugar de Lozir. (Rebeka) — Muy bonito. Hablan un rato. — Empiezan a hablar de sus gustos y cosas personales — (Dunkel) — Y bueno, como te decía, fue épico cómo, por fin, salvamos a la ciudad de esos tiranos. Están todos celebrando mucho, jajaja. (Rebeka) — ¡Siiiiii! Eso es muy bueno. Rebeka abraza a Dunkel. (Dunkel) — ¿Ves esas flores? (Rebeka) — Sí, sí, son muy bonitas. (Dunkel) — Como tus hermosos ojos. (Rebeka) — Oh, gracias. Tus ojos también son muy bonitos, al igual que tú. (Dunkel) — También, también.

(Rebeka) — Tengo una idea, ¿vamos a la cima de un edificio a contemplar mejor la ciudad, ya que está libre de corrupción? (Dunkel) — ¡Buena idea! — Proceden a ir — (Dunkel) — ¡Wow, acá la vista es mejor!

(Rebeka) — Así es. Me encanta estar contigo, y eso que te conozco hace 3 meses.

(Dunkel) — Igual me pasa lo mismo. Mira, hasta el mismo color de cabello tenemos, aunque yo suelo pintarme el mío. Es como si el destino nos conectara, aunque no creo en el destino, pero se entiende. (Rebeka) — ¡síiii!

(Dunkel) — Aunque no sé cómo es que no te he visto antes, pero bueno, esta ciudad es algo grande, qué digamos. (Rebeka) — Eso sí. Quizás a lo mejor nos vimos... a ver... mmm... ¿en qué escuela estuviste cuando Lozir te crió? (Dunkel) — Estudié en el colegio de la plaza de la ciudad. (Rebeka) — Igual estuve ahí. (Dunkel) — Mmmm... solo que ahí no vi punks ni nada, aunque bueno, eran otros tiempos. (Rebeka) — Recuerdo haber tenido un amigo de ojos rojos, así como los tuyos, muy brillantes y azules, y cabello mitad negro, mitad blanco.

(Dunkel) — Entonces sí era yo... ooo, creo que ya me recordé, pero después te cambiaron de escuela. (Rebeka) — Mis padres querían mandarme al ejército, eso fue lo que pasó. (Dunkel) — ¡Oh no, qué horror! (Rebeka) — Sí, sí, fue horrible convencerlos de que era mala idea, así que me escapé y decidí vivir por mi cuenta. (Dunkel) — ¡Brutal! Eres más rebelde que yo, jajaja. (Rebeka) — sí. Y pues aprendí a superarme económicamente y eso. (Dunkel) — Qué bueno, eres muy valiente. (Rebeka) — De vez en cuando veía familiares a escondidas. (Dunkel) — Ooo, sí, sí, por eso dijiste lo de los familiares desaparecidos. (Rebeka) — Exacto.

— Se escuchan los petardos explotando — (Rebeka) — ¡Aaaaa, qué susto! Se asusta a tal punto que abraza a Dunkel de nuevo. (Dunkel) — Tranqui, mira, solo son petardos lindos y hermosos. (Rebeka) — Como tú . — Se besan un beso durante los fuegos artificiales — (Dunkel) — ¡Wow! No sabía que así se sentía. (Rebeka) — Yo tampoco, nunca he besado a nadie. (Dunkel) — ¡Demasiado épico!

— Se besan de nuevo — —Y así pasan días y años felices; se casan haciendo una boda estilo punk y viven felices. —4 años después— (Dunkel) ¿Qué sucedió? Cuéntame, ando acá preparando el desayuno. (Rebeka) Es una noticia que no sé cómo la tomes... (Dunkel) A ver, ¿qué será? ¿Un viaje a otra ciudad? (Rebeka) Estoy embarazada... (Dunkel) ¡No puede ser! Es la mejor noticia del mundo. (Rebeka) ¡Siiiií! (Dunkel) ¡Un mini punk! ¡Qué emoción! Jajaja, o un mini metalero, o no sé, lo que él quiera ser. (Rebeka) Jajaja, sí, sí, eso es bueno. ¿Y qué nombre le ponemos? (Dunkel) ¿Qué tal si le llamamos Keo? Es un nombre que contiene dos letras de nuestros nombres y una que no es de nuestro nombre, o sea, la letra "O".

(Rebeka) Hermoso nombre, buena idea. (Dunkel) ¡Siiií, siiií, es hermoso nombre! (Rebeka) Avisémosle a Lozir y a Erik. (Dunkel) Buena idea, vamos. —Le avisan a Lozir y a Erik y los reúnen en la casa— (Dunkel) ¡Loziiiiiiir! —Lo abraza súper fuerte y a Erik también—. (Rebeka) ¡Les tenemos buenas noticias! —Los abraza de la emoción también—. (Lozir) ¿Qué les pasó? Jajaja, los veo súper emocionados. (Rebeka) ¡Lozir, serás abueloooooooo! (Dunkel) ¡Erik, tú serás el padrinooo! (Erik) ¿¡Quéeee!? ¡Qué emoción escuchar eso! (Lozir) ¡También yo! ¿Y qué nombre le pusieron? (Dunkel) Se llama Keo, y espero que venga lo más pronto posible a este mundo, jajaja. (Rebeka) Así será. (Lozir) ¡Qué emoción escuchar eso! (Dunkel) Como eres un padre para mí, deja que Keo te diga abuelo, jajaja. ¡Será divertido! (Erik) ¡Ya quiero escuchar eso! (Rebeka) ¡Esooo! —Desde ese entonces, todo fue muy bien y pasan los nueve meses. Mientras tanto, en el hospital—

(Dunkel) ¡Rebeka, resiste, tú puedes! —(Rebeka grita de dolor)— —De repente entra una criatura en busca de venganza por lo que hizo Dunkel a los políticos—

(Dunkel) ¡¿Tú, cómo sobreviviste?! —La ataca con su varita mágica, pero la criatura esquiva y lanza un hechizo que mata a Rebeka. (Dunkel) ¡Noooooo!

—El enojo de Dunkel es tan fuerte que destruye a la criatura con solo mirarla—.

(Dunkel) Si mi varita es tan fuerte, estoy seguro de que podré revivir a Rebeka. —Usa su poder—.

—Pero la varita no funciona, así que Dunkel, en su acto desesperado, lanza la varita contra el suelo, haciendo que esta desaparezca—.

(Dunkel) ¡Noooooo, maldita vidaaaa, ya no aguantoooo! —Entran más médicos al hospital que tratan de revivir a Rebeka; solo salvan al bebé—.

—Mientras tanto, Dunkel sale llorando del hospital, y Lozir y Erik lo ven corriendo—. (Lozir) ¡Dunkel, detente! ¿Qué sucedió?

(Dunkel) ¡Déjenme solo, me quiero suicidar! (Erik) ¡Nooooo! (Dunkel) ¡Déjenmeeee!

(Lozir) Iré por Rebeka; siento que algo malo pasó. (Erik) Yo iré por Dunkel; no dejaré que se suicide.

—Lozir ve que Rebeka murió, y un médico, antes de morir por el ataque de la criatura, cuenta lo que sucedió—.

—Keo se mantuvo vivo por un hechizo de la varita, pero este hechizo hizo que tuviera una infancia demasiado larga—.

—Lozir decide quedarse con el bebé mientras Erik y Dunkel regresaban—. —Mientras tanto, Erik ve a Dunkel desde el edificio más alto de la ciudad—. (Erik) ¡Dunkel, no lo hagas! No sé lo que pasó, pero por favor, ¡detenteeee! (Dunkel) ¡Murió Rebeka! Fue atacada por una entidad que quería venganza, ¡y mi varita desapareció! (Erik) Pero, a lo mejor, la podemos volver a la vida de alguna manera.

(Dunkel) Creo que ya no se puede. Hice mi último intento...

—La ataca con su varita mágica, pero la criatura esquiva y lanza un hechizo que mata a Rebeka.

(Dunkel) ¡Noooooo! —El enojo de Dunkel es tan fuerte que destruye a la criatura con solo mirarla—.

(Dunkel) Si mi varita es tan fuerte, estoy seguro de que podré revivir a Rebeka. —Usa su poder—.

—Pero la varita no funciona, así que Dunkel, en su acto desesperado, la lanza contra el suelo, haciendo que esta desaparezca—.

(Dunkel) ¡Nooooo, maldita vidaaaa, ya no aguantoooo!

—Entran más médicos al hospital que tratan de revivir a Rebeka; solo salvan al bebé—.

—Mientras tanto, Dunkel sale llorando del hospital, y Lozir y Erik lo ven corriendo—.

(Lozir) ¡Dunkel, detente! ¿Qué sucedió? (Dunkel) ¡Déjenme solo, me quiero suicidar! (Erik) ¡Nooooo! (Dunkel) ¡Déjenmeeee! (Lozir) Iré por Rebeka; siento que algo malo pasó. (Erik) Yo iré por Dunkel; no dejaré que se suicide. —Lozir ve que Rebeka murió, y un médico, antes de morir por el ataque de la criatura, cuenta lo que sucedió—.

—Keo se mantuvo vivo por un hechizo de la varita, pero este hechizo hizo que tuviera una infancia demasiado larga—. —Lozir decide quedarse con el bebé mientras Erik y Dunkel regresaban—.

—Mientras tanto, Erik ve a Dunkel desde el edificio más alto de la ciudad—.

(Erik) ¡Dunkel, no lo hagas! No sé lo que pasó, pero por favor, ¡detenteeee! (Dunkel) ¡Murió Rebeka! Fue atacada por una entidad que quería venganza, ¡y mi varita desapareció!

(Erik) Pero, a lo mejor, la podemos volver a la vida de alguna manera.

(Dunkel) Creo que ya no se puede. Hice mi último intento. —En ese entonces—.

(Erik) ¡Paraa! —Dunkel se suicida de una forma tan horrible que no quedaron ni rastros de su cuerpo—. (Erik) ¡Nooooooooooo! —Erik sufre mucho mientras va al hospital por Lozir—.

—Pero la forma de suicidio de Dunkel fue tan horrible que la vida decidió castigarlo haciéndolo revivir y tener vida eterna—.

(Dunkel) ¿Por qué sigo vivo aún? ¡Noooooooo! —Dunkel se va de la ciudad ya que pensó que lo había perdido todo—.

—Mientras tanto—. (Erik) Lozir, Dunkel se suicidó. (Lozir) Qué raro, yo aún siento que está vivo y siento su energía lejos de esta ciudad.

(Erik) ¿Cómo sientes eso si yo vi con mis propios ojos la horrible forma en la que se mató?

(Lozir) Pero yo soy su ángel caído guardián y siento cuando las personas cercanas están vivas o mueren.

(Erik) Qué raro... la verdad es dudable. (Lozir) Debo ir tras él, aunque tarde milenios en buscarlo.

(Lozir) Erik, tú eres el padrino del bebé. Tu deber es cuidarlo. El bebé tiene un hechizo de infancia larga en caso de que Dunkel ya no sea una persona normal. Búscale una familia que lo adopte para así esconderlo de cualquier mal. Él es el heredero de la varita; debe estar protegido.

(Erik) Así será, lo cuidaré, pasen los años que pasen. —Pasó mucho tiempo. Dunkel sintió una depresión tan profunda que se volvió loco. Dejó de ser él; ya no tenía emociones, nada más que tristeza y rabia. Decidió hacer el mal. Empezó a odiar la vida a tal punto que destruyó ciudades y mundos. También esparció los rumores para el genocidio de ángeles caídos, ya que pensó que Lozir era el que lo mantenía vivo—. (Lozir) ¡Dunkel, basta! No soy yo el que te mantiene vivo.

(Blali) Ya no soy Dunkel. Ese hombre se murió. Ahora soy Blali Killer, ¡y esta es mi venganza en contra de la vidaaaa!

(Lozir) Sabes que eres como un hijo para mí. Por favor, para.

—Esto hace que Blali recuerde su pasado. Blali decide irse, ya que esas palabras lo pusieron más triste. Entonces decide construir un castillo en un mundo donde nadie lo pudiese ver—.

(Lozir) —Se va a otro mundo para que no lo persigan durante el genocidio—.

—Mientras tanto, Erik cuida al bebé el tiempo suficiente como para que se rompa el hechizo. Así que Erik decidió mantenerse cerca de Keo en el futuro y dejó a Keo con la familia Ardanich, una de las familias más ricas de Liltod—.

(Lozir) Y bueno, esa es la triste historia de Blali. Es tu padre, pero no sabe ni quién eres. No te conoce. (Keo) ¡¿Quéeee?! Esto es muy inesperado. Ya veo por qué soy el heredero. Entonces, ¿tú eres mi abuelo?

(Lozir) ¡Siiii! Eres mi nietooo. (Keo) ¡Mi verdadero abuelo! —Abraza a Lozir—.

(Lozir) Cómo te he extrañado. Viviste muchos años siendo un bebé, y el profesor Erik Sidereus es tu padrino. (Keo) Ya veo por qué me trata diferente a los demás.

(Death) En su clase tienes la mejor calificación, ¡qué envidia! Jajaja.

(Lility) Qué triste que un chico humilde y tan bueno se haya convertido en una mala persona.

(Samantha) Demasiado triste. (Lozir) Dunkel está dentro de Blali, solo que Blali no lo deja salir. Dunkel piensa que ya lo ha perdido todo, pero no sabe por qué la vida misma lo castigó.

(Samantha) Entonces, ¿todos los rumores de Volde eran falsos? (Lozir) ¿Cuáles rumores?

(Keo) Muchas personas decían que de menor sufrió mucho bullying y rechazo, y eso lo hizo verse frío y medio raro a veces. Jajaja. (Lozir) Ooo, qué raro cómo pasa el tiempo. Y pues sí, ha cambiado. La mayoría de personas cercanas a Dunkel han cambiado su físico e incluso el color de sus ojos para que Blali no los reconozca, ya que tienen miedo.

(Lozir) Pero Dunkel, en su época, era un punk muy rebelde y guapo que ayudó a muchas personas. Así que no, no es una mala persona, solo descubrió nuevos gustos. (Keo) Interesante. Jajaja. (Keo) Yo que pensé todo este tiempo que era más joven. (Death) Jajaja, eres más viejo de lo que creías. (Lility) Demonios, ¡tienes cientos de años! Jajaja. (Keo) Pues sí. Jajaja. (Lozir) Bueno, todos cometemos errores.

(Keo) No me lo esperaba. Me resulta difícil de creer, pero es la verdad.

(Lility) Lozir, ¿y cómo encontramos a Blali? ¿Debemos ir a ese castillo? (Lozir) Aún no están lo suficientemente preparados para verlo. Antes deben pasar unas pruebas, así que decidí enviarle un mensaje al director para que les dé unos días libres. El director aceptó y decidió darles una semana. En esta semana él estará en reuniones, así que no perderán curso ni nada. Sé que es poco tiempo para un entrenamiento, pero me encargaré de que sea muy duro y fuerte, el entrenamiento, en especial contigo, Keo. Debes desbloquear tu yo interior, ya que eres hijo de Dunkel, y Erik cambió tu apariencia para que así estuvieses seguro en caso de alguna emergencia o algo. Además, Erik estará acompañándolos durante este largo entrenamiento —dice Lozir. (Erik) Así es, mi querido Lozir.

(Lozir) ¡Aaaaah! ¡Qué susto! Me vas a matar de un paro cardíaco, ¡eso no se hace! (Erik) Jajaja, lo siento. —Keo se queda inmóvil cuando ve a Erik—. (Erik) ¿Por qué tan tieso, ahijado? (Keo) Es que no me lo esperaba, ¡te lo juro! Jajaja. (Erik) Te crié por más de un siglo. En algún momento iba a estar ahí. Ven, dame un abrazo.

—Keo abraza a Erik—. —El comportamiento frío de Erik cambia un poco, ahora se nota más feliz—.

(Erik) Bueno, yo los acompañaré durante este corto entrenamiento. Los llevaré a distintos mundos. Además, necesitamos la dirección del castillo de Blali, y si no me equivoco, quedaba en Elfislind, una tierra muy lejana.

(Lility) Entonces, ¿ahí es donde tenemos que ir? (Erik) Exacto. Aunque después del entrenamiento, irán a la uni de nuevo, ya que necesitarán aprender habilidades nuevas de Rumplis y pociones durante al menos tres meses, o quizás menos.

(Keo) Bien. (Death) Algo me dice que el entrenamiento será agotador, pero estoy listo.

(Samantha) Yo también. (Lozir) Bueno, yo solo los acompañaré cuando sea el momento. Les prometo que ahí estaré. (Keo) Bien, bien. (Erik) Entonces, vamos a nuestra primera parada: Elfis Lind. —Erik los teletransporta con su fuerte magia—.

(Capítulo 12: La prueba)

(Keo) ¡Qué hermoso lugar! Demasiado natural y todo. (Erik) Sí, sí, este lugar es uno de mis favoritos. (Death) Me imagino qué tipo de cosas habrá en esta ciudad o razas.

(Erik) Pues hay mucho que ver, la verdad. Acá pasé una corta parte de mi niñez y preadolescencia, hasta que mis padres se mudaron a otro mundo por propuestas corruptas. Ya saben lo que pasó después. Pero esta ciudad se caracteriza por una cosa: de aquí vienen personas que saben controlar, muy pero muy bien, sus emociones. Se les ayuda desde muy pequeños a controlarlas y a manipularlas. Pues este será su primer paso en el entrenamiento.

(Samantha) Muy interesante, jaja. Ya veo que también los colores de la ciudad hacen que sea un ambiente relajado. (Lility) Pues la verdad, sí, jaja. Ya ando ansiosa por empezar este entrenamiento. (Erik) Bueno, vamos al apartamento de mi amigo. Él sabe de estos temas y también es maestro en la Uni donde están. (Lility) ¿Tiene ojos morados? (Erik) Sí, sí. (Lility) ¡Qué! ¡Creo que sé quién es! (Erik) Bueno, síganme. —Van a la casa del amigo de Erik—.

(El amigo) Oh, hola chicos. Me presento, soy Belis Deus, y es un placer conocerlos.

(Belis) Bueno, yo les enseñaré cómo controlar sus emociones. —Procede a entrenarlos—.

(Belis) Mmm, su entrenamiento va bastante bien, me encanta. Recuerden que Blali leerá sus pensamientos y los usará en su contra, ya sea para hacerlos enojar, entristecer o incluso hacerlos reír. Blali es demasiado poderoso y sabe cualquier cosa, es como un dios prácticamente.

(Keo) ¿Hay forma de que podamos esconder nuestros pensamientos?

(Belis) La única forma es no hacerle caso y mantener tus emociones firmes. —Pasan 2 días de entrenamiento—. (Belis) Ya veo que han mejorado bastante. (Lility) ¡Síiii! Necesitaba controlar mis emociones. (Death) Igual, a veces me emociono demasiado. (Samantha) Ya me siento segura de mis emociones. (Keo) Belis, este entrenamiento está muy bueno. (Erik) Jajajaja, magnífico. ¡Hasta a mí me gustó el entrenamiento! (Belis) Bueno, estoy muy seguro de que con esto podrán vencer.

(Erik) Aunque qué pena, que este es solo el comienzo del entrenamiento, porque nos espera algo brutalmente sombrío y muy fuerte. Tendremos que entrenar para soportar torturas físicas y psicológicas.

(Keo) ¡Noooooo! ¡Torturas físicas, noooo! ¡Eso es dolor puro! (Samantha) No me digas que iremos a Ciudad Tortura... (Erik) Me temo que sí, es el único lugar que tiene todo lo más extremo. (Death) No me quiero imaginar lo que nos espera. (Lility) ¡Ánimo! Al menos ya completamos nuestro primer entrenamiento. (Erik) No podemos abandonar el entrenamiento. —Los teletransporta a la Ciudad Tortura—.

(Keo) Qué miedo da, está demasiado sola esta ciudad.

(Erik) Esta ciudad antes era habitable, pero Blali la destruyó ya que notó mucha corrupción en ella. Solo que esta vez, por uno, pagaron todos. Llenó todos y cada uno de los edificios con unas entidades invisibles que te torturan. Así que los sobrevivientes se fueron a otros mundos.

(Blali) Así es, querido, no sé quién eres. (Death) ¡Aaaaaa! ¡Es Blali!

(Erik) No se asusten, recuerden que este lugar los va a torturar de forma psicológica el primer día. Ahora debemos separarnos.

(Samantha) ¿Quéeeee? ¡Estás loco! Eso es inaceptable. Ni sabemos cuánto tiempo debemos estar aquí. ¿Debemos estar dos días más? Porque el primero es una tortura psicológica y en el segundo viene la tortura física. En el tercero... es mejor ir, si no quieres morir de verdad.

(Keo) Pero Erik, esto ya da mucho miedo.

(Erik) De eso se trata. Debes tener control de ti. Ahora mismo estoy muy asustado, pero sé que sobreviviremos. Mira, vamos a un edificio que sea lo más seguro posible y que cada cual se vaya a una habitación cercana. Allí están los monstruos que torturan, pero atacan de vez en cuando. La cosa es que estaremos reunidos en el mismo sitio. Tengan —les da comida, bebidas y medicamentos—.

(Lility) Bueno, vamos a hacer esto rápido. —Van al interior de un edificio y eligen sus habitaciones—. (Keo) Mmm, la mía no está tan mal, al menos.

(Keo) Qué mal que no hay ni una cama, tan siquiera... —empieza a escuchar gritos de sufrimiento por todas partes—. —Ve un monstruo que trata de atacarlo—.

(Keo) ¡Aaaaaaa! ¡Qué susto! Espera... esta habitación parece encogerse cada vez más. —Pasan las horas y la habitación se hace más pequeña, hasta hacerlo sentir asfixiado, así que decide usar su varita y hacerla grande con magia—. —Keo sufre muchas torturas psicológicas, empieza a ver cosas horribles y escuchar gritos desesperados. Se siente como un infierno estar allí, así que, en un acto desesperado, trata de dormirse, pero solo tiene puras pesadillas—.

(Erik) Bueno, al menos yo no le tengo miedo a nada. Por favor, soy el maestro de literatura de terror, ¿qué me va a pasar? —Las entidades lo hacen aparecer en la misma ciudad, pero esta vez infinita—.

(Erik) ¡Aaaa nooo! Odio sentirme perdido... pero no me da miedo, jajajaja, tontas entidades. —Las entidades tratan de asustarlo de varias formas, pero Erik es demasiado valiente, así que decide asustarlas con un cuento de terror sobre las matemáticas—.

(Samantha) Mmmm... me siento muy sola acá. No hay absolutamente nada. —Las entidades le crean un ambiente solitario y abandonado, que cada vez se desmorona más y más—. (Lility) ¡Aaaaaaa! ¡Me ando cayendo de un edificio, ayúdenme! (Death) ¡Aaaa! Estoy en una piscina infinita... ¡nooooooo! ¡Veo un megalodón que me persigueeeee! —Pasa el primer día—.

(Keo) No dormí casi nada, qué mal me siento... —De repente, ve cómo las cadenas de su habitación cobran vida y lo golpean fuerte, provocándole heridas profundas—.

(Keo) ¡Aaaaaaaaa! —Se defiende usando su varita, destruye las cadenas, pero ahora el vidrio de su ventana se rompe y se le clava en todo el cuerpo, haciéndolo sufrir mucho. Keo, con su magia, empieza a curarse y a quitarse los vidrios—.

—Las entidades encierran a Erik dentro de una caja fuerte, haciéndolo sentir asfixiado, lo cual le causa mucho dolor—. (Death) Mmm... qué suerte que no me ha pasado nada. —Ve a los bravucones a los que se enfrentó y empiezan a pelear durante un día—.

—Las entidades torturan a Samantha rompiéndole sus huesos, pero Samantha se cura, al igual que Lility, que sufre de la misma tortura, solo que con martillos—. —Pasa un día completo y Erik logra salir de la caja fuerte—. (Erik) Oh no... en este día las entidades se hacen más fuertes, y viene Blali. Debo buscar a los chicos. —Rescata a Keo—.

(Keo) ¿Es el tercer día? ¿Erik y los demás? (Erik) Vamos por ellos. —Ven a Death peleando con los bravucones—. (Death) ¡Chicos, ayuda! Ya las entidades se están volviendo más mortales. —Erik los mata con un hechizo—. (Death) Gracias. (Keo) Nos falta Lility y Samantha. (Erik) Sí, vamos por ellos lo más rápido posible. —Van por Samantha y la rescatan de las entidades—.

(Samantha) Gracias, chicos, pero hay que apresurarnos. Lility debe estar sufriendo mucho.

—Van y rescatan a Lility. Keo lanza magia a las entidades, haciendo que mueran—. (Lility) Vámonos de aquí, odio este lugar. (Erik) Enseguida hago la magia. (Blali) ¿Oh? ¿Piensan irse sin mí? —Se les aparece el auténtico Blali—. (Death) ¡Aaaaaaa! ¡Este sí es el real! (Erik) Usen sus armas interiores.

(Blali) ¿Qué hacen cuatro criaturas inocentes aquí? Lamento decirles que hoy es su día de muerte. —Los ataca súper fuerte—. (Keo) —bloquea el ataque con su magia—.

(Blali) Ya veo que son más fuertes de lo que pensé... en ese caso... —Se vuelve más poderoso y lanza ataques continuos—. (Erik) ¡Aaaaaaa! Me golpeó, ¡ayuda! —Erik queda brutalmente herido—. (Keo) ¡Blali, basta! Él fue tu mejor amigo... (Blali) Yo no recuerdo haber tenido amigos.

(Keo) Vamos, sé que no eres así. Eres Dunkel, una persona muy buena que mató a los monstruos corruptos y que fue un héroe. (Blali) ¿Y cómo sabes eso? Dunkel murió. Lo maté yo mismo a sangre fría, ¡jajajajajajaja! —Keo le lanza un ataque de recuerdos, lo cual debilita a Blali—. (Blali) ¡Aaaaaaa, ese no soy yo! —Los ataca con magia oscura, hiriéndolos a todos muy fuerte. Keo le lanza un ataque con su varita, pero el ataque rebota, así que Keo, con su magia, teletransporta a todos a un lugar lejos donde Blali no pueda verlos—. (Erik) Gente, ¡ayuda! Usen el poder para curarme.

(Lility) Yo te curo. —Usa de su magia y lo logra curar—. (Death) ¿En qué lugar estamos? (Keo) Estamos en Liltod. (Erik) Extrañaba este lugar. (Samantha) Wow, qué bonito es. (Lility) Hermoso lugar, la verdad. (Keo) Erik, vi que Blali se debilitó un poco. Lo noté muy débil en el enfrentamiento cuando le hice el hechizo de recuerdos.

(Erik) Mmm... quizás ese sea uno de sus puntos débiles, pero ahora debemos tener más cuidado que nunca. Él regresará. Donde único no nos puede detectar es en la Uni, pero necesitamos estar atentos. Es capaz de ir al mundo de la Uni y atacarnos a todos, aunque eso lo destruya. Debo informar al director, pero primero hay que completar el último entrenamiento. (Keo) ¿Y cuál es? (Erik) Enfrentarse a ustedes mismos. A sus propios problemas personales, a sus miedos... y no solo eso, sino también a sus mayores pesadillas.

## Cap 13 La ultima prueba

Los teletransporta a otro lugar destruido por Blali llamado Hell city.

(Erik) Sé que los he llevado a lugares muy peligrosos, pero de todos, este es el peor. Acá, Blali creó un infierno para torturar personas usando sus peores miedos y problemas, haciendo que no puedan ser libres hasta enfrentarse a ellos y superarlos. De lo contrario, estarán atrapados por la eternidad. (Keo) Bueno, esto sí es peligroso. Pero ¿cómo empezamos?

(Erik) Tenemos que explorar. Una vez nos adentremos, nuestra realidad nos separará, mandándonos a distintos lugares. (Lility) Bueno, manos a la obra.

—Empiezan a explorar y, tal como Erik predijo, la realidad los separa—.

(Death) Bueno, yo no tengo ningún problema por ahora… pero ¿por qué ando atrapado acá?

—Se da la vuelta y ve un payaso con cara de asesino, rodeado de mucha gente con expresiones amenazantes, como si estuvieran a punto de matarlo—.

(Death) ¡Persecución, noooooooo! ¡Mi mayor miedo! (Erik) Bueno, yo al menos no tengo miedo a nada, así que iré a esperarlos en una cantina o algo. —Se dirige a una cantina en Hell City—. (Erik) Un trago, por favor. —De repente, nota a una chica mitad dragón atada con unas cadenas mágicas que la aprisionan—. (Erik) ¡Oh no, qué horror! (La chica) Ayuda, por favor... (Erik) Enseguida, déjame ver cómo puedo ayudarte. (La chica) Apresúrate, no tengo mucho tiempo. Las cadenas están empezando a moverse; van a romperme como ya lo han hecho con casi toda mi raza. (Erik) No te preocupes. —Utiliza su poderosa magia para romper las cadenas que la aprisionan—. (La chica) ¡Ay, muchísimas gracias! No tienes idea del sufrimiento que es estar en este lugar. (Erik) Es lo menos que podía hacer. ¿Cómo te llamas? (La chica) Me llamo Darkly Darlis.

(Erik) Qué bonito nombre. (Darkly) Gracias, jajaja. (Erik) ¿Y no hay más personas que rescatar?

(Darkly) Por desgracia, no. Mi raza está casi extinta en la mayoría de los mundos, y solo estuve con un grupo de humanos que fueron cazados por un monstruo malo. (Erik) Qué horror.

(Darkly) ¿Y qué haces en una ciudad tan peligrosa y destruida como esta?

(Erik) Estoy entrenando a mis alumnos. Ven, te contaré por qué. —Se dirigen a un sitio más seguro—. (Samantha) ¡Aaaa, noooo, yo le tengo miedo a las ratassss!

—Aparece en un callejón abandonado lleno de ratas por todas partes—. (Lility) Yo le tengo miedo a los zombis... —Aparece en un lugar repleto de zombis—.

(Keo) Yo solo tengo miedo de que mi enfrentamiento con Blali salga mal. —Tiene visiones falsas sobre su enfrentamiento—. —Y así pasa un día, y aún siguen sufriendo—.

(Erik) Y bueno, Darkly, ¿te gustaría ir con nosotros? ¿Salir de esta peligrosa ciudad?

(Darkly) La verdad me encantaría, pero los de mi raza no tienen la capacidad de teletransportarse. (Erik) Ooo, entiendo. Bueno, eso se puede arreglar. Yo usaré mi magia más fuerte y seguro lo lograré.

(Darkly) ¿Lo prometes? (Erik) Sí, lo prometo, jajaja. Y podremos trabajar juntos como profesores de literatura de terror. (Darkly) Eso es muy genial. Yo podría ayudar a los alumnos.

(Erik) Sí, sí. Espero que el director lo permita. (Keo) ¡Nooo, estas visiones son falsas! De seguro podré lograr que mi padre deje de ser Blali. —Las visiones—.

(Dunkel) ¡Dunkel está muertoooo! ¡Dunkel está muertoooo! (Keo) ¡Mentira! Dunkel no está muerto; está más vivo que nunca, deseando salir del horror que es Blali. —Pasa la prueba—. (Samantha) Mmm, quizás le tenga miedo a los ratones, pero no todos son tan feos; algunos son demasiado bonitos. —Empiezan a salir ratas más feas—. (Samantha) Aaawww, ¡qué bonitas son! —Salen ratas podridas—. (Samantha) Uuuu, estas son ratas especiales —dice Samantha—. —Pasa la prueba—.

(Death) ¡Aaaaaaaaaaaa! ¡Ya dejen de seguirmeeee! Mis rodillas están que se rompen, estoy harto de la persecución. Mmm, ¿y qué pasaría si fuese yo el que corre y ellos los que huyen?

—Decide correr directo a ellos, lo que provoca que se asusten y corran sin parar—. —Pasa la prueba—. (Lility) Demasiados zombis. Es hora de matar. —Hace varios hechizos, matándolos casi a todos—. —Pasa la prueba—. (Erik) Este es el tercer día. Espero que ya mis alumnos lo hayan logrado. (Darkly) Así es. Espero que podamos hacer que Blali sea normal de nuevo. Y por cierto, ¿cómo te llamabas? (Erik) Oo, yo, Erik Sidereus. (Darkly) Hermoso nombre. (Erik) Jajaja, gracias. (Keo) Wow, padrino, ya tienes novia, jajajaja. (Erik) ¡Nooo! Es mi amiga, recién la conozco, jajaja. (Darkly) ¿Este es tu ahijado? (Erik) Sí, sí, jajaja. (Death) Wow, el profe estaba disfrutando y nosotros sufriendo. (Lility) Literal, jajajaja. (Samantha) Bueno, ya enfrenté mis mayores miedos. (Erik) Eso será bueno; toda esta aventura les puede servir en mi curso. (Keo) Sí, sí. (Erik) Y bueno, les presento a Darkly, una amiga de una raza distinta a la nuestra. (Lility) Qué cool, ya somos dos. (Death) Hola, Darkly. (Keo) Un gusto conocerte. (Samantha) ¿Qué taaall? (Darkly) Hola, chicos. Espero que estén muy bien, y qué bueno que pasaron la prueba. (Erik) Bueno, es tiempo de ir a la uni, donde tendrán que entrenar los tres meses con Rumplis. Pero con todo esto que aprendieron, creo que en poco tiempo ya estarán listos para la verdadera aventura. —Van a la uni— (Sirik) Hola, queridos alumnos. Me alegro de que les haya ido bien en estas pruebas. Aprovechen y descansen. (Keo) Bien, bien. Después de estos largos días sin casi poder dormir, nos viene bien un buen descanso, jajaja. —Se van todos a dormir ya que son las 6 pm— (Erik) Señor director. (Sirik) ¿Diga? (Erik) ¿Podría Darkly ser mi asistente en el curso de literatura? (Sirik) Bueno, primero debo ver su potencial. Le haré una entrevista personal y, más de noche, te aviso. (Erik) Bien, bien. (Sirik) Bueno, Darkly, pasa conmigo. (Darkly) Bien, bien.

—Sale bien la entrevista, lo cual hace que desde ese momento Darkly sea la asistente del director—

(Reloj) ¡RIN RIN RIN! Levántate, Keo, hoy es un nuevo día. Prepárate para tus tres cursos.

—Le pone *Death Metal*— (Keo) ¡Bieeeen! —Se prepara y va a la clase de Erik— (Keo) Qué emoción, ahora Darkly es la nueva asistente. ¡Esto será épico! (Erik) Bueno, alumnos, ya terminó el curso. Pueden ir al siguiente. —Van al curso del profesor Yessi Miyo— (Yessi) Alumnos, hoy les mostraré cómo hacer arte extremo: una copia exactamente idéntica a la que tienen en mente. —Da la clase normal— (Yessi) Bueno, ya es su hora libre. Keo, Death y Samantha, ¿se podrían quedar un segundo? (Keo) Sí, profesor. (Yessi) Me enteré de lo del entrenamiento, ya que el director nos dejó saber. Por eso, ahora les daré algo que los ayudará durante el combate. Tengan. —Les da una pastilla a cada uno— (Keo) mmm para que son ? (Yessi) en caso de que alguno muera en este combate esta pastilla lo podra revivir es un medicamento secreto de civilisaciones pasadas fue una muy larga historia aunque tengo mas pero por ahora con esto estoy seguro de que les ira bien * (Keo) muchas gracias esto puede ser util ya que Blali esta loco practicamente (Yessi) si si tengan mucho cuidado bueno alumnos ya pueden irse * se van a su hora libre * (Keo) Devemos guardar bien estas pastillas no devemos perderlas (Lility) hola chicos como andan ? (Death) Bien bien (Samantha) muy bien jajaj (Keo) yo igual (Lility) que bueno despues de esa demoledora semana (Keo) Lility que tal si vamos a el mismo restaurante de aquel día ? (Lility) si si vamos buena idea (Death) bien yo iré al de sushi con Samantha * proceden a ir a comer * mientras tanto en el restaurante * (Keo) y bueno durante estos meses te fue bien ? (Lility) si si bastante (Keo) que cool ami este sitio me gusta mas jajaja y después de la horrible semana pasada me gusta el doble así que mejor todavía (Lility) y ahora Erik es de confianza en caso de que nos ataque el Blali (Keo) si si debemos cuidarnos de el Blali . (Cap 14 Un loco) (un desconocido) hola chicos puedo sentarme acá ? (Keo) mmm bueno viendo que las mesas están llenas pues si . (el desconocido) bien bien * se sienta al lado de Lility * bueno me presento para que sepan quién soy jaja soy Cristfer Lindich.

(Keo) Cool, bueno, yo soy Keo.

(Lility) Yo, Lility. (Keo) Y bueno, estábamos hablando sobre nuestros primeros meses.

(Cristfer) Oooh, eso es bueno. A mí me va muy bien estos meses. (Keo) Pues sí, la verdad, jajaja.

(Keo) Lility, ¿qué te parece si ahorita vamos al jardín? (Lility) Bien, bien.

(Cristfer) ¿Puedo acompañarlos? (Keo) Bueno, es que... será un poco personal. (Cristfer) Oooh, entiendo. Vale. —En su mente: "Eso ya lo veremos."— —Van al jardín, donde Keo y Lility hablan sobre sus gustos—

(Keo) Y bueno, hablando de novelas románticas, estaba pensando en hacer una, pero aún no sé. Creo que me iré más por las de aventura, son muy buenas. (Lility) Eso sí, son bastante buenas. (Keo) Y muy bonitas, así como tú. (Lility) Ajajaja, gracias. —Van a la clase de Rumplis después—

(Rumplis) Bueno, alumnos, hoy les enseñaré a defenderse contra ataques fuertes y a aprender a evadirlos. Esta materia es muy importante, ya que les ayudará en enfrentamientos con entidades muy poderosas. —Les enseña de todo—

(Rumplis) Eso, Keo, Death, Samantha, Lility. Van demasiado bien. Si siguen así, creo que en dos semanas ya estarán listos. No será necesario eso de tres meses. Tres meses es demasiado para ustedes, jajajaja. Solo dudábamos de sus capacidades, pero ya me estoy arrepintiendo. —Pasan la clase y se van a dormir— —Al siguiente día— —Clase de Literatura Oscura— (Erik) Bueno, mis queridos alumnos, ya pueden retirarse. (Erik) Keo, Death, Samantha, esperen. Dejen llamo a Lility. —Le manda un mensaje de texto— —Pasan dos minutos— (Lility) Ya vine, Erik.

(Erik) Bien. Emmm, quería avisarles que Rumplis los entrenará horas extra. En esas horas estaré yo, ya que también partiré con ustedes. La cosa es que, una vez Rumplis vea que dominamos la magia lo suficientemente bien, nos dejará ir y Sirik nos dará unas semanas o días libres. Y eso.

(Keo) Bien, bien, lo tendré en cuenta. (Death) Cierto, hay que entrenar mucho. (Samantha) Bueno, la destreza que nos enseñó ayer la dominamos muy rápido. (Lility) Cierto. (Darkly) Yo estaré durante el entrenamiento también.

(Erik) Bien, bien, mientras más seamos, mejor. Lozir estará bien contento cuando vea este tremendo grupo que tenemos, pero Blali también tiene sus secuaces, así que mucho cuidado durante esta semana. Bueno, ya pueden ir a la siguiente clase. —Se van y después van a su hora libre— —Durante la hora libre, un grupo de chicas se obsesiona con Cristfer— (Cristfer) Chicas, chicas, después les doy mi número, jajaja. —Va por Lility— (Cristfer) Hola, Lility, ¿cómo andas? (Lility) Hola, ando bien. ¿Y tú? (Cristfer) Igual, igual. Oye, ¿te gustaría acompañarme a un restaurante? (Keo) No manches, un grupo de chicas sigue a Cristfer a todas partes. (Death) Entiendo que aparece en una revista de moda y modela mucho, pero esto es pasarse. (Samantha) Jajajaja, espero que se cuide porque son muchas las chicas que lo siguen. Miren, está hablando con Lility. —Van donde Lility— (Keo) Hola, Lility, ¿cómo andas? (Lility) Hola, chicos, bien. ¿Y tú? (Keo) Igual. (Cristfer) Oh, hola, Keo, ¿qué tal todo? (Keo) Pues bastante bien, ¿y eso? (Cristfer) Bueno, estaba hablando con Lility a ver si quería ir a un restaurante muy caro de esta uni. (Keo) Cool, me gustaría ir. (Death) A mí también. (Samantha) Igual, igual. (Cristfer) Bueno, es que solo tengo dos boletos. (Keo) Oooh, bueno, yo puedo pagar el mío. (Cristfer) Genial, bueno, emm... bueno, vamos. (Keo) Death y Samantha, se pueden disfrazar de empleados.

(Death) ¿Qué tramas? Me gusta Lility, ¿entiendes? Durante estos meses he sido muy bueno con ella y siento que Cristfer la va a conquistar primero que yo, no solo porque es guapo, sino porque sentí que hechizó a Lility. La noto rara cuando lo ve.

(Samantha) WOW, notas las cosas en muy poco tiempo. Bueno, vamos antes de que Cristfer y Lility lleguen. —Se ponen los disfraces— (Keo) Ya llegué, Cristfer. (Cristfer) Bien, bien, acá andamos. (Keo) WOW, qué hermoso lugar es este.

(Sirvienta) Bueno, chicos, ¿qué se les ofrece?(Keo) Death? (Sirvienta) Shhh... (Cristfer) ¿Cómo que Death? (Sirvienta) Emmm, no, nada, creo que el señor Ardanich quiso decir que quiere una malteada, Death. (Cristfer) Oooo, interesante. (Sirvienta) Bueno, ¿qué se les ofrece?

(Keo) *En su mente* (No puede ser, Death se disfrazó de mujer y Lility de hombre, les di mal los disfraces). —Piden el menú y les llega— (Cristfer) Ah, por cierto, una malteada exclusiva para la linda chica Lility. (Lility) Oh, muchas gracias, jajaja. (Keo) Ah, y también un postre, por favor, que sea tan bonito como ella. —Pero las palabras de Keo solo la incomodan— (Lility) Emmm, bien, jaja. (Keo) *En su mente* (Mmm, qué extraño, al parecer Cristfer hechizó a Lility). —Terminan de comer y se van— (Keo) Jajajaja, Death, ¡te vestiste de sirvienta! Jajajajaja. (Death) Pero ese fue el uniforme que me diste, se te olvidó hasta la peluca, menos mal que encontré una por ahí. (Samantha) Yo de sirvienta...

(Keo) Perdonen por darles mal los disfraces, aunque bueno, fue un momento gracioso y tenso, jajajaja. (Keo) Algún día iremos todos reunidos: Erik, Dunkel, Sirik, Darkly, Lility, yo, todos. Espero que ese día se haga realidad. (Samantha) Sería hermoso. (Death) Gente, como que Cristfer se llevó a Lility. (Keo) ¿Quéééééé!?! Noooo, iré por ellos.

—Va y los ve dándose un abrazo, esto hace que Keo sufra por dentro, pero por fuera se mantiene normal— Emmmm... bueno, iré a mi habitación. (Cristfer) Sí, sí, yo iré a dejar a Lility en su habitación. —Siguiente día, clase de Literatura oscura—

(Erik) Bueno chicos, ya se acabó el examen, espero que a ninguno se los haya comido vivos, porque estuvo Darkly ayudándolos. Denle un aplauso. —Aplauden—

(Darkly) Gracias chicos y chicas, espero que hayan pasado el examen. Bueno, procedan a su siguiente curso, dice Erik. —Se van, menos Keo, Death y Samantha— (Keo) Padrino, ¿puedo hablar contigo? (Erik) Sí, sí, ¿qué sucedió? Te noto muy triste, ¿pasa algo? —Llora— Un alumno llamado Cristfer no hizo más que conocernos en un restaurante y ya, prácticamente, poco falta para que Lility y él se hagan pareja. (Erik) Oh, no, qué raro eso. (Keo) Lo peor es que noté que la hechizó con algo, pero no sé qué hechizo es. (Erik) Mmmm, hechizos de amor, esos están prohibidos en esta universidad. Qué extraño, conozco a un profe que sabe sobre ellos. No llores, Keo, te llevaré con él. —Los lleva hacia el profesor— (Erik) Hola, amigo, ¿cómo andas? (El Profesor) Bien, ¿y usted?

(Erik) Igualmente. He venido a traerte a mi ahijado y sus amigos, ya que hubo un problema extraño con un hechizo de amor, pero no se sabe qué tipo de hechizo es. (El Profesor) Mmm, muy extraño. Bueno, conozco varios, pueden quedarse. (Erik) Qué pena, no puedo avisar al director, está muy ocupado. —Se va Erik— (El Profesor) Bueno, me presento, soy Chris Viker.

(Chris) Y les ayudaré en esto el tiempo que pueda, jajaja. Bueno, emmm... cuéntame. —Keo le cuenta todo— (Death) Tuve que vestirme de sirvienta y todo. (Samantha) Y yo de sirviente. (Chris) Jajajaja, ya quisiera ver eso. (Chris) Bueno, emmm... su comportamiento me suena al hechizo que se hace con magia rosada. La única forma de deshacerlo es con una gota de lágrima, pero no cualquier lágrima, debe ser una lágrima de la persona que de verdad la ama. En tu caso, serías tú, Keo. Pero debe ser en un momento especial: vierte la gota en alguna bebida para que así pueda tomarla y listo. (Keo) Buena idea, lo tendré en cuenta.

—Pasa la hora libre y van a la clase de Rumplis. Cada día mejoran más en su clase— —Dos días después— (Chris) Y les ayudaré en esto el tiempo que pueda, jajaja. Bueno, emmm... cuéntame. —Keo le cuenta todo— (Death) Tuve que vestirme de sirvienta y todo. (Samantha) Y yo de sirviente. (Chris) Jajajaja, ya quisiera ver eso. (Chris) Bueno, emmm... su comportamiento me suena al hechizo que se hace con magia rosada. La única forma de deshacerlo es con una gota de lágrima, pero no cualquier lágrima, debe ser una lágrima de la persona que de verdad la ama. En tu caso, serías tú, Keo. Pero debe ser en un momento especial: vierte la gota en alguna bebida para que así pueda tomarla y listo.

(Keo) Buena idea, lo tendré en cuenta. —Pasa la hora libre y van a la clase de Rumplis. Cada día mejoran más en su clase— —Dos días después— **(Capítulo 15: Sirvientas al Poder)**

(Reloj) —Rin, rin, rin. ¡Keoooo! Hoy comienza tu plan para hacer que Lility salga de ese hechizo malvado y puedas rescatarla. (Keo) —¡Geniaaaal! Vamos a clase. —Va a sus dos cursos. Durante la hora libre...— (Keo) —Bueno, no sé ni cómo empezar el plan. La verdad, me deprime. Ayer fue un día muy normal, pero ellos dos estaban tan juntos que me sentí olvidado. Sé que no es algo real, pero ese maldito hechizo nos bloquea. (Death) —Qué horror. (Samantha) —Está fuerte esto. Bueno, Keo, iremos a almorzar. (Keo) —Va, también iré. (Cristfer) —Oh, hola chicos. ¿No quieren ir al restaurante de aquel día con nosotros? (Keo) —No, gracias. (Death) —Yo... es que aún no me da para el boleto. (Samantha) —Tengo que usar este dinero bien... —Se van a comer a otro sitio. Keo empieza a llorar porque no soporta tal injusticia.— (Death) —Keo, recuerda las lágrimas. (Samantha) —¡Siiiiii! —Las recolectan.— (Keo) —Con una funcionará. Tengo una idea. (Samantha) —¿Cuál? (Keo) —Vamos a ese VIP de una. (Death) —¿A vestirnos de sirvientas de nuevo? (Keo) —Bueno, pensándolo bien, no es mala idea. No sospechará nadie.

—Van los tres vestidos de sirvientas. Así, Keo aprovecha y pone la lágrima en el vino de Lility.— (Keo) —¡Jijiji! Esto estará épicoooo. —Lility toma su vino.— —(Cristfer), ¿te gusta, cariño? (Lility) —¿Cómo que "cariño"? ¿Qué dices, Cristfer? (Cristfer) —Mmm, eres mía, ¿no? (Keo) —¡No! No es tuya ni mía. Ella es de ella misma, y es la chica que yo amo. ¡Vienes tú a hechizarla con tu magia rosa! (Cristfer) —¿Perdón? ¿Sirvientita? —Keo se quita el traje de sirvienta con magia.— (Lility) —¿Keo? ¿Eres tú? ¡Me salvaste de esa magia! Menos mal... (Keo) —Sí, menos mal que me di cuenta. Lility, te amo. (Lility) —¿Me amas? (Keo) —Mucho. Demasiado. (Lility) — yo también. —Se dan un beso delante de todo el mundo en el restaurante.— (Death) —¡WOW! Esto es épico.

(Samantha) —Eso si que es ser valiente. (Cristfer) —Bien, me descubrieron. Sí, era una poción de amor. ¿Y qué? (Keo) —¿Sabías que esas pociones están prohibidas?

(Cristfer) —Prohibida estará mi magia cuando te reviente!. —Trata de atacarlo, pero de repente...— (Erik) —¡MAGIUS ATACIUS!

(Cristfer) —¡Aaaaaaaah, qué dolor! ¡No puedoooo!

(Erik) —Llegué justo a tiempo, jajaja. Che, Cristfer, eres demasiado guapo, pero tienes unos modales que dan asco. Creo que deberías mejorar eso. (Cristfer) —A mí nadie me dice qué hacer. (Erik) —¿Ves? Tienes unos modales del asco. (Death) —Lo mismo opino. (Erik) —Bueno, lo teletransportaré hacia el director. —Lo manda volando.— (Erik) —Listo, jajaja.

(Keo) —Nos quería matar, está loco... O a lo mejor solo quería atacarnos, pero igual eso es de locos. (Samantha) —¡Erik! No tienes idea de lo que pasó. ¡Te tengo chisme! (Erik) —¿Cuál? (Samantha) —Al parecer Keo y Lility son pareja. (Erik) —¡Qué emoción! (Keo) —¡Siiii! —Se pone rojo de mejillas.— (Lility) —No hay de qué avergonzarse, jajajaja. (Erik) —Bueno, vayan a la clase de Rumplis. Los veré en las horas extra de entrenamiento. —Después de la clase.—

(Rumplis) —Bueno, chicos, preparé estas horas de entrenamiento extra para ustedes. Así que aquí reuní al profesor Erik y decidí que participe Darkly.

—Los teletransporta a otro sitio.— (Rumplis) —Bueno, si quieren derrotar a Blali, también deben luchar contra sus secuaces. Así que deberán enfrentarse a mí. (Keo) —¿Quéeee? Eso puede ser peligroso. (Rumplis) —Tranquilo, no me matarán. —Se divide en 30 Rumplis.— (Rumplis) —Ahora sí, que comience la batalla. —Comienza una batalla súper complicada y duradera.— (Erik) —¡Aaaaah! Es súper rápido el Rumplis este. (Darkly) —Erik, juntemos nuestros poderes. (Erik) —Pero eso es imposible. (Darkly) —Mi raza tiene esa capacidad con cualquier especie. (Erik) —Entonces vamos, lo vamos a partir en dos. (Rumplis) —Aaaa, ¿conque planean una táctica? Perfecto. —Se convierte en 40 Rumplis.—

(Keo) —Es hora de usar el verdadero poder de la varita de mi padre. (Rumplis) —Ya la varita es tuya. Si quieres desbloquear su poder, debes pensar que es tuya, no de otro. —Se convierte en 50 Rumplis.— (Lility) —Keo, hagámosle magia roja. Así los Rumplis quedan en otros lugares y desaparecen porque son clones. (Rumplis) —Buena estrategia, solo asegúrense de no hablar mucho. —Se convierte en 200 Rumplis.— (Death) —Es hora de usar mi magia explosiva. (Samantha) —Ataquémosle juntos. (Death) —Buena idea.

—Utilizan todos sus ataques en forma de patrón. Esto provoca que Rumplis pierda todos sus clones y quede él solo.—

(Rumplis) —¡Lo lograron! Esto es genial. (Erik) —Considerando que casi nos matas... Pero bueno, lo logramos, jajaja. (Keo) —No puede ser, eres demasiado poderoso.

(Rumplis) —Sí, jajaja. En mis tiempos, con mi esposa Lirais, fui uno de los más grandes defensores en mi mundo contra Blali, a tal punto que se fue y juró no volver a mi mundo. Por eso es importante que entrenen conmigo. (Death) —¡Wow, eso es genial! (Lility) —Cada día aprendo algo nuevo, jajaja. (Samantha) —Lo mismo digo. (Darkly) —¡Increíble, jajaja! Espero que el siguiente entrenamiento sea igual de divertido. (Rumplis) —Lo será. Bueno, chicos, ya váyanse a dormir. (Keo) —Pero... (Rumplis) —Ah, cierto. —Los teletransporta a la uni.— —Se van a dormir.—

**Capítulo 16: El plan de Blali**

—Por la noche, en un castillo muy lejano y oscuro.—

(Blali) —Mis queridos secuaces, he iniciado esta reunión para hablarles sobre un futuro ataque a un chico Ardanich que me robó algo que me pertenece. Sin ese "algo" somos poderosos, pero no tanto.

—Con ese "algo" dominaremos los mundos, los planetas, las galaxias y los universos, si es necesario. ¡Brik Dek!

—Brik no lo escucha porque la música está muy alta.—

(Brik) —¡Blali, no te escucho! Tienes el *Black Metal* a todo volumen.

(Blali) —Ah, cierto.— *Le baja el volumen a 0.* —Ahora sí, Brik. (Brik) —¿Mande, Blali?

(Blali) —Deja de distraerte y presta atención. Busca... (Brik) —Recuerda que no eres mi jefe. Solo ando acá porque tengo interés en esa varita.

(Blali) —Cierto, pero bueno... ¿Puedes ir a casa de los Ardanich y secuestrar a su familia? En caso de que encuentres al que robó mi pertenencia, huye rápido, ya que podría matarte en tan solo dos segundos o más.

(Brik) —Yo no podré ir porque estaré ocupado hablando con el devorador de mundos para ver si nos ayuda. (Brik) —Bien, iré a secuestrar a los Ardanich. ¡Jajajajajaja!

(Blali) —No, mala idea. Mejor tengo una tarea más especial para ti. Infiltrate en la universidad y secuestra a algún ser querido de ese Ardanich. (Brik) —Bien, Blali, lo haré enseguida. (Blali) oye Brik hay algo que siempre he querido preguntarte (Brik) ajam? (Blali) que es ese circulo colorido que siempre llevas en el pecho se me hace algo familiar (Brik) esto ? aa no no es nada es solo una insignia que me gane ase mucho tiempo (Blali) seguro? No que en tu mundo solo habia puro abuso? (Brik) es una larga historia no tengo tiempo para contarla bueno adios * desaparece * (Blali) mmm que raro ees Brik aveces bueno —Ustedes, trillizos. (Trillizos) —¿Mande, mande, mande? (Blali) —Ustedes son los que van a secuestrar a los Ardanich, y más les vale que sea rápido. (Trillizos) —¡Lo haremos, señor! (Blali) —Bien, así me gusta.

(Blali) —Bueno, ya puedes irte.—

—Todos se van, incluidos los demás secuaces.—

—Blali empieza a cantar Black Metal con una voz bien rota:

**Oh, sombras del abismo que claman mi nombre,**

**A través de la muerte, del fuego y del odio eterno.**

**Las cenizas de mis enemigos se alzan ante mí,**

**Sus almas desgarradas, ofrenda a la oscuridad.**

**El amor se pudre, el olvido devora,**

**Mi piel marcada por las garras del dolor.**

**El sol se oculta tras el manto de sangre,**

**Mientras yo me alzo como un dios destructor.**

(Blali) —¡Prefiero reinar entre los condenados!

¡Prefiero arder con las huestes del caos!

Que la sangre fluya, que los cielos caigan,

¡Mi furia se alzará y a los dioses aplastará!

**Soy la tormenta, soy el infierno.**

**Las llamas de mi ira devoran al universo.**

**No moriré, pues soy inmortal,**

**Mi varita es mi destino, la llave para esclavizar.**

**Demonios susurran secretos prohibidos,**

**Garras que desgarran carne y esperanza,**

**El dolor es mi pacto, el odio mi fuerza,**

**Y en su destrucción, encontraré mi libertad.**

(Blali) —Tal vez sea malo, pero no tan malo como crees.

Estoy solo, un esclavo de mi propia deidad.

Prefiero conquistar, prefiero destruir,

¡Y al final, entre ruinas, mi varita conseguir!—

(Cancion en YouTube canal KeoRed Cancion de Blali el Fuerte) —Blali termina su canción mientras llora. Solo se nota el odio y la ira en los ojos de Blali.— -Los monstruos y Las bestias le aplauden mientras graban su obra de arte- -Los Ojos de Blali Arden de rabia y lagrimas negras salen-

(Capítulo 17: Trillizos Tontos)

—Durante la madrugada, en Liltod City— (Rioki) —Ya vamos, jajaja. (Riok) —Tú, Rioki, ve con Riuku a buscar la dirección. (Rioki) —Bien. (Riuku) —¿Y qué harás tú? (Riik) —Voy... emmm... a ver... aaaaa, se me olvidó. Mejor voy contigo. (Riok) —Vale, vamos juntos. (Riuku) —Separados no somos nada, jajaja. (Riik) —Literal.— —Encuentran la dirección de los Ardanich y van por ellos.— —Mientras tanto, en un sueño de Keo, ve cómo sus padres son secuestrados.— —Keo brinca de la cama.— (Keo) —¡Oh no! Esto es muy malo, debo hacer algo ya.— —Va hacia los demás apartamentos y levanta a Death, Lility, Samantha y a Erik con Darkly.— (Keo) —Padrino, padrino, creo que he visto el futuro.— —Le cuenta sobre el sueño que es una visión.— (Erik) —No puede ser... Vamos, esas visiones sí son correctas.— —Erik los teletransporta a Liltod, a la Mansión Ardanich.— (Erik) —¡Apresúrense! (Keo) —Prepárense, no sabemos a qué nos enfrentamos. (Death) —Cierto.— —Llegan a la casa y ven a los trillizos acercarse.— (Keo) —Mis padres deben estar durmiendo. (Erik) —Vamos a la sala.—

—Los trillizos andan por la entrada y salen de la cocina hacia la sala.—

(Trillizos) —¿Quiénes son ustedes? (Riok) —Genial, más personas para secuestrar. (Lility) —En tus sueños, criatura maligna. (Darkly) —Estos fueron los asquerosos que me ataron en HellCity.

(Erik) —¡Vamos a reventarlos! (Samantha) —¡Siiiii! (Trillizos) —¿Qué piensan hacer?—

—Se forma una batalla en la sala de la mansión Ardanich.— (Erik) —Keo, ve por tus padres adoptivos. Diles que no bajen.— (Keo) —¡Enseguida! (Samantha) —Yo cubriré la entrada de la habitación, te sigo.— —Keo les avisa a sus padres adoptivos que no salgan, mientras Samantha bloquea la puerta.— (Keo) —Listo, Samantha. Haz guardia acá o adentro con mis padres. (Samantha) —Bien, bien.— —Keo vuelve a la sala y, con un hechizo, adormece a los trillizos, secuaces de Blali.— (Keo) —¿Qué se supone que hagamos con ellos? (Darkly) —¿Qué tal si los ponemos en esa tortura de cadenas? (Erik) —Buena idea, pero, ¿y si mejor los mandamos a prisión? A una prisión mágica de la cual no puedan salir por sus delitos. (Darkly) —Buena idea.

(Keo) —¡Siiii, los derrotamos!— —Keo abraza a Lility.— (Lility) —¡Esooo, geniaaaal!

(Death) —Bueno, ya vámonos a dormir, jajaja. (Keo) —Iré a despedirme de mis padres. (Samantha) —Bien, nosotros te esperamos.— —Keo entra a la habitación de sus padres adoptivos.—

(Keo) —Hola, padre. (Freisk Ardanich) —Hola, hijo. ¡Tanto tiempo! ¡Cómo te he extrañado! (Keo) —Yo también, jajaja. Hola, mamá. (Ambaria Ardanich) —¡Hijo mío! ¡Cómo has crecido en tan poco tiempo!

(Keo) —Jajaja. Oigan, padres, debo irme rápido, pero quiero decirles algo: sé que, aunque Blali es mi padre biológico, ustedes han sido los mejores padres que he tenido.—

—Estas palabras hacen que los padres adoptivos lloren y le den un abrazo. En ese momento, Keo le salen alas y le cambia un poco su apariencia.—

—Keo comienza a verse como una versión más poderosa de sí mismo.—

—(Nota: Dunkel era una persona tan poderosa que podía desbloquear su interior, y por eso, en su época de buena persona, se veía como alguien de gran poder la unica diferencia es que Dunkel no nacio con Alas nunca las tuvo ni sabe como tenerlas.)—

(Ambaria) —¡No puede ser, hijo! Te han Salido alas :0 (Keo) —¿Quéeee?—

—Keo corre a la sala y se mira en el espejo.— (Freisk Ardanich y Ambaria Ardanich lo observan con asombro.)

(Erik) —Señor, ¿quién es usted? (Keo) —No puede ser... He cambiado demasiado. No me parezco a mí mismo.

(Erik) —¿Keo? (Keo) —¡Sí, padrino, soy yo! (Freisk) —Una peculiaridad de Keo es que, mientras más poder gana, su cuerpo cambia.

(Ambaria) —Mi hijo se vuelve más atractivo mientras más poderoso es. Aunque este haya sido su máximo punto, aún puede superarlo.

(Keo) —¡Wow! Eso ni yo lo sabía. A veces notaba cambios, pero no pensé que fuese así.

(Death) —Eso es muy interesante. :0 (Samantha) —¡Ahora tienes alas, qué épico!

(Keo) —Jajaja, sí, aunque bueno, serán difíciles de usar. Prefiero usar mis poderes de levitación.

(Erik) —Has desbloqueado tu yo interior. ¡Eso es geniaaaaal! Jajaja. Ya ni te pareces, Keo. Aunque te recomiendo aprender a usarlas con Lozir. Según él, volar sin magia es muy divertido.

(Keo) —Bien, entonces aprenderé. Jajaja. (Samantha) —¡Exacto!

(Keo) —Amigos, no se asusten, sigo siendo yo. Jajajaja. (Death) —Tu traje está hermosísimo.

(Lility) —¡Demasiado guapo! No puede ser. (Samantha) —Y ese pelo... ¡Esa raya es brutalmente larga! (Keo) —No me lo creo. Jajajaja. (Darkly) —Espero que el director te reconozca. Jajajaja.

(Erik) —Sí, jajajaja. Lo van a ver como un desconocido. Pero bueno, Dunkel también hizo eso en su juventud.— —Erik los teletransporta a la universidad.—

(Erik) —Keo, ven. El director y Yessi necesitan volver a verte. Jajaja.—

—Erik lleva a Keo al director y al profesor Yessi, ya que está casi amaneciendo.—

—**Siguiente día, durante la clase de Rumplis**—

(Rumplis) —Mmmm, ya veo que has desbloqueado tu yo interior, Keo. No me quiero imaginar cuándo tengas más poder. (Keo) —Jajaja, ¡sí! (Rumplis) —Erik me contó el chisme. Jajaja.

(Rumplis) —Bueno, hoy prepárense, porque hoy quiero que se enfrenten a bestias muy temidas, a bestias malignas que se encuentran en un mundo lejano y destruido también.

—Rumplis los teletransporta.— (Rumplis) —Los ayudaré solo a curarse. Jajaja.

(Darkly) —Bien, esto será pan comido. (Erik) —Así es, jajaja. (Keo) —Es hora de ver qué monstruos son estos.

(Death) —Sí, ya me dio curiosidad. (Lility) —Espero que Blali no venga. Jajaja.

(Keo) —Hagamos equipo y hacemos un ataque de cadena corta. (Keo) —Buena idea.

(Samantha) —¡Death, hagamos lo mismo!

(Rumplis) —Bueno, ya en 2 minutos aparecen. —Pasan 2 minutos.—

(Samantha) —¡Aaaaaah, qué miedo! (Darkly) —Se quedan mirando directo.

(Rumplis) —Los tengo frizados. Ahora, uno, dos, tres... —Los desfresa.

—Y se forma una batalla muy épica, la cual terminan ganando.

(Keo) —¡Wow! Mis poderes han aumentado demasiado. (Darkly) —Increíble, jajajaja.

(Lility) —¡Esto es genial! ¡Ganamos super rápido contra entidades fuertes!

—Rumplis los teletransporta a la universidad. **Mientras tanto...**

(Blali) —Oh, poderoso devorador de mundos, qué bueno es verte de nuevo. (Devorador) —Así es, Blali. (Devorador) —¿Qué necesitas? (Blali) —Necesito tu ayuda. He tenido un sueño donde dejé de ser yo. (Devorador) —Mmm, interesante. ¿Sabes qué pasa si dejas de ser tú, Blali? (Blali) —Sí, señor...

(Devorador) —Te arrancaría tus órganos una y otra vez, te cures las veces que te cures, jajajajajaja. (Blali) —Pero por favor, ayúdame. (Devorador) —Bien, veré qué puedo hacer.

—Blali regresa a su castillo.

**Capítulo 18: El Secuestro Épico**

(Rumplis) —Bueno, ya hemos llegado, ya pueden irse a dormir.

—Cuando Darkly y Erik abren la puerta, les cae un balde de agua fría encima.

(Rumplis) —Jajajajajaja, tremenda broma. La disfruté mucho, jajajajaj, qué gracioso. (Erik) —Esto no da risa, tonto. (Darkly) —Rumplis, me acabas de dar el baño de la noche, jajajajaj.

(Erik) —¡Huy! Qué fría estaba el agua. (Keo) —Ajajajaja, Erik brincó como gato. (Lility) —Jajajaja, este Rumplis se pasa.

(Death) —Bueno, al menos no fue una broma de peos como siempre hace. (Rumplis) —Esa se viene pronto. (Samantha) —¡NOOOOOOO! —Se van a dormir.

(Brik) —Eso, ya ando en la uni. Qué pena que Blali no pueda ver este hermoso lugar. Si llega a venir, sería destruido de forma infinita.

(Brik) —Mmm, a ver cómo me robo a alguno de esos chicos. —Va de apartamento por apartamento y encuentra a Death de camino a su apartamento. (Brik) —Jijijiji. (Death) —¡Aaaah, qué susto! (Brik) —Valiste. —Lo duerme con un hechizo y se lo lleva.

**Castillo de Blali**

(Brik) —Ya llegué con este chico dormido.

(Blali) —Genial, jajaja, qué inocente se ve cuando duerme, pero qué mal vocabulario tiene a la hora de pelear.

(Blali) —¡Llamen a mi asistente, la necesito en seguida! (Asistente) —¿Qué necesitas, mi señor?

(Blali) —Necesito que lleves a este chico con cara de inocente a la prisión, por favor. Que sea la prisión para magos, sabe usar la magia. (Asistente) —Bien, bien. —Lleva a Death a la prisión. (Asistente) —Despierta, chico. (Death) —¿Qué pasó? ¡Aaaah, por qué estoy aquí? (Asistente) —Shhh, no grites, es peligroso. (Asistente) —Le avisaré a Rumplis y a tus amigos para que te saquen. (Death) —¿Cómo sabes quién es Rumplis? (Asistente) —Porque soy su amiga. Soy nueva aquí en el castillo de Blali. La razón por la cual ando aquí es muy larga. Bueno, me presento, mi nombre falso es Lirsi.

**(Lirsi)** —Death, mantente acá y trata de no faltarle el respeto a Blali, es muy peligroso.

**(Death)** —Bien, lo intentaré. **(Lirsi)** —Ahora solo mantén la calma. *Lirsi manda un mensaje telepático a Rumplis.* **(Rumplis)** —Mmm. **Al día siguiente (Rumplis)** —Keo, Lility, Samantha, Erik, Darkly. **(Keo)** —¿Qué sucedió? ¿Por qué no está Death?

**(Rumplis)** —¡DEATH HA SIDO SECUESTRADO EN EL CASTILLO DE BLALIIIIII! **(Darkly)** —¿Cómo sabes eso? **(Erik)** —Lo mismo digo. **(Rumplis)** —Es... una larga historia, chicos...

**(Keo)** —Cuenta, no hay problema, estoy seguro de que Death estará bien. **(Lility)** —Sí, sí, vamos por él.

**(Rumplis)** —Bien, trataré de abreviar la historia, pero después vamos rápido. Bueno, antes yo era un amigo lejano de Rebeka, un amigo virtual de internet, y sí, para esa época había teléfonos y todo normal. **(Erik)** —¡Jajaja, la tecnología sigue igual!

**(Rumplis)** —Literal. Pero cuando Rebeka murió, yo no me había enterado. La cosa es que, cuando fui por ella, le pregunté a algunos amigos de ella y de él, Dunkel, me dijeron dónde estaba su tumba para, por lo menos, verla por última vez. Fui y la saqué de ahí, ya que yo sí podía revivirla. La llevé a un mundo muy lejano, donde pasaron varios años hasta que lograron traerla de vuelta a la vida. Lo que describió después de la muerte es que había otro mundo mucho mejor, pero ella prefería estar viva, y por eso logró salir del mundo de los muertos a través de la magia y el deseo.

**(Darkly)** —Pensé que no había vida después de morir. **(Erik)** —Lo mismo digo.

**(Rumplis)** —Es un mundo sin dioses, un mundo libre. Pero, ajá, esa no es la historia. La cosa es que, una vez la reviví, planeaba llevarla con Dunkel, pero ya era muy tarde, así que Rebeka y yo decidimos formar nuestros pequeños planes. Le dije que, si fuese asistente de Blali, estaría cerca de él, y a lo mejor eso funcionaba. Pero Blali está tan ciego que Rebeka no se atreve. Además, si Blali vuelve a ser Dunkel, sería destripado de una por el Devorador de Mundos.

**(Rumplis)** —Lo mejor era tener calma y esperar. **(Keo)** —A veces me pregunto qué pasaría si no hubiese estado en esta uni, jajaja.

**(Rumplis)** —No habría diferencia, estaríamos en cualquier sitio que fueses, cuidándote. **(Keo)** —Pero no estuvieron durante mi niñez y adolescencia...

**(Rumplis)** —No estabas listo psicológicamente para tanta información. **(Erik)** —Tiene razón, sobrino.

**(Rumplis)** —Rebeka es la asistente de Blali. Con un hechizo, cambié su físico para que no fuese reconocida. Además, su cuerpo anterior estaba descompuesto. **(Keo)** —Entiendo, Rumplis. Creo que estoy listo para ver a mi madre.

**(Rumplis)** —Sí, pero lo malo es que no podremos salvar a tu padre una vez estemos en el castillo, ya que debemos luchar contra el Devorador de Mundos. Ademas debo contarles algo muy importante y es sobre quien secuestro a Death segun lo que me entere fue un ser llamado Brik es una figura deforme y peligrosa puede parecer debil pero no lo subestimen cuenta la leyenda que una ves tuvo tanto poder que elimino millones de personas y destruyo varios mundos quiza parezca debil pero enrealidad no lo es es mejor de ser posible tenerlo de amigo y no de enemigo (Keo) es mas poderoso que mi barita? (Rumplis) si es mas poderoso aunque aveces pierde su poder pero cuando se enoja demasiado se vuelve mas poderoso por eso eviten hacerlo enojar eso es lo que me conto Rebeka hasta ahora nose mas nada sobre el caso de Brik (Death) entiendo en ese caso hay que tener cuidado

**(Darkly)** —El Devorador de Mundos es una entidad demasiado enorme, pero estoy segura de que, con este entrenamiento, lo haremos polvo. **(Erik)** —Así se dice, jajaja.

**(Rumplis)** —Vamos, ya. El pobre Death debe estar sufriendo. Esperen, antes los disfraces y el maquillaje pálido. *Los maquilla y disfraza.*

**(Rumplis)** —Quizá esto funcione. *Los teletransporta al castillo de Blali.* **(Lirsi es Rebeka)**

**(Rebeka)** —¿Rumplis? **(Rumplis)** —¡Shhh! ¿Dónde está...? **(Keo)** —¿Mamá? **(Rebeka)** —¿Hijo? ¿Keo? *Rebeka abraza a Keo.*

**(Rebeka)** —¡Hijo! Tanto tiempo. Por favor, perdóname por no estar contigo en esos momentos, es fuerte lo que pasó. **(Keo)** —Está bien, mamá, entiendo todo lo que has sufrido.

**(Rebeka)** —Jaja. Y estás tan grande ya, ¡y tan guapo! ¿Ya tienes novia? **(Keo)** —Jajaja, sí, mamá, es ella, Lility. **(Rebeka)** —¡Qué emoción! Hola, Lility. **(Lility)** —Un gusto conocerte, Rebeka.

**(Rebeka)** —Igual. **(Erik)** —¡Rebeka! ¡Qué emoción verte! *Se abrazan también.*

**(Rumplis)** —Qué buen momento, jajaja. **(Rebeka)** —Tranquilos, por lo menos en esta habitación no hay nadie, pero vamos, poco a poco los llevaré por Death.

**(Rumplis)** —¿Rebeka, por qué no pudiste teletransportarlo a la uni?

**(Rebeka)** —La zona de las celdas donde él está es antimágica, además tenía miedo de que Blali fuese a atacar la universidad por enojo y se terminara autodestruyendo infinitas veces.

**(Rumplis)** —Cierto, jaja, a veces Blali es brutito. **(Rebeka)** —¡Sí! Jajaja. Ya ando ansiosa de que esta pesadilla termine. —Los lleva a la zona de prisión. Como están disfrazados, los guardias piensan que son secuaces. Rumplis y Erik duermen a los guardias más cercanos con magia. **(Keo)** —Miren, ahí está Death.

**(Death)** —¡Keooooo! ¡Qué emoción verte! **(Keo)** —¡No grites! Nos van a escuchar los demás secuaces.

—Lo rescatan y van a la universidad. Rebeka decide quedarse en el lugar. **(Rebeka)** —Mmm... Iré a manipular a Blali. **(Rebeka)** —¡Blaliii! No puede ser, ¡Death se ha escapado!

**(Blali)** —¿Quéeee? ¡Busquenlo por todo el castillo, el mundo si es necesario! **(Secuaces)** —¡Sí, mi señor!

**(Rebeka)** —Irre a buscarlo. **(Blali)** —Bien. —Rebeka se teletransporta a la uni.

**(Rumplis)** —Death, ¿no sabes quién fue el que te secuestró? **(Death)** —Fue un hombre muy pálido y elegante.

**(Keo)** —Jajaja, qué gracioso, la forma en la que lo describes.

**(Death)** —No, señor, el tipo me vio y me secuestró. Fue horrible. Me durmió con magia y todo.

**(Keo)** —Qué mal, eso, hay que tener más cuidado. —Llega Rebeka. **(Rebeka)** —Chicos, ya ando acá. **(Keo)** —¡Siiii! ¡Anda, mamáaaa! **(Erik)** —¡Eso! ¡Fiesta! **(Darkly)** —Jajaja, una fiesta después de tanto horror no estaría mal. **(Samantha)** —¿Y si celebramos en un restaurante y comemos los postres de la noche? **(Lility)** —No me parece mala idea. Vamos todos. —Así se van a celebrar y pasan unos días.

Aquí tienes el texto corregido con los signos de puntuación y los cambios necesarios:

**(Capítulo 19: Una aventura aventurosa)**

**(Sirik)** —Queridos alumnos, desde hoy comienzan las vacaciones. Espero que les haya ido muy bien en sus estudios a todos y disfruten mucho.
**(Rumplis)** —¡Cómo que se me había olvidado eso, jajaja!
**(Keo)** —¡Geniaaaal! **(Rumplis)** —¿Saben qué significa, chicos? **(Erik)** —¿Qué significa?
**(Rumplis)** —¡Que comienza nuestra aventura para acabar con el Devora Mundos!
**(Keo)** —¡Genial, pero qué nervios a la vez, jajaja!
**(Rumplis)** —La cosa es que la ubicación del Devora Mundos no la sabe casi nadie, solo Blali y algunas personas.
**(Erik)** —Yo solo sé que existe un mundo lejano en el cual hay un portal que te lleva, pero no sé si es mito o verdad. **(Darkly)** —Vamos a revisar. **(Erik)** —¡Sí, sí, vamos! Ya se fue Chris, el que me contó.

—Va a donde Chris y Chris les dice el nombre del mundo.

—Se teletransportan.

**(Keo)** —¡Wow, qué hermosa ciudad! **(Lility)** —Esta combinación de edificios modernos al fondo y edificios hechos en madera al frente está muy curiosa, la verdad.

**(Death)** —¡Demasiado, ajajaja! **(Chris)** —Venía de niño a curiosear en este lugar, jajaja, pero el portal está apagado. No recuerdo con qué se prendía. **(Rumplis)** —¿Los portales no se prendían con piedra rojiza?

**(Chris)** —Cierto, se me había olvidado. **(Keo)** —¡Qué nervios, aaaaah!

**(Chris)** —Trata de activarlo con la piedra rojiza. **(Keo)** —Mmm, como que no está funcionando...

**(Rumplis)** —¿No hay que hacer algún tipo de ritual o algo?

**(Chris)** —A lo mejor sí, pero todos los magos que abrieron este portal están muertos. **(Erik)** —Qué mal eso.

**(Darkly)** —¿Y si buscamos una pista que nos ayude a abrirlo? **(Chris)** —Buena idea. **(Death)** —Entonces busquemos por todo el edificio.

**(Keo)** —Realicemos el hechizo de búsqueda, así avanzamos más.

**(Samantha)** —Buena idea. —Realizan todos el hechizo, pero no pasa nada. **(Lility)** —Como que algo no funcionó.

**(Rebeka)** —Qué extraño... A ver, miren, el portal tiene unas letras grabadas en otro idioma. Trataré de traducirlas. —Las traduce.

**(Rebeka)** —Dice que el portal necesita abrirse con sangre de 8 magos. **(Keo)** —Menos mal que somos 8 y no menos, jajajaa.

**(Darkly)** —Hagamos el ritual entonces. —De esa forma logran abrir el portal. **(Keo)** —Dejemos los nervios atrás, entremos. —Proceden a entrar.

**(Keo)** —¡Auch, qué dolor de cabeza! **(Lility)** —Hace un calor que me está matando. **(Chris)** —Qué mala idea fue venir, ando que me desnudo.

**(Rebeka)** —Yo también, jajaja. **(Rumplis)** —¿Y dónde está ese devorador de mundos?

**(Death)** —Ni idea, la verdad. **(Samantha)** —Solo veo este mundo quemándose a cada rato.

**(Devorador)** —Así es. **(Rumplis)** —¡Aaaaaaaaaaah! **(Devorador)** —¿Qué hacen aquí, magos? ¿Acaso quieren morir? **(Keo)** —Quizás mueras tú primero.

**(Devorador)** —Eso ya lo veremos. ¡JAJAJAJAJAAAAA! —Se forma un combate muy violento.

**(Devorador)** —Derrotenme si son lo suficientemente poderosos. **(Darkly)** —¡Cuidado, Erik! —Darkly bloquea el ataque.

**(Keo)** —Quizás seas poderoso, pero si no dejas libre a mi padre, seré yo quien acabe contigo y el sufrimiento que le hiciste pasar a otros mundos. **(Devorador)** —Solo lo hago por placer, ¡soy un psicópataaaa!

**(Lility)** —¡Explosión! —Explota una ala del Devorador, pero el Devorador se regenera.

**(Devorador)** —Eres una chica muy mala. —Le lanza lava. **(Rebeka)** —¡Cuidadooo! —Bloquea. —Pasan 2 días de combate puro.

**(Keo)** —Bien, ya no me dejas otra alternativa, gente. ¡Hagamos una cadena de ataques corridos!

—Keo se concentra y hace un ataque súper mortal, el cual termina destruyendo al Devorador en mil pedazos.

**(Devorador)** —¡Aaaaaaaaaaaaaaa! ¡Me vengaréeeee...! —El devorador se convierte en un fantasma y va hacia el cuerpo de Blali, pero Keo y los demás no se dan cuenta.

**(Keo)** —Creo que ya está derrotado. **(Rumplis)** —¡Lo hiciste polvo de una! Ni yo tengo tanto poder, jajaja. **(Samantha)** —Estoy súper cansada. **(Todos)** —Estamos cansados.

**(Capítulo 20: Esto es un infierno)**

—De repente, el mundo del devorador explota, haciendo que Keo, Samantha, Lility, Rumplis, Chris, Erik, Darkly, Rebeka y Death terminen en otro mundo.

—El fantasma devoramundos se mete dentro de Blali. **(Blali)** —¡Aaaaaaaa! ¡Qué dolor! ¡Ayudaaaaa! ¡Aaaaaaaa! —Los poderes de Blali aumentan de forma brutal. ]

—Mientras tanto...

**(Keo)** —¡AAAAAAAA!

—Todos van cayendo desde arriba.

**(Keo)** —¡Qué ciudad tan extraña es esta. **(Death)** —No... no es una ciudad cualquiera...

**(Rumplis)** —Es la ciudad más corrupta y peligrosa de todos los mundos. **(Lility)** —¡Corre, hay gente que nos sigue! **(Rebeka)** —¡Aaaaa! **(Samantha)** —¿Dónde nos escondemos si es tan peligrosa? **(Darkly)** —¿Dónde está Erik? **(Chris)** —No sé adónde fue ese tipo. **(Keo)** —Vayamos a ese pasillo.

**(Keo)** —Listo, estamos más a salvo de los monstruos. **(Darkly)** —¡¡¡Tenemos que buscar a Erik!!! **(Keo)** —Cuando caímos desde muy alto, ¿no viste a Erik caer?

**(Rumplis)** —Vi que cayó un poco más lejos, como en el castillo de la ciudad. **(Chris)** —Ea, valió Erik. **(Rebeka)** —¡Tenemos que ir por él! **(Death)** —Sí, pero ¿cómo lo hacemos? Es muy peligroso el lugar. **(Keo)** —¿Qué tal un hechizo de vuelo?

**(Rumplis)** —No es mala idea, pero cerca del castillo lo más probable es que nos disparen, aunque no vi que le hayan disparado a Erik. **(Samantha)** —Tal vez fue porque Erik cayó más hacia el centro, debieron haberlo secuestrado él o algo así.

**(Keo)** —Tal vez un hechizo de invisibilidad y vuelo con mi varita. Es posible llegar al castillo y salvarlo. **(Rumplis)** —Qué bueno que le des buen uso a la varita, Keo. **(Keo)** —Jajajaja, sí. —Hacen el hechizo y van por Erik. **Mientras tanto, en el castillo de la ciudad infernal:**

**(Erik)** —Ay, qué raro, ¿dónde estoy solo? Sé que me quedé dormido. **(Brik)** —Bueno, digamos que envié a mis guardias a secuestrarte. **(Erik)** —¿Por qué? **(Brik)** —Porque sé que conoces a Ardanich y sus ladrones, jajaja. **(Brik)** —Como has sido muy malo, ahora te torturarán por mucho tiempo, querido.

**(Erik)** —¡Nooooooooo! —Unos guardias lo sacan y lo meten en una máquina de tortura.

**(Brik)** —Bueno, dime, ¿dónde están? **(Erik)** —Ni idea.

**Mientras tanto:**

**(Keo)** —Ya estamos en el castillo. **(Death)** —¿Dónde estará la prisión?

**(Rumplis)** —Lo más probable es que esté en la sala de tortura.

**Erik envía un mensaje telepático diciendo que está en una habitación extraña donde torturan.** **(Rumplis)** —Ya sé dónde está.

**(Brik)** —¡Erik, Erik, Erik! ¡DIME DÓNDE ESTÁN O TE ARRANCARÉ LOS DEDOS DE LOS PIES!

**(Erik)** —¡Juro que no sé dónde están! —En ese momento, **Brik** saca sus herramientas de tortura, pero pasa algo. **(Darkly)** —Deja a Erik en paz, criatura repugnante. **(Brik)** —¿Soy una criatura? Chica, no sabes con quién te estás metiendo. **(Keo)** —Tal vez no lo sepamos, pero sabemos que eres mala persona. **(Death)** —Él fue quien me secuestró. **(Rumplis)** —Ya veo por qué describiste él como una persona guapa. Si es el modelo Blali, jajajaja. **(Brik)** —¿El modelo Blali?

**(Rumplis)** —Jajajaja, sí, una vez estuviste modelando en su castillo.

**(Brik)** —¿Quién te dijo eso? **(Rebeka)** —Yo les dije. **(Brik)** —¡Agg, qué traidora eres! Esto no se quedará así. ¡Iré por Blali, los acabaremos, asquerosos ladrones!

**(Keo)** —Desapareció, qué cobarde. **(Rumplis)** —No se atreve a pelear, a menos que esté con su amo.

**(Rebeka)** —¡Qué gallina, jajajaja! **(Darkly)** —¡Eriiik! **(Erik)** —¡Darklyyy, me rescataste! **(Darkly)** —¡Siiii, jajaja! Yo me di cuenta de que no estabas con nosotros.

**(Erik)** —Menos mal, jaja. Primero te rescato y ahora tú me rescatas. **(Darkly)** —Sí, jajaja, qué genial. —Se abrazan. **(Darkly)** —Me asusté mucho. **(Erik)** —¿Por qué? Jajaja, sabías que me ibas a rescatar. **(Darkly)** —Porque te amo, Erik. **(Erik)** —Oh... —Se sonroja. **(Darkly)** —Jajaja, estás rojo. **(Erik)** —Yo también te amo. **(Keo)** —¡Se consiguió novia! :0

**(Erik)** —El primer día fue impresionante. Te vi, Darkly, en un lugar tan horrible, y veo crecer una rosa tan roja como la sangre. —Se besan. **(Rebeka)** —Aww, qué hermoso es el amor.

**(Rumplis)** —Se hicieron amantes en la ciudad más peligrosa, . Erik, esto sería bueno para una de tus historias de terror.

**(Erik)** —Literal. **(Death)** —Esto es hermoso. **(Lility)** —Bueno, chicos, ¿y si vamos a descansar?

**(Samantha)** —Buena idea, ya me estoy quedando dormida de pie. **(Keo)** —Vamos a un lugar más relajante.

Capítulo 21 El Descanso y algo más

*-se van todos a un hotel en OlSanjis-*

**(Keo)** —Wow, este es un tremendo lugar. **(Brik)** —Muy hermoso, ¿no? **(Death)** —¡Aaaaaaa! ¿Qué haces aquí? ¿Cómo llegaste?

**(Brik)** —Decidí molestarlos un poco más, jajajajaja. **(Samantha)** —Déjanos en paz. **(Brik)** —Solo si me das esa varita. —Los ataca. **(Death)** —Bloquea el ataque.

**(Brik)** —Me das asco, Death, eso hacen los cobardes. **(Death)** —Tú eres el cobarde, Brik.

**(Brik)** —Al menos yo soy más guapo que tú y ojo no soy ningun cobarde no tienen idea de mi poder. **(Rumplis)** —Sí, por eso eres el modelo de Blali, jajajaja.

**(Brik)** —Son unos desgr... **(Erik)** —¡Detente! —Le lanza un fuerte ataque y Brik lo bloquea.

**(Brik)** —Mejor me voy preparense porque cuando venga no les tendre piedad. —Desaparece.

**(Keo)** —Qué molesto, la verdad. **(Lility)** —Demasiado. —Mientras tanto— **(Brik)** —Lord Blali.

**(Blali)** —¿Qué está pasando, Brik? **(Brik)** —He encontrado a los asquerosos ladrones en el mundo de Olsanjis. ¿Qué opinas si los atacamos?

**(Blali)** —No es necesario. Presiento que pronto vendrán a este castillo y aquí, donde están mis poderes más fuertes, los mataré uno a uno, incluido ese Rumplis. ¡JAJAJAJAJAJAJAJAJA!

—Al día siguiente, en la cafetería— **(Keo)** —Ufff, un día sin el RIN RIN RIN del reloj, jajaja.

**(Lility)** —Ay, sí, ya estaba cansado de madrugar. **(Erik)** —Tal vez. **(Darkly)** —Este lugar es muy hermoso. **(Samantha)** —Quién sabe lo que nos espera después.

**(Rumplis)** —Chicos, ¿recuerdan que Brik fue a quejarse donde Blali?

**(Rebeka)** —Yo sí recuerdo. **(Keo)** —Lo mismo. **(Chris)** —Yo también lo recuerdo, jajaja.

**(Keo)** —Sería mejor que nos vayamos de aquí, porque Blali podría destruir este mundo si nos encuentra aquí. **(Belis)** —Hola chicos, ¿qué están haciendo? **(Erik)** —Miren quién es el querido Belis, jajaja. **(Darkly)** —Hola, señor. **(Keo)** —Belis, ¿te gustaría acompañarnos en nuestra gran aventura? **(Belis)** —Bueno, como son vacaciones, tenemos que volver a hacer que Blali sea Dunkel. **(Rebeka)** —Me alegra oír eso. **(Keo)** —Vamos al castillo de Blali. **(Rumplis)** —¿Estás loco? Moriríamos en solo -1 segundo. **(Samantha)** —Tenemos que intentarlo.

**(Death)** —No sería mala idea, ya que matamos al devorador de mundos.

**(Keo)** —Bueno, chicos, ¿están listos para hacer a Blali Dunkel? **(Death)** —Sí. **(Samantha)** —Sí. **(Erik)** —Sí. **(Rebeka)** —Sí. **(Lility)** —Ya estoy lista. **(Chris)** —Vamos. **(Belis)** —Sí, estoy listo.

**(Sirik)** —Chicos, no se olviden de mí. **(Lirais)** —Ni de mí, jajaja. **(Yessi)** —No los dejaría ir solos, ni siquiera en broma. **(Keo)** —¡Wow! Esto es genial, estamos todos reunidos para atacar. **(Rebeka)** —Sí. **(Keo)** —Recuerden, convertiremos a Blali en Dunkel, ¡ni se les ocurra morir! **(Sirik)** —Así será, ganaremos esta batalla, pero juntos.

-Hacen un plan para atacar -

## Capítulo 22: La Batalla Final

—**Todos se teletransportan al castillo de Blali.**

—**(Brik):** Ahí vienen, Sr. Blali. —**(Blali):** Tal como te lo dije, JAJAJAJA. Era mejor no ir por ellos.

—**(Brik):** Reúne a todos los secuaces y monstruos del castillo. Esta será la pelea más brutal jamás vista.

(Blali está mucho más cegado, ya que está poseído por el Devorador de Mundos).

—**(Brik):** Listo. —**Todos los secuaces se alinean para atacar a los magos.**

—**(Blali):** ¡Ataquen! —**(Keo):** Gente, ¡hora de atacar! —**(Lility):** Keo, atacaré contigo.

—**(Keo):** ¡Va, va! —**(Rebeka):** Atacaré a los secuaces. —**(Rumplis):** Noto más poder en Blali. —**(Lirais):** Rumplis, querido esposo, hagamos una cadena de ataques en el aire.

—**(Rumplis):** Buena idea. —**(Erik):** Darkly, esto será súper peligroso para ti. Debes estar pendiente de cualquier enemigo. —**(Darkly):** Vale. —**(Death):** ¡Mi espada dispara más llamas de fuego! —**(Brik):** ¡Muere, inútil! —**(Death):** ¡Te atacaré porque me secuestraste, asqueroso! —**(Brik):** Tú eres más asqueroso con esa cara, niño inocente que tenías cuando te dormiste. —**(Death):** Al menos yo no dirijo una ciudad corrupta. —

**(Samantha):** ¡Al ataqueeeeeee! —**(Chris):** ¡AAAAAAAH, hay demasiados! —**(Sirik):** Es hora de usar mis poderes. —**(Belis):** ¡Mueeeeaan, fantasmas malvados! —**(Yessi):** ¡Ohhh síiii, súper gracioso, jajaja! ¡Qué flojos son estos monstruos! —**(Blali):** Hola, querido Ardanich, asqueroso. —**(Keo):** Hola, Blali, con malos modales al hablar.

—**(Blali):** Sigue con tu humor, chico.

—**(Erik):** ¡Oh no, el número de monstruos aumentó en esta zona del castillo! —**(Darkly):** ¡Vamos, tú puedes atacar! *Mientras tanto, Keo lucha contra Blali.* —**(Keo):** ¡Blali, por favor, deja de atacar! —**(Blali):** ¡No, hasta que no me des esa varita para destruir muchas cosas! —**(Keo):** ¡Blali, por favor, paraaa! ¡Tú no eres así!

*En otra zona de la pelea...*

—**(Samantha):** El nivel de los fantasmas ha aumentado. —**(Death):** Vamos, fantasmas, ¡ríndete a nuestro poder oscuro!

—**(Chris):** Oscuro, entre comillas. ¡Eres blanco! Eso significa que eres divino. —Los fantasmas se enojan y se multiplican más.

—**(Sirik):** Qué mala idea molestar a los fantasmas, jajaja. —**(Fantasmas):** ¡Ya veran!

—Pasan 12 horas.

—**(Rumplis):** No se desmotiven, no pierdan la esperanza. Pasarán los días y las noches, pero seguiremos luchando hasta que esto acabe.

—**(Lirais):** Ya fue suficiente tiempo de comodidad el que tuvimos, así que es hora de pelear. —**(Rebeka):** ¡Blali! ¡Deja de atacarlo, es tu hijo! —**(Blali):** ¿Mi hijo? ¡Mi hijo ha muerto, traidora!

—**(Yessi):** ¡Qué fuertes son estas cosas! ¡No las soporto! ¡Aaaaaa! —**(Chris):** ¡No paremos! ¡Hay que seguir! —Pasan 3 días de combate mientras que los monstruos aumentan.

—**(Keo):** ¡Blali, soy tu hijo y tu nombre es Dunkel! ¡No he muerto, Erik me crió durante mi larga infancia! Pregúntate por qué tengo tu varita.

—Dunkel intenta salir, pero El Devorador y Blali no lo dejan. Dunkel grita súper fuerte. —**(Dunkel):** ¡Ayuda, hijo! —**(Blali):** ¡Ayuda, hijo! —**(Keo):** ¡Padre, te ayudaré, lo prometo!

—**(Blali):** ¡Nunca sacarás a Dunkel! ¡Porque el Devorador de Mundos también está dentro de mí! ¡JAJAJAJAAA! —De repente, sale Lozir.

—**(Lozir):** Si eres el Devorador de Mundos, entonces juro destruirte. Y más te vale que Dunkel esté vivo. —**(Keo):** ¡Abuelo, qué bueno que estés aquí! —**(Rebeka):** ¡Lozirrrr, ¿te acuerdas de mí?! —**(Lozir):** ¿Quién eres? —**(Rebeka):** ¡Soy yooo, ¡Rebekaaa! —**(Lozir):** ¿Cómo es que estás viva? —La palabra "Rebeka" hace que Dunkel intente salir, pero no puede. —**(Rebeka):** Es una larga historia. —**(Blali):** Les dije que han muerto, dejen de actuar. —**(Keo):** ¡Abris Mentis! —Entra en la mente de Blali. —**(Keo):** ¡No puede ser, es el Devorador de Mundos! —**(Devorador):** ¡JAJAJAJA! ¿Sabías que es imposible derrotarme si estoy en la mente de otra persona?

—**(Keo):** Eso ya veremos. —Ve a Dunkel atado, súper débil. —**(Keo):** ¡Te derrotaré y liberaré a mi padre! —**(Blali):** Como te dije, esta es mi mente. —**(Devorador):** Y la mía también, ¡JAJAJAJA!

—**(Keo):** Eso ya lo veremos.

—Comienza una batalla de dos contra uno en la mente.

—**(Keo):** ¡BLALI, ERES DUNKEL, ERES MI PADRE! ¡Y REBEKA ESTÁ VIVA! ¡POR FAVOR, ENTIENDEEEE! —**(Blali):** ¿Está viva? —**(Keo):** Sí, y yo también. Es una larga historia, pero Rebeka es tu asistente. —**(Blali):** Rebeka tenía ojos morados, a mí no me engañan. —**(Devorador):** Cállate, asqueroso. —**(Devorador):** ¿Ahora prefieres ayudarlo? —**(Blali):** Al parecer sí. —Blali y Keo forman una alianza para destruir al Devorador de Mundos. —Mientras tanto... —**(Erik):** ¡Hay demasiados, qué horror! —**(Lozir):** No te preocupes, te ayudaré, jajaja. —**(Erik):** ¡Lozirrr, qué emoción verte! —**(Darkly):** ¡Matemos a estos tontos de una vez! —**(Brik):** Death, soy mejor que tú, admítelo, ríndete ya. —**(Death):** Cállate. —**(Samantha):** No eres mejor que nadie, Brik. —**(Death):** ¡Yo soy más poderoso! —Lanza un ataque, pero Brik lo esquiva. —**(Brik):** ¡Jajajaja, qué tonto! —**(Samantha):** Brik, ¿por qué eres malo?

—**(Brik):** Porque yo sufrí mucho de niño y de adolescente. Todos se aprovecharon de mí, me golpearon, me maltrataron y me rompieron el corazón 12 veces. Y no lo digo en sentido de amor, lo digo en sentido de que me apuñalaron con cuchillos y no sé cómo sigo vivo. Ya estoy cansado de que la gente me traicione. Por eso me uní a Blali, para dominar este mundo, ¡JAJAJAJA!

—**(Death):** Entiendo a Brik, la verdad no quiero imaginar lo horrible que eso era, pero no todos los humanos somos malos, Brik. —**(Brik):** La mayoría lo son todavia hay malditos humanos infectados de un virus... —**(Death):** Sí, pero mira, Blali fue bueno contigo y conmigo. Aunque me secuestraste, te doy una oportunidad. —**(Samantha):** Brik, únete a nosotros. Es mejor de esa manera. Podrás ser un héroe y luego mejorar tu ciudad. —**(Death):** Vamos, todos tienen una segunda oportunidad.

—**(Brik):** Tienes razón, Death, pero conseguir que me una a ustedes no sera facil —(les lanza un ataque super fuerte — (Death) NOOOOOO —Pero derrepente Brik decide detener el ataque ya que tiene un recuerdo sobre sus amigos asi que se detiene triste mente. (Brik) Perdón por secuestrarte. También quiero hacer la diferencia y mejorar mi ciudad, la cual le hice mucho daño. Quiero hacer la diferencia para ser el primer mago oscuro en salvar el mundo de la destrucción. ¡Sííí! —**(Death):** Así habla.

—**(Brik):** Aunque bueno, Death, sigo siendo el más guapo. —**(Death):** ¡No, yo soy más guapo! —**(Samantha):** Los dos lo son, y listo. - Brik se pone un poco mas feliz - —**(Brik):** Cierto. —**(Death):** Sí, sí, jajaja. —**(Samantha):** Entonces vamos, acabemos con estos monstruos. —Brik se une a los buenos. —Pasa un día más. —En la mente de Blali...

—**(Keo):** Estoy cansado de ti, Devorador. ¡Ahora prepárate para mi auténtico poder!

—Lanza un rayo destructivo que acaba con el Devorador de una vez por todas.

—Blali entra dentro de Dunkel, lo cual hace que Dunkel se vuelva fuerte de nuevo. —Keo sale de la mente de Dunkel.

—**(Keo):** ¡Padre, soy yo, tu hijo! ¡Estoy vivo, aún tienes una razón para vivir! —**(Dunkel):** ¡Querido hijo!

—En ese momento, Blali deja de existir. —Dunkel solo bota lágrimas de felicidad.

—**(Rebeka):** Amor, yo también reviví. —**(Dunkel):** ¡Wow, esto es épico! Pero, ¿cómo?

—**(Rebeka):** Te lo diré después, tenemos que matar a estos monstruos malos. —**(Dunkel):** Sí, pero me siento muy... débil... —*Dunkel cae y pierde la respiración.* —**(Rebeka):** ¡Noooo! —**(Keo):** Madre, no te preocupes, tengo algo que lo revivirá.

—*La razón por la que Dunkel muere es porque la vida le quitó el castigo, pero a la vez no. Pero, por suerte...*

—*Le tira la pastilla a Dunkel, haciéndolo revivir.* —**(Dunkel):** ¡Volví, jajajajaja! ¡Me siento súper fuerte y vi lo que hay después de la muerte! —**(Keo):** ¡Genial!

—**(Dunkel):** ¡Hijo mío, cómo has crecido! Tus ojos son tan rojos y brillantes, ¿y esa es tu amiga? —**(Keo):** Es mi novia, Lility. —**(Lility):** Hola, Sr. Dunkel. —**(Dunkel):** ¡Qué emocionante! Mi hijo ahora es un hombre de pleno derecho, jajaja. —*Padre, madre e hijo se abrazan junto con Lility.* —**(Rumplis):** Cumplió la profecía. —**(Chris):** ¡Eso es épico! —**(Sirik):** ¡¿Quéeeee?! —**(Erik):** Eso es, matemos a los monstruos restantes.

—**(Darkly):** ¡Sí, qué emoción! —**(Death):** ¡Blali se volvió bueno! —**(Samantha):** ¡Genial! —**(Brik):** ¡Eso es, jajaja! —**(Yessi):** ¡Qué hermoso encuentro! —**(Belis):** ¡Brutalmente épico!

—**(Lirais):** ¡Esto es lo mejor! —**(Lozir):** ¡Hijo! —**(Dunkel):** ¡Padreeee! —*Se abrazan.* —**(Sirik):** Le quitaré el hechizo protector a la uni. —*Se lo quita* para que Dunkel pueda pasar si quiere.

—*Hacen una batalla y matan a todos los monstruos malos.* —**(Keo):** ¡Chicos, hemos ganado! —**(Todos):** ¡Siiii!

—**(Dunkel):** Hijo, lo siento mucho por destruir tantos mundos e ir en contra de la vida. Perdóname si viste cosas horribles. —**(Keo):** No te preocupes, padre. Estoy feliz ahora que sé que Blali ya murió. —**(Dunkel):** Blali solo era una parte oscura de mí que finalmente se fue.

—**(Rebeka):** Amor, también lamento no decírtelo, pero tenía miedo. —**(Dunkel):** No te preocupes, mira, al final terminé enterándome. —*Rebeka le cuenta cómo está viva otra vez.*

## Capítulo 23: La gran celebración

—*Un día después, en la uni*—

—**(Keo):** Por fin un buen descanso después de tantos días de lucha.

—**(Director):** Mis queridos estudiantes, salgan todos afuera de la uni, debemos celebrar que Keo es nuestro héroe.

—*Todos los mundos celebran que la profecía se hizo realidad.* —**(Keo):** Supongo que Lility y los demás están afuera. —**(Keo):** ¡Hola chicos, finalmente los encontré!

—**(Erik):** ¡KEO! —*Abraza a Keo.* —**(Keo):** Buenos días, padrino. —**(Darkly):** Buenos días, Keo. —**(Dunkel):** Mira quién es, mi querido hijo. —**(Keo):** Hola papá y mamá. —*Los abraza.* —**(Rebeka):** Hijo, estoy muy orgullosa de ti.—**(Lozir):** Mi hijo y mi nieto, es bueno que finalmente estén juntos.

—**(Keo):** Sí, querido abuelo. —**(Dunkel):** Padre, lamento lo que hice... es que...

—**(Lozir):** No te preocupes, hijo. —*Se abrazan.* —**(Chris):** Keo, salvaste el mundo, y tú, padre, eres un héroe. —**(Yessi):** Disfruta de esta fiesta, que es para ti y para nosotros también.

—**(Rumplis):** Keo, cada día me sorprendes más. —**(Lirais):** Qué bueno que te vaya bien.

—**(Sirik):** ¡Eres un héroe, Keo! —**(Brik):** ¡Keo, me uní a los buenos! ¡siii! —**(Keo):** ¡Genial!

—**(Belis):** Keo, me alegra que lo hayas logrado. —**(Keo):** Sí, fue fuerte, pero sabía que mi padre era bueno. —**(Death):** Keo, mi hermano.

—**(Keo):** ¡Hola, Death, qué emoción verte, jajaja! —*Se abrazan junto a Samantha.*

—**(Samantha):** Esto es como un sueño hecho realidad, jajaja.

—**(Death):** Literal, jajaja. Aunque siento que algo le falta al sueño, jajaja. —**(Samantha):** ¿Qué es, desaparecido?

—**(Death):** Un poco de confusión, jajaja. Samantha, te amo, hemos peleado juntos, hemos hecho cosas brutales, hemos viajado a muchos lugares hermosos, como tus ojos rojizos, como un rubí. —**(Keo):** ¡Wow! —**(Samantha):** Yo también te amo, Death, jajaja. Supongo que esperaste mucho para decirlo, jajaja. —**(Death):** ¡Siiii! —**(Keo):** ¡Qué épico!

—*Samantha y Death se hacen pareja y se dan un beso de amor, el cual llama la atención de todos.*

—**(Todos):** ¡Wooow! —**(Dunkel):** ¡Qué hermoso es el amor, Death! —**(Death):** Ya me doy cuenta, jajaja. —**(Rebeka):** Jajaja. —**(Brik):** ¡Épico, jajaja! —*En su mente: Creo que soy el único sin pareja aquí, bueno, los profesores son...* —*De lejos ve unas chicas sonriéndole.* —**(Brik):** Mmm, creo que tengo una oportunidad. Hay que ir poco a poco. —*Le dice Keo:*

—**(Brik):** Bueno, lo tendré presente, jajaja, pero no quiero tener una relación, solo quiero fans. ¿Leíste mi mente, verdad?

—**(Keo):** Lo acabo de presentir, jajajaja. Vaya con ellas, a lo mejor te ayudan. —**(Brik):** Vale.

—**(Lility):** ¡Buenos días, Keo! —**(Keo):** ¡Lilityyyyy, querida! —*Se dan un abrazo.*

—**(Sirik):** Bueno, chicos, este es el primer año que quiero mostrarles algo.

—*Baja unas cortinas y se puede ver una estatua de Keo, Dunkel, Rebeka, Death, Samantha, Sirik, Rumplis, Lozir, Lirais, Brik, Chris, Belis, Yessi, Darkly y Erik.* —**(Sirik):** Estas personas las recordaremos como héroes:

Dunkel, a pesar de que la vida era horrible con él, decidió volver a ser bueno y derrotar a su lado oscuro.

Rebeka, una mujer valiente que supo guardar sus sentimientos a pesar de todo y dejarlos salir en el momento adecuado. Erik, un profesor muy valiente y padrino de Keo.

Lirais, una valiente bibliotecaria que decidió luchar en la gran batalla. Yessi, un maestro que dio su apoyo a pesar de todo.

Chris, un hombre que ayudó a encontrar al devorador de mundos para poder derrotarlo, aunque no del todo, pero se unió a la gran batalla y ayudó. Lility, una mujer valiente y fuerte que sabe lo que hace.

Death, un hombre fuerte y valiente, pero a pesar de todo le dio una oportunidad a Brik.

Lozir, un ángel caído que crió a Dunkel y lo trató como a su propio hijo, y estuvo en la batalla. Samantha, una chica muy buena y poderosa. Brik, una persona que, a pesar del abuso que sufrió, decidió darle una segunda oportunidad a la humanidad y volver a ser bueno. Darkly, una mujer que decidió acompañar a Erik en todo momento, incluso en la gran batalla.

Belis, un gran maestro que entrenó a Keo, Death, Erik y Samantha, junto con Lility.

Y yo, Sirik, director de esta uni, que ayudó en esta gran batalla para demostrar que soy un director que da todo por esta uni y el mundo.

Y por último, Keo, un chico muy valiente que demostró ser un gran héroe, que venció todos sus miedos y salvó al mundo del gran devorador de mundos y Blali, y sobre todo, una gran persona muy humilde. —**(Keo):** ¡Eso es! ¡Fiesta!

—**(Dunkel):** Espera, espera, ya sé... ¿Qué te parece un concierto en un lugar donde se canta auténtico metal extremo? —**(Keo):** ¡Síiiiiiiiiiiiiiiiiiiiiiiiiiiiiiiiiiiiiii! —**(Dunkel):** Bueno, hagamos una gira de conciertos. —**(Erik):** Gran idea. —**(Lility):** ¡Sííí, qué épico! ¡Tenemos que ir!

Y así, todos hacen una gira de conciertos musicales para celebrar y vivir felices.

Dunkel, Rebeka y Lozir reconstruyen algunos mundos con su fuerte magia y deciden convertir su castillo en una sala de conciertos que es mitad hotel y mitad cine, junto con una enorme biblioteca y otras cosas. Logran convertirse en billonarios y, además, Dunkel limpia su reputación creando fundaciones para ayudar a los pobres. Keo se convierte en un gran escritor de novelas de terror y forma su propia banda, también junto con Lility, Death y Samantha.

Erik decide dejar de ser profesor y unirse a la banda de Keo, mientras que Darkly también trabaja como líder económico del nuevo imperio de Dunkel. Lozir le da clases de vuelo a Keo. Keo decide tener una empresa y ser rico con la ayuda de sus 4 padres.

Freisk y Ambaria tienen problemas económicos otra vez, pero están recuperándose de nuevo, ya que son la familia más rica de su ciudad. Sirik sigue siendo director de la universidad, pero en secreto es entrenador de magos, trabajando en conjunto con Keo. Lility se vuelve muy famosa por crear pociones anti-envejecimiento para salvar su raza, convirtiéndose en una figura clave en la ciencia mágica.

Brik forma una banda y se vuelve extremadamente famoso y querido por la gente, hasta tal punto que en sus conciertos tiene que poner una pared transparente para que las chicas no se lo roben. Brik también se vuelve un gran amigo de Keo y Death, y mejora su ciudad para el bien común.

Yessi sigue siendo maestro, pero también se convierte en un famoso chef, creando recetas extremas que asombran a todos con su sabor y creatividad.

Chris crea una fundación para ayudar a los pobres, dedicando gran parte de su vida a mejorar la calidad de vida de quienes más lo necesitan.

Belis se convierte en psicólogo, filósofo y, al mismo tiempo, sigue siendo maestro, usando su conocimiento para enseñar tanto a sus alumnos como a aquellos que buscan respuestas más profundas sobre la vida.

Todos deciden reunirse de vez en cuando para celebrar sus logros y seguir adelante con sus vidas, cada uno contribuyendo a su manera al mundo que han ayudado a crear.

**Fin de la primera temporada...**

**Narrador:** Mmm... no, este no es el fin. Esta es solo la primera temporada, jajaja. El fin está lejos aún, pero espero que hayan disfrutado de la primera temporada. Ahora sí, los dejo con la segunda.

**Y...** en un mundo de infinitos mundos conectados, donde abunda la paz y la tranquilidad, pero no siempre todo es color de rosa, porque, de algún lado, algún villano tendrá que salir tarde o temprano. ¿Quién será?

## Capítulo 2-1: Una noche de bromas

**7 años después**

En el **Nuevo Imperio de Dunkel** Narrador ahora Dunkel creo un imperio pero no asi politico mas bien en terminos de empresarismo pero si es un gobernante tambien el gobernante de su mundo.

**(Dunkel)**: ¡Qué cansado estoy! —dice mientras camina por su librería—.

**De repente... (Brik)**: ¡BUUUUuuuu! **(Dunkel)**: ¡AAAAAH! ¡Qué susto, inútil! ¡Casi me da un paro cardíaco! **(Brik)**: Jajaja, ¡tanto tiempo sin verte, amigo!

**(Dunkel)**: Igualmente. ¡Qué bueno es volver a verte! Y veo que te ha ido bastante bien con tu banda .

**(Brik)**: Sí, me ha ido de maravilla, aunque tengo tantos fans que a veces me pongo nervioso. Pero hay que enfrentar los miedos.

**(Dunkel)**: Así es. Ser miedoso te llevará a la decadencia —dice mientras sonríe.

**(Brik)**: Y bueno, amigo, ¿qué hacías? **(Dunkel)**: Estaba viendo mis libros antes de dormir. Tengo mucho sueño, ya que trabajo como loco.

**(Brik)**: Oh, ya veo. Te recomiendo que te dediques a las inversiones. Eso sí que sirve.

**(Dunkel)**: Lo tendré en cuenta. Bueno, ¿qué te parece si vas a saludar a Rebeka? Ella está aquí también. Keo y los demás vienen pronto para una fiesta que organicé. Aunque la fiesta es mañana, si quieres, quédate aquí a dormir en tu antigua pero remodelada habitación.

**(Brik)**: ¡Bien, amigo! Me quedaré aquí, jajaja. ¡Espero que haya comida de la buena!

**(Dunkel)**: Jajaja, sí, habrá bastante. **(Brik)**: Bueno, voy a ver a Rebeka. *Se va a ver a Rebeka mientras Blali se va a dormir.* **(Brik)**: ¡Hola, Rebeka! :D **(Rebeka)**: ¡Briik, qué bueno que estás aquí! Jajaja.

**(Brik)**: Pues sí, la verdad he visto que el castillo y el pueblo han mejorado bastante. Me gusta el ambiente.

**(Rebeka)**: Pues sí, hemos estado mucho tiempo trabajando en nuestro proyecto. No queremos ni una sola persona en situación de calle, pero tampoco queremos gente no trabajadora. Y, pues, Erik es el que se encarga de la economía, aunque... ahora mismo está en el baño. Creo que el inodoro se lo tragó. Jajaja.

(Brik) jajaja, ya sé, vamos a llamar a Rumplis para hacerle una broma.

(Rebeka) Pero Rumplis está en otro mundo. — (Rumplis) ¡Estaba! jajaja.

(Rebeka) ¡HAAAAAAAAAAAAAAA! (Brik) jajaja, Rumplis ha mejorado sus poderes bastante, es increíble la verdad. (Rebeka) Cada día me impresiona más.

(Brik) Bueno, Rumplis, esta es la situación: al parecer, Erik se lo tragó el inodoro, ya que lleva un buen rato sin salir del baño. ¿Qué propones?

(Rumplis) JIJIJI, ¡ya sé! Vamos a hacerle magia. Haré que su ropa cambie a un traje de boda blanco. (Rebeka) ¡Jajaja! Qué malvado. Erik odia ese color con toda su alma, apenas usa una que otra cosa blanca. (Rumplis) ¡Eso significa que la broma será más intensa! Jajajaa. (Brik) ¡Síiiii! — Rumplis y Brik se esconden y esperan hasta que salga Erik.

— Erik sale del baño. (Rumplis) ¡TRAJIS BLANQUIUS BIDIUS!

— ¡BUUUM! Erik queda con ropa de boda blanca de mujer. (Brik) ¡JAJAJAJAJAJA! ¡Qué linda te ves, Erik! — Rebeka no puede hablar de la risa y Rumplis igual.

(Erik) ¿¡Quéeeee!? ¿¡Qué le hicieron a mi traje gótico!? ¡AAAAAA! ¡ES BLANCOOOOOO! ¡BLANCO NOOOOOOO! — Se quita el traje y sale corriendo desnudo del castillo, por toda la ciudad, hasta llegar a su casa. — Dunkel escucha los gritos y se despierta mientras lo ve correr.

(Dunkel) ¡JAJAJA! ¡Está loco! ¿Qué le habrá pasado? A ver, deja voy donde Rebeka.

(Rumplis) ¡Demonios! Eso no me lo esperaba, jajajaja. (Rebeka) ¡No puede ser! ¡Por poco se muere! Se le olvidó hasta usar su magia.

(Brik) ¡AJAJJAJ! ¡AYUDA! ¡NO PUEDO PARAR DE REÍR! — Llega Dunkel.

(Dunkel) ¡Gente! ¡Acabo de ver a Erik corriendo desnudo! — dice mientras se ríe.

— Todos se ríen. (Rumplis) Le hice tremenda broma cuando salió del baño, ¡mira, hasta dejó su traje de bodas blanco! jajajajajaj.

(Dunkel) jajajaj, ¡quisiera verlo con eso puesto! ¡Moriría de risa! (Rebeka) Se traumatizó mucho. (Dunkel) Rumplis, amigo, ¿cómo andas?

(Rumplis) Ando muy bien, jajaja. Acá vine porque Brik me invitó a hacer bromas, jajaja.

(Dunkel) No puede ser, jajaja. Todavía me río porque Keo me contó las bromas que les llegaste a hacer.

(Rumplis) jajaja. (Rebeka) Bueno, chicos, ¿y si nos vamos a dormir? Ya son las 2 AM. (Dunkel) ¡SIIII! ¡NOCHE DE MASAJES! (Rebeka) Bien, amor, jajaja. (Brik) Bueno, Rumplis, iré a mi habitación.

(Rumplis) Igual, ya es muy de noche, y Erik no va a recuperarse de ese trauma, jajaja. — Se van a dormir todos. — Durante la noche...

(Darkly) ¡Jajajaja! ¿¡Cómo que te vistieron con un traje de bodas de mujer!?

(Erik) Sí, ¡fue horrible, amor! ¡Hasta se me olvidó usar mis poderes y vine corriendo! (Darkly) ¡Es lo más gracioso que he escuchado, jajaja!

(Erik) Bueno, jajaja, espero que la ciudad no me haya visto o algo. (Darkly) Bueno, si era tan de noche, a lo mejor no.

(Erik) Bueno, amor, vamos a dormir. Mañana será un día importante, nos reunimos todos a cenar, ya sabes, Keo, Lility, Death, Rumplis, todos ellos, hasta Sirik viene.

(Darkly) ¡Wow, sí que será un buen día! — Y ambos se acuestan a dormir.

**(Cap 2-2 Preparativos)**

— Día siguiente —

(Dunkel) Ufff, ya me siento más recuperado de energía. — Se mira al espejo. — Qué raro, mi apariencia ha cambiado. Mmm, recuerdo que antes tenía ojos azules, también tenía el típico mechón blanco y negro, solo que me pintaba el cabello. Mmm, bueno, ahora me gusta más mi estilo, pero qué raro que me haya salido un ojo azul. Eso sí que es poco común...

(Dunkel) Bueno, iré con los demás a comer. ¡Siuuu! Esto será muy divertido, espero. Hora de preparar la mesa para que vengan. — Va preparando la mesa y los decorativos con su magia. —

(Rebeka) Bueno, iré a cocinar. — Rebeka empieza a cocinar de sus mejores postres y sus mejores platillos. —

(Brik) ¡Agh! Tengo el pelo con mucho frizz, necesito planchármelo. — Se plancha el pelo. —

(Rumplis) Bueno, hoy no haré bromas... ¿o sí? — Prepara sus cojines con peos. —

(Erik) Ay, qué sueño, aún quiero seguir durmiendo.

(Darkly) Amor, no te preocupes, te haré un buen café con poción de energía y verás cómo se te va. (Erik) Bien, iré a darme un baño de agua fría, ¡jajaja! (Darkly) Bueno, a preparar café. — Mientras tanto — (Keo) Uff, qué día más fuerte tuve ayer, invertí como un loco. (Lility) ¡Ya mismo nos alcanza para un mundo! ¡Jajaja!

(Keo) ¡Siiii! Será hermoso, será un mundo lleno de música, paz y tranquilidad.

(Lility) Bueno, hoy podremos tomarnos un descanso mientras... ¡jajaja!

(Keo) Sí, sí, hay que ir vistiéndose y poniéndose guapos para ir al mundo de papá.

(Lility) Bien, vamos, no esperemos más, ¡jajaja! Pero antes... (Keo) ¿Ajam? (Lility) Ten un regalo. — Le da un videojuego de terror. —

(Keo) ¿Quéeee? ¡Este era el que quería pero nunca lo encontraba! ¡Qué emoción! ¿Cómo lo conseguiste?

(Lility) Busqué por todas partes y, pues, lejos de la ciudad vi una tienda de juegos que lo tenía.

(Keo) ¡Muchas gracias! ¡Jajaja! Bueno, lo jugamos en casa de papá. (Lility) Bien, bien.

(Keo) Bueno, y también iré por mis otros padres a saludarlos y llevarles dulces. No podrán ir debido a un viaje de negocios. (Lility) Sí, sí, te acompañaré a Liltod.

(Keo) Bien, bien. Bueno, vamos a vestirnos con la mejor ropa que tengamos, ¡jajaja! (Lility) ¡Siiii, qué emoción!

— Mientras tanto — Yessi, Chris y Belis: (Belis) Bros, amigos, hay que vestirse rápido, que se nos hace tarde.

(Chris) No recuerdo dónde dejé mis pantalones, ¡jajaja! Espero haberme los traído, si no tendré que comprarme unos por ahí, ¡jajajaja!

(Belis) Yo te presto unos de los míos, amigo. Hay unos que nunca los he usado y quizá te gusten. (Yessi) Bueno, amigos, ya me vestí completo. ¡JAJAJAJA! Chris está sin pantalones. (Chris) Oye, eso no es gracioso. Anoche nos emborrachamos en el bar todos y ahora no encuentro mis pantalones. (Yessi) ¿No serán esos que están en la calle?

(Chris) ¡NOOOOOOOOOOOOO! Mis pantalones. Solo traje la camisa de vestir y estos pantalones, porque no gasto mucho dinero en ropa. ¡Hay que aprender a ahorrar!

(Belis) ¡Jajaja! Pero tampoco te vuelvas tacaño, amigo. — Le da unos pantalones café nuevos. —

(Chris) ¡Pantalones CAFE! :D Bro, no tienes idea de lo feliz que me haces, ¡amo el color café! (Belis) ¡Te los regalo entonces! ¡Jajaja! (Yessi) Bueno, ya estamos casi listos, ¡jajaja! — En otro lugar —

(Lozir) Bueno, a mí siempre me gusta ir sin camisa a todos los sitios, ¡jajaja!

(Sirik) Bueno, está épico eso, aunque... ¿nunca has usado camisa o trajes elegantes?

(Lozir) No lo he hecho. No sé mi medida.

(Sirik) Bueno, para eso tienes amigos. Ven, vamos a la tienda. Veré si hay ropa a tu medida y le hago unos cortes para que no te molesten las alas.

(Lozir) Bien, bien. Aún no tengo la capacidad de guardarlas naturalmente, no sé cómo, pero bueno, vamos. (Sirik) Sí, sí, hay que ir rápido, que queda poco tiempo. — En otro lugar —

(Death) ¡Samanthaaaa, ando super feliz! ¡Encontré los dulces que quería comprar para nuestros amigos! :D

(Samantha) ¡Qué bien, amor! Mira, yo te compré esto. — Le da un peluche de osito de cuero. —

(Death) ¡Ay, qué bonito se ve! ¡Me encanta! Mira, yo también te regalo esto. — Le regala una cadena con un rubí rojo y brillante. —

(Samantha) ¡Ay, qué hermoso!

(Lirais) Mmm, buena idea. Veré si le compro algún regalo a mi Rumplis, ¡jajaja! (Samantha) ¡Siiii!(Death) Solo no le vayas a dar cosas para que haga bromas, ¡jajaja! (Lirais) Capaz, ¡soy capaz! ¡Jajaja!

— Mientras tanto —

(Dunkel) Bueno, ya he preparado la mesa. — Se va a leer. —

(Rumplis) Jijiji, ya se fue Dunkel, ¡es hora de la gran broma! — Pone cojines de pedos y los hace invisibles con magia. — (Dunkel) ¡Jajaja! Ahora, cuando se sienten, va a sonar bien fuerte. ¡Qué divertidooo!

**Capítulo 2-3: El gran banquete y lo que viene**

(Dunkel) ¡Bienvenidos a todos! ¿Qué tal andan? (Keo) ¡Padreee! (Dunkel) ¡Hola, hijo! ¿Cómo te ha ido? (Keo) ¡Súper bien! ¡Qué bueno verte de nuevo! — Se abrazan. — (Keo) ¡Wow! ¿Soy yo o algo cambió? Te noto diferente. (Dunkel) Me salió un ojo de color azul, eso sí que es raro.

(Keo) Lozir me había contado que antes los tenías azules, pero tu cabello también cambió.

(Dunkel) ¿No te contó que me pintaba el cabello? (Keo) No, nunca me dijo. (Dunkel) ¡Jaja! Este Lozir siempre olvidando detalles.

(Rebeka) ¡Aaah! ¿Con que te olvidaste de mí, eh? (Keo) ¡No, no! ¡Jajaa, eso jamás! — Le da un abrazo. — (Lozir) Y ni se les ocurra olvidarse de mí.

(Dunkel) ¡Papá! ¡Qué bueno verte! (Lozir) ¡Hijo y nieto! — Se dan un abrazo los 4. —

(Lirais) Por eso amo estas reuniones, ¡solo hay paz y mucha felicidad! — Jajaja. —

(Samantha) Jajaja, sí, sí, son muy buenas y divertidas.

(Death) La última fue de las mejores, cuando nos quedamos el fin de semana en el castillo.

(Yessi) ¡Esa fue de las mejores! Recuerdo cuando me tomaba los vinos de Dunkel. — Jajaja. —

(Rumplis) Jijiji, ya se fue Dunkel, ¡es hora de la gran broma! — Pone cojines de pedos y los hace invisibles con magia. — (Dunkel) ¡Jajaja! Ahora, cuando se sienten, va a sonar bien fuerte. ¡Qué divertidooo!

**Capítulo 2-3: El gran banquete y lo que viene**

(Dunkel) ¡Bienvenidos a todos! ¿Qué tal andan? (Keo) ¡Padreee! (Dunkel) ¡Hola, hijo! ¿Cómo te ha ido? (Keo) ¡Súper bien! ¡Qué bueno verte de nuevo! — Se abrazan. — (Keo) ¡Wow! ¿Soy yo o algo cambió? Te noto diferente. (Dunkel) Me salió un ojo de color azul, eso sí que es raro.

(Keo) Lozir me había contado que antes los tenías azules, pero tu cabello también cambió. (Dunkel) ¿No te contó que me pintaba el cabello? (Keo) No, nunca me dijo. (Dunkel) ¡Jaja! Este Lozir siempre olvidando detalles. (Rebeka) ¡Aaah! ¿Con que te olvidaste de mí, eh?

(Keo) ¡No, no! ¡Jajaa, eso jamás! — Le da un abrazo. — (Lozir) Y ni se les ocurra olvidarse de mí. (Dunkel) ¡Papá! ¡Qué bueno verte! (Lozir) ¡Hijo y nieto! — Se dan un abrazo los 4. — (Lirais) Por eso amo estas reuniones, ¡solo hay paz y mucha felicidad! — Jajaja. —

(Samantha) Jajaja, sí, sí, son muy buenas y divertidas.

(Death) La última fue de las mejores, cuando nos quedamos el fin de semana en el castillo.

(Yessi) ¡Esa fue de las mejores! Recuerdo cuando me tomaba los vinos de Dunkel. — Jajaja. —

(Dunkel) ¡Sabía que eras tú!

(Chris) ¡Ajajajaj! Yo por poco no vengo, estaba bien borracho con Yessi y Belis, y no sé qué me pasó, que tiré mis pantalones a la carretera. Menos mal que Belis me dio unos nuevos.

(Belis) Exacto, si no, como quiera te llevo en calzones. — Jajajajaja. — (Chris) ¡Nooooo!

(Brik) ¡Hola, amigos! ¿Cómo andan? ¡Ya me planché el pelo! — (Todos) ¡Qué guapoooooo!

(Brik) ¡Jajaja, sí! (Lility) Me encanta tu nueva ciudad, Brik. Y también tu música, es muy profunda y emocional.

(Brik) ¡Muchas gracias! — :D — ¡Seguiré mejorando la ciudad! (Death) Sabía que ibas a lograr algo bueno, Brik. (Brik) Gracias a ustedes soy quien soy.

(Rumplis) ¡Eso hay que celebrarlo! — ¡Modelale al Dunkel! (Brik) ¡NOOOOOO, eso jamás! — *Se ríen todos*(Sirik) ¡Eriiik, mi amigo, cómo andas! (Erik) ¡Muy bien, jajaja! Llegué casi ahora, me alegro de verte a ti y a todos felices. (Darkly) ¡Sirik, qué tal! (Sirik) ¡Darklyyy! ¡Tanto tiempo sin verte! Esto es algo bueno, esto es un milagro, jajaja. ¡Ahora sí estamos completos!

(Erik) ¡Literal, amigo! (Keo) ¡Tengo una hambre super fuerte, jajaja! ¡Padrinooooooos! — *Abraza a Erik y a Darkly* (Erik) ¡Qué felicidad, jajaja!

(Keo) ¡Tengo una idea! (Erik) ¿Cuál, cuál? (Keo) ¡COMAMOS HASTA "MORIR"!

(Lozir) ¡SE ME DEFORMAN LOS ABDOMINALES, NOOOOO!

(Dunkel) ¡Jajajaja, oyeeee! ¡Qué raro, por primera vez te veo utilizando traje elegante!

(Rebeka) Eso sí que es muy extraño.

(Keo) ¡Te ves bien guapo! ¡Búscate una novia para así tener abuela y papá-mamá! — .

(Lozir) NOOOO quieor estar solterito todavia (Dunkel) ¡Excelente idea! (Lility) ¡Siiii! ¡La familia será más expandida! — . (Lozir) NOOOOOOO (Rebeka) Ya quiero ver cuando Keo y Lility tengan hijos. — Jajaja.

(Keo) Pero... el ADN humano y el de humanos con genética de demonio no se cruzan, o sea, no se puede. (Dunkel) ¿Y si adoptan a uno? (Erik) ¡VAINAS CON MAGIA, TODO SE PUEDE!

(Rumplis) Exacto, pero es imposible crear a un ser pero bueno yo puedo estudiar algún hechizo y los ayudo. (Keo) — *En su mente* Esto es incómodo, jajaja. *Lility se pone color rojo tomate. Todo el mundo se ríe.* (Lozir) ¡Esto es de lo mejor! — Jajaja, a lo mejor consigo pareja, a lo mejor no, no sé. (Chris) Bueno, a mí me gusta mi vida de soltero, así está muy bien. (Belis) Igual. (Yessi) Entonces somos tres. — Jajaja, por eso somos tan amigos.

(Rumplis) Sí, pero no pueden disfrutar de esto, ¡LIRÁIS! ¡Vamos a demostrarles lo que es una pareja que se ama! (Lirais) ¡BUENA IDEA! — *Se dan un beso de lengua.*

(Keo) ¡NOOOOOOOOOOOOOOOOOOO! *Lozir vomita.* (Brik) ¡¿QUEEEEEEEEEEEEE?! (Dunkel) ¡NO PUEDE SER! ¡NI YO HE HECHO ESO! (Belis) 0_0 (Yessi) 0_0 (Chris) 0_0 (Death) Samantha, ¿qué te parece si intentamos eso?

(Samantha) 0_0 *Todos, excepto Rumplis y Lirais, 0_0.* (Keo) Jajaja, ¡me muero de risa! ¡Se han quedado pasmados! (Erik) ¡Death quiere beso de lengua! ¡Eso no me lo esperaba! — Jajaja.

(Darkly) Una vez atravesé mi lengua con un alfiler. — (Erik) ¿¡Quéeee!? ¡Eso debe doler mucho! ¿Por qué lo hiciste? (Darkly) Fue por curiosidad luego me metieron en un psiquiatrico (Erik) Woooow me has dado una idea para otro libro de terror (Darkly) que genial! (Lirais) Para ponerme un diamantito, pero me arrepentí.

(Keo) ¡Eso debe doler mucho, jajaja!

(Lility) Literal, y más si se atraviesa. (Dunkel) ¡BUENO, AMIGOS! ¡VAMOS AL COMEDOR!

(Rebeka) ¡YA, LA COMIDA ESTÁ LISTA! (Keo) ¡Siiiiiii! *Se van todos al comedor.*

(Dunkel) Aún no se sienten. Ya saben que, como tradición, nos tomamos una copa de vino antes de empezar a comer. (Yessi) ¡VINO DE DUNKEL! ¡SIIIIII! *Dunkel sirve el vino con su magia.*

(Dunkel) ¿Quién iniciará el gran brindis? (Keo) ¡Yo! (Dunkel) Bien, bien.

(Keo) Bien, quiero decir que... Hoy es un gran día, un día de unión y felicidad, un día donde nos reunimos a recordar aquellos momentos lindos y feos de nuestras vidas, y a reírnos de ellos. También es un día especial y espero que sepan valorar eso, ya que no tienen idea de la felicidad que a mí me da verlos aquí, a todos, a esta hermosa familia y a ustedes, amigos y amigas, que también los considero familia. Así que hoy estamos reunidos de nuevo. *Lozir se le sale una lágrima de felicidad. Todos están felices.*

Y aunque mis padres adoptivos no estén presentes, aún así hay que celebrar este gran y hermoso día. ¡Alcen sus copas de vino y brinden por la felicidad, el amor y la paz! ¡Salud! *Todos: ¡Esoooo! ¡Así se habla!* (Dunkel) Hermoso el discurso de mi hijo. Ahora sí podremos sentarnos a comer hasta quedar súper llenos. (Darkly) Porque, barriguita llena, es corazón contento.

*Se sientan y suena un peo brutalmente fuerte.* (Keo) ¿¡Qué fue eso!? (Lility) ¿¡Quién se tiró ese peo!? — Jajajaja. (Death) ¡Una bomba nuclear fue eso! *Los demás se quedan bien serios.* (Rumplis) ¡JAJAJAJAJAJAAJ! ¡Creo que de todas las bromas, esta ha sido la mejor! (Lirais) ¡Demonios, te pasaste, Rumplis! — Jajajaja. (Lozir) Agarré un clase susto que por poco brinco de la silla. — Jajaja. (Yessi) Eso es pasarse, literal.

(Erik) Todavía recuerdo cuando me vistió con traje de boda femenino, ¡qué trauma!

(Keo) ¿¡Quéeee!? ¡Cuéntenme ese chisme! — Jajaja.

(Brik) Bien, bien, bien. Todo comenzó cuando asusté a Dunkel. Después me fui a ver a Rebeka y, pues, Erik estaba en el baño, así que decidí llamar a Rumplis. La cosa se puso buena cuando vino Rumplis y Rebeka, y yo decidimos hacerle la broma. — Jajaja. Cuando salió del baño y vio que tenía un vestido de mujer de boda, y para colmo blanco, salió corriendo y se desnudó por todo el castillo.

(Dunkel) ¡Sus gritos me levantaron! Y cuando lo vi, ya estaba por la ciudad. — ¡Jajaja!

(Lozir) ¡Jajajaja! No me quiero imaginar eso. — ¡Jajajajaja!

(Erik) Nunca me había pasado algo tan traumatizante, la verdad. (Keo) ¡Jajajaja! (Death) Esto es de lo más gracioso. (Yessi) Mucho más gracioso que los pantalones de Chris perdidos. (Belis) ¡Jajaja, sí!

(Chris) ¡Jajajaja! Con cosas como estas, aprende cualquiera a ser agradecido. (Darkly) ¡Me muero de risa! — ¡Jajaja!

(Lility) Una vez Keo y yo estábamos haciendo magia mientras cocinábamos, y de repente hice un hechizo que dejó a Lirais calva. — ¡Jajaja!

(Lirais) Menos mal que sé hechizos para crecer el cabello, porque si no, ¡todavía estaría calva o casi calva! — ¡Jajajaja! (Keo) ¡Jajajaja! Te tapabas con el sombrero.

(Rumplis) ¡Y NO ME LO DIJERON! ¡PA VERLA TAMBIÉN! — ¡AJAJAJAJ!

(Sirk) ¡Aajajajaja! — ¡Aajajaja! Me duele la panza de tanto reír, no puedo hablar, ¡ayuda! — *Sirik casi no puede hablar.*

(Brik) No se compara con el día que di un concierto y, cuando terminé, las fans se subieron a la tarima y tuve que salir corriendo por toda la ciudad. (Samantha) ¡Jajaja! Imagínate si te hubiesen atrapado las fans. (Death) Creo que ya no estaría con nosotros. — ¡Jajaja!

(Keo) ¡Lo hubiesen secuestrado, alomejor! (Brik) ¡NOOO! ¡No digan eso, que me asusto!

— *Y así comen de forma tranquila y contando anécdotas mientras de repente...*

**¡BUUUUM!**

— *Un monstruo brutalmente aterrador aparece entre medio de la mesa.*

(El monstruo) ¡YESSIIIIIIIIIIII! — ¡DEVUELVEME MIS PASTILLAS DE LA INMORTALIDAD!

— *La realidad de la mesa se deforma y la comida se convierte en carne humana cruda.*

(Keo) ¡Aléjate de nosotros, monstruo!

(El monstruo) ¡Cállate! Mi nombre no es monstruo, yo soy Canibaismo y me gusta devorar humanos. — ¡JAJAJAJAJA!

(Dunkel) ¡Qué asco de nombre! Si no te vas, te vamos a atacar.

(Canibalismo) ¡Intentenlo si pueden! — ¡Jajajaja! — *Canibalismo los ataca manipulando y deformando la realidad. Esto les provoca un fuerte dolor de cabeza a todos.* (Erik) ¡Aaaaaa, mi cabezaaa! (Sirik) ¡Cortis! — *El poder rebota y le hace una herida de piel abierta a Sirik.* (Sirik) ¡Aaaaaaaaa! (Rumplis) ¡Fueguis! — *Canibalismo esquiva el fuego.* — *Los demás se desmayan por el dolor de cabeza extremo. Keo no se desmalla.*

(Keo) ¡Expulsis! — *La varita expulsa al monstruo a otro mundo, dejándolo gravemente herido.*

**Capítulo 2-4: La historia de Yessi**

(Keo) ¡Yessi! ¡¿Qué demonios fue eso?! (Yessi) Amigos, se los puedo contar, tengan paciencia. (Dunkel) Bien. (Rebeka) Cuéntanos, ¿qué sucedió? (Lility) ¡Esa cosa da demasiado miedo!

(Rumplis) ¡Esquivó mis poderes! ¡Eso es casi imposible! Ni el devorador de mundos puede esquivar tal poder. (Lozir) Esto es muy terrible, ¿qué haremos? (Belis) Algo me dice que vamos a luchar de nuevo, jajaja. (Chris) ¡Sí! ¡Qué emoción! (Lirais) ¡¿Están locos!? ¡Esto nos puede costar la vida! ¿¡Cómo que qué emoción!?

(Rumplis) Relájate, Lirais. Si derrotamos a ese monstruo con cuidado, quizás no nos vaya tan mal. (Lirais) Bueno...

(Brik) Qué feo, esa cosa puede manipular la realidad. Ya hasta perdí el apetito, ¡puaj! Carne humana cruda... (Death) ¡Qué horror! ¡A mí me tocó las tripas, jajaja!

(Samantha) A mí los ojos, me estaban mirando directamente. Pobres ojitos...

(Lility) Demasiada sangre. Igual no tengo ganas de comer. Ya se nos arruinó este día tan perfecto.

(Darkly) Estoy muy asustada. Esa cosa sí que da miedo. (Erik) Parece un humano hecho de carne podrida, sin piel. ¡Qué feo! (Sirik) Yo casi muero... — *Se empieza a desangrar.* (Dunkel) ¡Noooo, curenlo! (Keo) ¡Curis! — *Se cura Sirik.*

(Yessi) Amigos, les contaré lo sucedido, pero por favor no me interrumpan, es una larga historia.

Una vez estaba en la biblioteca de los libros infinitos. Había salido de mi salón a leer, ya que sabía que iba a morir gente en la batalla final. Así que decidí buscar información sobre cómo podía revivir a las personas a través de algún ritual. Pero, de repente, encontré que podía hacerlo con unas pastillas mágicas. El problema es que estas pastillas mágicas estaban siendo vigiladas por una entidad extremadamente poderosa. La verdad, al principio no le hice mucho caso al libro, ya que pensaba que nadie era más poderoso que el Devorador de Mundos, pero estaba muy equivocado.

Este ser es tan poderoso que una vez fue responsable de la destrucción de 100 mundos, dejándolos totalmente obsoletos y sin vida. Este ser logró encontrar la cura de la inmortalidad, y así fue como creó esas tres pastillas. El problema es que lo que no sabía es que estas pastillas solo las pueden consumir personas que hayan sido buenas en el pasado o que aún sigan siendo buenas. Si una persona mala las consume, morirá igual. Así que, en teoría, sería una buena forma de derrotarlo.

Pero bueno, él solo era una persona horrible que solo le importaba el sabor de la carne humana. Su obsesión era todo lo que tuviese que ver con el canibalismo, y aunque sí es humano, su sed por la sangre y su hambre por la carne humana lo han vuelto un monstruo sin sentimientos. Nunca fue una persona normal, ya que de niño ya era pura maldad.

Cuando terminé de leer el libro, decidí ir en busca de este ser tan poderoso para así poder robarle sus pastillas. No podía matarlo, pero sí dormirlo. En esta expedición decidí ir con unos cuatro amigos de otros mundos que tenían poderes de sueño. Estos poderes podían dormir a cualquier entidad, sin importar su poder. Solo que, cuando fuimos al mundo del monstruo, quedamos totalmente perturbados.

(Yessi) ¡Qué horror! Esta montaña está levitando.

(Lina) ¿Eso rojo es sangre? (Yoris) ¡Sí, mira! Están cayendo gotas rojas de sangre.

(Teris) Qué miedo, esto es muy perturbador. No hay ruido, no hay entidades, solo un vacío y mucha sangre.

(Yessi) No nos podemos dar por vencidos. Hay que ver cómo encontramos el castillo.

(Lina) Algo me dice que hay que seguir adelante y pasar por debajo de esa montaña para luego cruzar las otras.

(Yoris) Buena idea. Menos mal que no traje mi mascota, se asustaría mucho al ver esto. Además, no tiene poderes.

(Teris) Bueno, amigos, vamos. — *Van caminando para evitar gastar energías.* De repente, ven árboles color sangre.

(Yessi) Qué extraño. Esta es la única zona donde hay árboles. (Lina) Miren, es un lago de sangre.

(Yoris) Vamos a acercarnos más. Quién sabe, tal vez veamos el castillo. (Teris) Huele demasiado fuerte esta sangre. (Yessi) ¡Sí! (Yoris) ¡No puede ser! ¡Miren, es el castillo! :0

(Yessi) Es muy solitario el castillo, no noto presencia humana, tal y como decía el libro.

(Lina) ¿Pero cómo subimos? (Teris) Quizás con un hechizo de levitación.

(Yoris) Buena idea, amigo. (Teris) Bien, bien, pero agárrense fuerte. — *Los levanta con el hechizo y así logran entrar al castillo.* (Yessi) Esto es aterrador, veo todo rojo.

(Canibalismo) ¡¿Quién anda ahí?! ¡¡¡HOY TENGO HAMBREEEE, QUIERO CARNE HUMANA FRESCAAAAA!!! ¡JUÁ JUÁ JUÁ AJAJAJAAJ JAJAJJAAJAAAAaaaaah! (Yessi) ¡Cuidado, corran! (Lina) ¡AAAAAAAH! ¡Qué miedo! (Yoris) ¡Nooo! ¡No quiero ser devorado por esa cosa!

(Teris) Juntemos nuestros poderes de sueño, ¡gastémoslo todoooo! (Teris) ¡YESSIII, COREEEEE MÁS DUROOOO! (Yoris) ¿Quéé? ¡¿Estás loco?! (Teris) Es mejor que morir acá, ¡hazme caso!

(Yessi) No queda otro remedio, ¡venga! (Teris) ¡Dormis juntis! (Yessi) ¡DORMIS JUNTIIIIS! (Lina) ¡DORMIS JUNTIS!

(Yoris) ¡DORMIS JUNTIIIIIIIIS! — *Se crea una burbuja de sueño que termina dejando al monstruo dormido.* (Yessi) ¡Se durmió! (Yoris) ¿Por qué no lo matamos antes de que despierte?

(Yessi) Mala idea. Un poco de daño que le hagamos y el hechizo desaparecerá, y el monstruo nos va a asesinar bien feo. (Teris) Entonces robemos esas pastillas de una vez. (Yessi) Listo, ya tengo las pastillas.

(Teris) Espero que esta cosa se quede dormida para siempre y por siempre.

(Yessi) Sí, sí. Mientras tanto, mejor vámonos a descansar, ya ando muy dormido. — *Se van a OlSanjis a dormir en un hotel caro.*

(Yessi) Y bueno, amigos, así fue como empezó todo este desorden. La verdad, no me esperaba que se despertase esa cosa. (Keo) Qué mal, eso debe ser horrible.

(Rebeka) Tenemos que matar esa cosa, es muy peligrosa.

(Dunkel) Recuerdo que había más asesinatos cuando estaba esa cosa despierta.

(Erik) Hay que ver cuál es su punto débil. Puede manipular la realidad de una forma más fuerte, así que hay que ver cómo le hacemos para poder derrotarlo.

(Rumplis) Ya veo. Bueno, amigos, yo iré a la biblioteca de libros infinitos con Lirais a ver cómo lo derrotamos.

(Keo) Pero, a ver, ¿están seguros de que sigue en el mismo lugar?

(Yessi) Eso no me pasó por la cabeza. Después de haber atacado su mundo con semejante poder, dudo que vuelva, pero a ver, tengo una idea. Si lo dormimos de nuevo, quizás lo podamos derrotar, pero hay un problema...

Capítulo 2-5: En busca de unos amigos

(Yessi) Primera parada, Helk City.

(Keo) —Wow, este lugar está muy bonito, está lleno de edificios modernos.

(Dunkel) —Me recuerda a Ciudad Tecris.

(Yessi) —Este lugar está repleto de edificios y varios centros comerciales. Es un lugar donde la economía y el libre mercado reinan.

(Sirik) —¡Oooh, qué curioso! (Lozir) —¡Jaja, qué ganas de volar y ver los edificios!

(Keo) —¡Llévame en tu espalda, jajaja! (Lozir) —No, wey, después haces peso, jajaja.

(Yessi) —Bueno, vamos a lo que vinimos. En esta ciudad están Teris y Yoris, así que hay que buscarlos. Teris debe estar en su empresa, supongo.

(Keo) —Vale, vamos por ellos. (Lility) —¿Después podemos ir a alguna tienda o algo de la ciudad?

(Keo) —Va, va, es buena idea. Esta ciudad no la había conocido nunca, ¡ajajaja!

(Brik) —Bien, yo iré a una tienda emo. (Death) —Yo iré contigo.

(Samantha) —Bueno, ¿y si mejor vamos a un mall? Así estamos todos en el mismo lugar. (Lirais) —Buena idea.

(Chris) —A ver si acá consigo más ropa color caféeeeeeee.

(Belis) —¡Jajaja, síii! Bueno, yo solo quiero té de rosas.

(Rebeka) —Bien, bien, hay que ver también si hay cosas góticas para decorar, jajaja.

(Dunkel) —¡Siiiiiiiiiiiiiiii! (Lozir) —Mmm, veré qué trajes hay. Ya me anda gustando usar ropa elegante, aunque no sé... De vez en cuando me gusta exhibir mis abs.

(Keo) —Mmm, puedes intentar con un traje elegante sin camisa y listo. (Lozir) —¡Buena idea! ¿Cómo no se me había ocurrido antes? ¡Jajaja!

(Rumplis) —Yo veré si compro cosas para hacerles más bromas, jajaja.

(Yessi) —Miren, miren, esa es su empresa. Ya estamos cerca. —Van hacia la empresa—

(Yessi) —Hola, secretaria. ¿Se encuentra el señor Teris?

(Secretaria) —Sí, está disponible en la oficina. ¿Piensan ir todos, verdad?

(Yessi) —Sí, sí. (Secretaria) —Bueno, déjenme avisarle por mensaje. —Le avisa—. No responde, qué raro, pero bueno, pueden subir. A Tecris no le molestan las sorpresas.

—Luego suben el elevador hacia la oficina de Tecris—

(Yessi) —Qué raro, no veo a Tecris. (Keo) —¿No es ese de ahí? —Ven a Tecris durmiendo en su escritorio—

(Yessi) —¡Jajajaja, dormido de tanto trabajo! Le haré tremenda broma. Vengan, vamos a rodearlo.

(Yessi) —¡¡¡TERREMOTOOOOOOOO!!! ¡¡¡TERREMOTOOOO OOOO AAAAAAA!!!

(Teris) —¡¡¡AAAAAAAAAAAAAAAAAAAAAAAAAA!!! ¡¡¡QUÉ SUSTOOOOOO CARDÍACOOOOOO!!! (Yessi) —¡Tecris, mi hermanoooo!

(Teris) —¡Hola, amigoooooo! —Se dan un abrazo— (Teris) —Qué emoción verte de nuevo. —Todo el ambiente son puras risas—

(Yessi) —Jajaja, mira, estos son mis amigos. Ah, mira, este es Keo, el salvador de los mundos.

(Teris) —¿Quéeeeee? ¿¡Es él!? ¿Por él hicimos esta misión? (Yessi) —¡Siiiiii! (Teris) —¡Qué genial! Bueno, bueno, me presento: soy Teris Iril.

(Dunkel) —Wow, qué bonito atuendo tienes, me gusta, es muy victoriano.

(Teris) —¡Ajaja, sí! Amo la ropa victoriana. Como verás, es una de mis épocas favoritas en lo que viene siendo la vestimenta. Ahora, no me gustaría haberla vivido, ¡jajaja! (Dunkel) —Eso sí, jajaja.

(Yessi) —Amigo, hemos venido hasta acá porque hay un problema. Es muy malo y grave. (Teris) —¿Qué sucedió? (Yessi) —Revivió Canibalismo. (Teris) —¡Noooo, qué horror!

(Keo) —Nunca he luchado contra esa cosa, pero se ve que es bastante fuerte.

(Teris) —Eso sí. La vez que logramos dormirlo fue porque esa cosa estaba muy confiada.

(Teris) —Entonces, no se diga más. Buscaré un jefe de reemplazo. —Busca uno con sus poderes telepáticos—. (Teris) —Listo, pero... ¿cómo lo derrotaremos?

(Yessi) —Keo tiene la varita más poderosa de todos los mundos, pero eso no será suficiente. Necesitamos unir nuestros poderes. (Teris) —¿Cómo haremos eso?

(Darkly) —Es fácil. Hay que ir al castillo de Cristfer, pero solo deben ir tú, Teris, Brik, Yessi y los demás amigos de Yessi.

(Teris) —¿Por qué no vamos todos? (Keo) —Cristfer nos odia porque, por culpa de nosotros, fue expulsado de la uni, pero en realidad la culpa era de él por estar haciendo pociones de amor a Lility.

(Lility) —Sí, eso nunca se lo perdonaría. (Teris) —Oh, entiendo. Bueno, en ese caso, vamos solo los que no lo conozcan. (Darkly) —Exacto. (Erik) —Bueno, en caso de que algo malo pase, envíennos un mensaje telepático o algo. (Rumplis) —Estaremos dispuestos a protegerlos.

(Keo) —Pero se nos olvida un punto... Creo que te reconocerá, Yessi. Aunque bueno, tú no estabas en el restaurante el día de la pelea y las sirvientas al poder.

(Death) —¡Jajajjaja! (Samantha) —¡Sirvientitas, jajajaj! (Yessi) —Bueno, jaja, menos mal. Así podré ir con más seguridad. (Darkly) —En el libro donde supe de él dice que vive en un castillo rosado. (Yessi) —Bien, bien, entonces vamos por Yoris.

(Teris) —¡Siii! Bueno, a él le encanta estar en zonas urbanas, es tremendo rebelde, jajaja. Si no me equivoco, debe estar en el callejón más grande de la ciudad. Está rodeado de edificios, pero tiene varias entradas. Ahí debe estar. Hay que buscarlo.

(Yessi) —¡Siiiii! Volveré a ver a Yoris después de tanto tiempo. Bueno, vamos. —Se dirigen hacia el callejón—.

(Yessi) —Segunda parada, el gran callejón, jajaja. Teris, ¿recuerdas cuando jugábamos acá de pequeños?

(Teris) —¡Siii! Amaba este lugar. Era bastante bueno para jugar escondite, ya que era como un laberinto. (Brik) —¿Y era seguro?

(Teris) —Sí, sí. Esta ciudad siempre ha sido muy segura, ya que es gobernada por uno de los tres grandes economistas: Bli Nayi.

(Brik) —¿Quéee? ¡Es el mismo que gobierna en mi ciudad! En mi ciudad gobiernan los tres: Tru Don, Mili Je y Bli Nayi.

(Keo) —¡Qué épico! Apuesto a que esa ciudad debe ser un paraíso.

(Brik) —Cuando los lleve a mi mundo, verán que es un lugar totalmente distinto a como era antes.

(Dunkel) —¡Qué épico! Debe ser genial contar con la ayuda de ellos. (Brik) —¡Siii! (Yoris) —¿Yessi y Teris?

(Yessi) —¡YORIIIIIIIIIIISSSSSS! —Le da un abrazo a él y a Teris—. ¡Amigooooo, cómo andas! (Teris) —¡Yoriiiis! (Yoris) —Wow, qué emoción verlos acá. Me recuerda cuando éramos pequeños y jugábamos todo el día, jajaja. Wow, ¿y quiénes son ellos? Amo sus vestimentas.

(Yessi) —Ellos son mis amigos. Mira, él es Keo, la persona por la cual hice la misión de las pastillas. (Yoris) —Wow, qué genial. Un gusto conocerte, Keo.

(Keo) —El gusto es mío, jaja. (Yoris) —Bueno, me presento. Soy **Yoris Kler**.

(Lozir) —Wow, me gusta tu estilo, Yoris. Es más o menos la idea que quiero para mi futuro outfit.

(Yoris) —Jajaja, muchas gracias. Si quieres, te ayudo a tener el estilo más personalizado.

(Lozir) —¡Bien, bien! (Erik) —Wow, usas el maquillaje de ojos que yo uso. (Yoris) —¿También lo usas?

(Erik) —¡Sí, sí, Yoris! ¡Qué genial eso, jajaja! (Brik) —¡Qué genial que tengas nuestro estilo también, jajaja!

(Yoris) —¡Siii! Me encanta, jajaja. Todos reunidos acá... ¡tendré nuevos amigos! :D

(Rumplis) —Y adáptense a mis bromas, jajajaja. (Teris) —Jajaja. (Yessi) —Bueno, amigo, te necesitamos porque pasó algo muy malo. Déjame contarte. —Le cuenta lo sucedido—.

(Yoris) —Oh, ya entiendo. Bien, bien, los acompañaré, no hay problema.

(Yessi) —Bueno, entonces vamos por la última persona. Estoy segurísimo de que está en la biblioteca de la ciudad.

(Yoris) —Eso sí, Lina ama mucho la lectura. Debe estar ahí, aunque sea de noche, jajaja.

(Yessi) —Bueno, vamos a la biblioteca, amigos. —Van todos a la biblioteca—.

(Yessi) —Debe estar en algún lugar de estos. (Lirais) —Wow, muchos libros nuevos.

(Rumplis) —¡Muchos de magia, con dibujitos y todo! (Erik) —Wow, magia oscura controlada. ¿Dunkel, leemos uno de estos?

(Dunkel) —¡Compremos uno, jajaja! —Lo compran—. (Darkly) —Está hermoso este lugar.

(Samantha) —Sí, sí, tiene muchas cosas. (Lility) —¡Ocho pisos! Qué ganas de explorarlos todos. Me recuerda a la biblioteca infinita. (Keo) —¡Siii, sí! Podemos explorar después de buscar a Lina.

(Yessi) —De seguro está en la zona de libros antiguos, jajaja. Vengan, vamos al segundo piso. —Suben—.

(Yessi) —¡Miren, ahí está Linaaaa! (Lina) —¡Yessiiiiiii, Yooris y Teeeriis!

*—Va corriendo y les da un abrazo a los tres.*

(Lina) —¡Amigos, cómo andan! Yessi, ¿tú cómo andas después de tanto tiempo, jajaja? (Yessi) —Bien, bien. (Yoris) —¡Ando muy bien, jajaja! (Teris) —Yo igual, y más ahora. (Lina) —Wow, ¿y ellos quiénes son?

(Yessi) —Son héroes, jajaja. Mira, él es Keo, el que salvó los mundos del devoramundos.

(Lina) —¿Quéee? ¡Keo, es un gusto conocerteee! Yessi me contaba muchas historias de tu futuro y ya veo que todo se cumplióoo.

(Keo) —Jajaja, sí, la verdad ni yo pensé que tendría tanto poder. (Lina) —Wow.

(Yessi) —Bueno, Lina, te contaré qué hacemos aquí. —Le cuenta—. (Lina) —Oooh, ya entiendo. ¡Qué horror! Esa persona puede ser súper fuerte y no es recomendable dejarlo tener más poder del que ya tiene. A lo mejor, quién sabe, y sigue devorando mundos.

(Yessi) —¡Exacto!

(Erik) —Bueno, entonces, ¿qué harán? ¿Ya irán al mundo de Cristfer? (Yessi) —Sí, hay que ir. (Keo) —Bueno, ¿no íbamos a un mall primero? (Lility) —¡Exacto, jajaja!

(Yessi) —Cierto, ¡vamos! —Van y disfrutan mucho—. (Keo) —Wow, acá hay mucha ropa, pero no encuentro de mi estilo. A ver, hay que ir a otra tienda.

(Dunkel) —Sí, sí, mira, ahí parece que venden cadenas. Vamos a esa.

(Lirais) —¿Rumplis, quieres un chicle? (Rumplis) —¡SIIIII! —Cuando Rumplis toma el chicle, se electrocuta la mano—.

(Rumplis) —¡Aaaaa, qué es esto! (Lirais) —Jajajaja. (Rumplis) —¿Serán chicles para hacer bromas?

(Lirais) —Así es, jajaja. (Rumplis) —¿Dónde están? ¡Necesito uno! (Lirais) —Este es el último, te lo compraré de regalo.

(Rumplis) —¡Siiiiii! (Erik) —Wow, hay tantos libros de literatura de terror que es hermoso. ¡Siento que esto es el paraíso! (Darkly) —Compremos hasta más no poder, jajaja.

(Teris) —Hagan un presupuesto para no quedarse sin dinero, jajaja.

(Erik) —Cierto, buena idea. (Yoris) —Hay muchas navajas y armas de autodefensa en esta zona. ¿Interesante, no?

(Death) —Sí, sí, mira, hay maniquíes para ponerlas a prueba. (Yoris) —¡Vamos, jajaja!

(Samantha) —¡Siiiii! Miren, acá hay espadas mini que son triples. ¿Cómo serán? *—Las utiliza—*. Wow. (Keo) —Miren, esta electrocuta con más de 900 julios de fuerza. Uff, la compraré sin pensarlo. (Lility) —Esta varita tiene la capacidad de deformar cosas y es de autodefensa. ¡Wow, la compraré también! (Yessi) —Wow. (Lozir) —¡Wow, muchos trajes elegantes! (Rebeka) —¡Demasiados, jajaja!

(Chris) —¡Mucha ropa café! (Belis) —¡Qué emoción! Acá hay de todo, hasta libros de filosofía.

*—Pasan las horas cuando, de repente, todo se deforma y se vuelve un bosque.—* (Keo) —¿Qué demonios sucedió? (Lility) —¡Oh, no! Hay que ir por los demás. (Keo) —¡Sí, sí, vamos justo al centro! *—Personas salen corriendo asustadas por todas partes. De repente, aparece un monstruo tan horrible que asusta a Death y a Brik.—* (Death) —¡AAAAAAA! (Brik) —¡AAAAAAA, QUÉ FEOOOOO! (Monstruo) —¡Seré feo, pero soy más fuerte y poderoso que tú! ¡Jua, jua, juaaaaaaa!

(Monstruo) —¡Soy el aliado del canibalismo! ¡Soy la fuerza de las fuerzas, soy el destructor de destructores! Bueno, no superior a Blali, pero aún así, ¡tiembleeeeeeen! —Lanza ataques en todas direcciones y vuelve el bosque un lugar súper inhabitable—.

(Keo) —¡Hagamos un ataque en cadenaaa! Death, Brik, Lility. (Death) —¡Vamos, podemos derrotarlo! (Brik) —¡Las vas a pagar, inútil! (Rumplis) —¡Electrifius! —Electrocuta al monstruo con 9 mil voltios—.

(Monstruo) —¡AAAAAAA! ¡DUELEEEE! ¡AAAHSHDAAAAAAA! (Rumplis) —¡Ahora sí, ataquen! (Keo) —¡FUEGIS! —Quema al monstruo—. —El monstruo le lanza un ataque a Dunkel—.

(Dunkel) —¡Tu ataque es anulado! —Revierte el ataque—.

(Chris) —¡Vamossss! —Le lanza un ataque de café caliente a una temperatura súper alta—.

(Monstruo) —¡Ahora sí me enojé! —Crea un ejército de árboles movibles—.

(Monstruo) —A ver cómo se defienden de esto. ¡JAJAJAJAJAJAJAAAAAA! —Desaparece, pero se quedan los árboles—.

(Yoris) —¡Cuidado con los árboles! —Corta uno con un arma de autodefensa—. ¡JAJAJA! Esto es más fácil de lo que pensé —dice Yoris—. (Teris) —¡Vengaaaa! INVERTIUS. —Invierte en acciones y compra siete árboles—. (Teris) —¡Ahora mueran! —Desaparece los árboles—. (Keo) —Wow, tremendo poder. (Lirais) —¡Libririus! —Encierra a cuatro árboles en un libro—.

(Rebeka) —¡No se detengan! Son muchos árboles, pero serán fáciles de derrotar. —Derrota a uno—. (Lozir) —¡Esooo! ¡Mueran, árboles malos, no se devoren a los humanos! —Quema un árbol—.

(Belis) —Con psicología oscura pongo depresivos hasta a tres árboles. —Utiliza su psicología oscura y los árboles se encogen hasta desaparecer—. (Lility) —¡Sigan atacando, no se detengan!

(Sirik) —¡Ya me harté de estos árboles! NORMACIUS. —Vuelve a todos los árboles de la zona normales de nuevo—. (Erik) —¿Quéeee? ¡Tremendo poder ese!

(Darkly) —¡Cuidado, se cae! —Sirik se desmaya y se cae por las escaleras, pero por suerte Rebeka lo salva—. (Lina) —A pesar de que tenía poderes para dormir, también tengo para curar desmayos. —Lo cura—.

(Yessi) —Ufff, menos mal. Nos hemos recuperado de tremendos problemas con tantos lugares inseguros. Ya hasta me da miedo estar aquí, jajaja. (Teris) —No te preocupes, le avisaré a Bli por mensaje telepático. —Le avisa—. Bueno, ya dice que mantendrá la ciudad más vigilada. (Keo) —Bien, entonces descansemos, jaja.

(Samantha) —Buena idea, vamos a un hotel o algo. —Se van a descansar todos—.

(Keo) —¡Buenos días a todos, jajaja! —Pone un brutal death metal a todo volumen—.

(Belis) —¡AAAAAA, ME ASUSTÉEEEE! (Lina) —Jajaja, qué épico se escucha esto. (Brik) —¡Uff, esa letra! (Keo) —Bien amigos, ¿hoy van al castillo de Crist, no? (Yessi) —Sí, sí, buena idea.

(Brik) —Yo iré con Yessi también, pa' porsiaca. (Darkly) —Los teletransportaré a ese mundo.

(Teris) —¡Valeee, jajaja, esto debe ser épico! (Lina) —¡SISIS! Un nuevo mundo que ni yo sabía que existía.

(Erik) —Quisiera ir, aunque bueno, jajaja, no sería chido. Así que disfruten. (Yoris) —Jajajaja. —Darkly los teletransporta al mundo de Cristfer—. (Keo) —Bueno, mmm... vamos a mi mundo. (Dunkel) —¿El que te ibas a comprar?

(Keo) —Es otro que ya tengo, jajaja. (Dunkel) —Oooh, vale. —Mientras tanto, en el mundo de Cristfer—

(Yessi) —¡Wow, qué castillo rosado más hermoso! (Teris) —¡Jajaja, síii! (Brik) —No me gusta mucho el rosa, pero su arquitectura es bastante impresionante. Solo que con algunos errores, jajaja (Lina) —Cierto, es cierto. (Yoris) —¿Tendrá una zona urbana rosa? :0

(Yessi) —Mmm... ¿cómo se supone que entremos al castillo? Jajaja. (Teris) —Quizás sea una escalera invisible. No perdemos nada con intentar. (Yessi) —Vale, jajaja. (Lina) —Bien, en marcha.

(Yoris) —¡Vamos! —Caminan y suben poco a poco—. (Teris) —¡Lo sabía, era una escalera invisible, jajajaja!

(Yessi) —Bueno, sigamos subiendo, jaja. (Lina) —¡Wow, las puertas se abrieron solas!

(Yoris) —Entremos, jajaja. (Brik) —A pesar de que no me gusta mucho el rosa, el cielo está hermoso.

(Yessi) —¿Verdad que sí? Jajaja. —Las puertas se cierran de golpe—. (Sirvienta) —Hola, señores. ¿Qué se les ofrece?

(Yessi) —Necesitamos ver a Cristfer. Es una situación fuerte, ya que todos los mundos están en peligro.

(Sirvienta) —Bien, bien. Los llevaré mientras le llevo su copa de vino. —Hace una reverencia—. Me presento: soy Rair Lir.

(Teris) —Un gusto conocerla, jaja. (Brik) —Esa combinación de negro y rosa es bastante increíble.

(Yoris) —Oiga, ¿esas alas son reales, verdad? (Rair) —Sí, sí. Soy de los pocos de esa raza, jajaja.

(Yoris) —¡Wow, qué épico! Es la segunda vez que veo a alguien de esa especie, jaja.

(Rair) —Jajaja, bueno, los llevaré con Lord Cristfer. Está con sus guardias en su sala real. Vengan. —Lord Cristfer, estos señores necesitan decirte algo importante.

(Cristfer) —Bien, bien. Pueden hablar. Y, de hecho, gracias por el vino, jajaja. (Rair) —De nada, Lord.

(Cristfer) —Bueno, me presento, aunque supongo que ya saben mi nombre: soy el gran Cristfer Lindich. (Yessi) —Un gusto conocerle, Lord. (Cristfer) —Bien, ¿a qué han venido?

(Yessi) —No sé si sabe de la leyenda, pero en esta infinidad de mundos existe un monstruo muy poderoso llamado Canibalismo.

(Cristfer) —Ese sí que da miedo. Ha destruido un par de mundos vecinos.

(Teris) —¡Qué mal eso! (Brik) —También hay otro monstruo con poder similar. Es como un esqueleto feo. (Cristfer) —Jajaja, ese no lo he visto. Pero bueno...

(Yessi) —Hemos venido a que nos ayude a reforzar nuestros poderes de sueño. Estamos dispuestos a pagar el precio que desee.

(Cristfer) —¿Precio...? Mmm, ¿saben qué? El único precio que propongo es acompañarlos con mi sirvienta si es que van a atacar a ese monstruo. Dejaré a un guardia ocupando el trono mientras tanto.

(Yessi) —...

(Lina) —¡Bien, entonces que comience lo bueno, jajaja! (Cristfer) —Oye tú, el emo.

(Brik) —¿Mmm?

(Cristfer) —No tienes cara de tener poderes de sueño, pero sí de pesadilla. ¿Quieres que te los mejore? (Brik) —Vale, estoy dispuesto a pagar extra si deseas.

(Cristfer) —Bien, entonces este entrenamiento tardará unas semanas. Esos poderes que quieren mejorar están súper gastados. Ni sé cómo casi los pierden, jajaja. Bueno, pueden quedarse en las habitaciones. Rair, lleva a los chicos a sus habitaciones.

**Capítulo 2-6: Los planes**

**Mientras tanto...**

**Mundo de Keo**

**Castillo de Keo y Lility**

(Dunkel) —¡Wow, tienes un hermoso castillo! Grande y lleno de vida, jajaja. Narrador una de las razones por las cual es tan facil tener un castillo en estos mundos es porque el costo de vida es barato y la producion es masiva .

(Keo) —Sí, padre, le agregamos un estilo similar al tuyo. También hay ciudades en mi mundo y eso, ajaja. (Dunkel) —¡Wow, qué hermoso y épico, jajaja! (Lozir) —Estoy orgulloso de ti, querido nieto.

(Keo) —¡Gracias, abuelo, jajaja! (Rebeka) —Es genial que hayas logrado conseguir tanto.

(Keo) —¡Jajaja, síiii!

(Lility) —El castillo tiene una piscina en una de las salas, con una TV enorme.

(Chris) —¡Ala, ya quiero zumbarme en esa piscina de pies a cabeza, ajajaj! (Belis) —Pero no es color café, ya sabes, jajaja. (Chris) —Bueno, algo es algo, jajajaj.

(Keo) —Con mi varita podría convertirla en café, pero no sé, nadar en café es como... mmm, medio raro, jajaja. (Death) —Literal, jajaja. (Samantha) —Gente, Yessi me ha enviado un mensaje telepático. Dice que mientras ellos estén en el castillo de Cristfer, nosotros nos pongamos a planear nuestro siguiente ataque. (Keo) —¡Qué buena idea, jajaja!

(Sirik) —Amigos, si hay una sala de reuniones será más fácil. Tengo un poder que crea hologramas para poder hacer planes.

(Keo) —Bien, bien, tengo una donde cabemos todos y sobra espacio, así que vengan.

(Erik) —¡SIIIIII! ¡Ando súper feliz! *empieza a brincar y a bailar a lo loco Dunkel se muere de risa.*

(Darkly) —Jajaja, no me esperaba tal reacción.

(Rumplis) —Ya me dieron ganas de bailar también, y eso que no hay música, jajaja.

(Keo) —¿Tú crees? *Hace un hechizo para que se escuche música por toda la ciudad*

(Rumplis) —¡¿QUEEEEEEEEEEEEEEEEEEEEEEEEEEEE?! Ni yo tengo tanto poder para hacer una cosa así.

(Lirais) —¡Tus poderes han mejorado! ¡Eso es genial, jajaa! (Keo) —La verdad, sí, mucho, jajaja. *Van caminando hacia la sala de planes*

(Keo) —De hecho, ahorita llamo a los sirvientes para que los lleven a sus habitaciones. Luego haré una llamada para saber si están bien mis otros padres.

(Erik) —Vale, vale.

(Sirik) —Mmm, bien. Ahora que estamos en la sala de planes... Mmmm, nuestro enemigo es fuerte, pero tiene una debilidad, jaja. Podemos derrotarlo con el sueño, pero mi plan se basa más en derrotar al más fuerte antes de derrotar al "Destructor de Destructores". Una vez derrotemos a Canibalismo, iremos por el Destructor y lo derrotaremos también. En caso de que Canibalismo y el Destructor estén juntos en el momento de la batalla, nos separamos por grupos para poder atacarlos. El grupo que derrotará a Canibalismo será el de los que tienen el poder de dormir, junto con Keo y Brik. Los demás derrotamos al Don Huesitos.

¿Cómo podremos saber en qué mundo están? Mmm, eso ya me es más difícil. Habrá que ver de qué forma destruye los mundos o tratar de ir a su mundo anterior a ver si no ha cambiado de mundo o si dejó pistas. Como su mundo anterior estaba él solo, algo me dice que no será una tarea tan peligrosa. Eso sí, tenemos el riesgo de que nos descubra, ya sea porque siente que estamos en su mundo o porque fue a llenarse de más poder. El mundo del Destructor... no sé cuál es, pero dicho su nombre significa que quizás no tiene un mundo como tal y solo disfruta destruyendo otros mundos por placer. Típico de la gente loca.

Bueno, ¿qué les parece el plan?

(Keo) —Digamos que tiene sus errores, pero está muy bien elaborado. Si Yessi tiene las pastillas de inmortalidad, aún podríamos revivir a alguien si muere en esa batalla. Otra cosa es que puedo sentir los mundos que se destruyen con mi varita mágica, y pues así quizás, si vamos a los mundos que están recién destruyéndose, lo podemos encontrar y derrotarlo más rápido y fácil. En ese caso, pues tenemos que entrenar y hacernos más poderosos. Entrenemos mientras, tenemos que entrenar y ser fuertes para enfrentarnos a esta poderosa amenaza. Hay que desarrollar habilidades de curación, recuerden que la salud también es muy importante. Pero bueno, ya es muy de noche, es hora de dormir.

*Llama a los sirvientes.* —Bien, gente, los sirvientes los llevarán a sus lujosas habitaciones. Yo, pues, llamaré a mis otros padres a ver cómo andan. (Todos) —¡Bien, bien!

*Keo llama a sus padres adoptivos para saber cómo andan y, por suerte, están bien.*

Mientras tanto, en un lugar muy lejano, llamado el mundo de Cristfer...

(Cristfer) —Amigos, hoy es un nuevo día. Vengan, tengo preparado de todo un poco para salir a explorar y mejorar esos poderes que tanto necesitan. **(Cap 2-7 Los lugares rosados del entrenamiento de Cristfer)**
(Yessi) —Bien, bien, vamos a explorar.

(Cristfer) —Así se habla, con ánimo. Bien, nos dirigiremos al lago rosado, donde deberán relajarse pensando en sus poderes hasta flotar. Solo deben pensar en sus poderes, porque si piensan en otra cosa, se hundirán y probablemente morirán, pero tranqui, los salvaré.

(Brik) —¡NOOOOOOO! ¡Sumergirse en agua rosa, noooo!

(Yoris) —De vez en cuando hay que hacer sacrificios, amigos. (Chris) —¿No te gusta el rosa, Brik?

(Brik) —Un poquitín. (Cristfer) —Bueno, es la única forma de mejorar tu poder. Eres el único que no tiene poder de sueño, pero sí de pesadilla, así que aprovecha. (Lina) —Exacto, aprovecha.

(Teris) —Bueno, a mí no me molesta el rosa, así que vamos. *Se dirigen al lago rosa para hacer su entrenamiento.*

(Cristfer) —Bueno, aquí comienza. Ahora, relajarse al máximo. Pónganse estos trajes de baño que les creó mi sirvienta mientras estaban durmiendo. (Brik) —Vale, amigo. *Proceden a ponerse los trajes.* (Yessi) —¡Wow, jajaja, son rositas y bonitos! (Brik) —Bueno, a mí me tocó rosita oscuro :D

(Lina) —Eso es bueno, jaja.

(Yoris) —Bien, vamos pa' la agua. (Teris) —Vamos. *Se van todos para el agua, excepto Cristfer.*

(Cristfer) —Bien, recuerden, solo piensen en sus poderes. Pondré esta música relajante de fondo que dura 1 hora, exactamente el tiempo que deben estar en el agua. Así que, cuando todos se relajen, comenzará el tiempo.

*Cristfer ve que todos se relajan y empiezan a flotar en el agua, así que les pone una música bien relajante de fondo.* (Cristfer) —Bien, ya ha pasado una hora. Aún no usen sus poderes, apenas se están reactivando. Ahora iremos a la siguiente parada, llamada *Luxemrosa* :D

*Van de camino a Luxemrosa.*

(Brik) —La arquitectura es demasiado perfecta. Me iría a vivir acá si fuese un poco más colorido, jajaja. (Cristfer) —Es que acá a la gente le encanta el color rosa, hasta a mí. Por eso elegí este mundo, para que todos los que les guste el rosa puedan vivir en paz. Además, queda bien con otros colores, jaja. (Yessi) —¡Siii!

(Yoris) —¡Queda de maravilla, jajaja! (Teris) —¿Y... bueno, qué hacemos acá?

(Cristfer) —Iremos a explorar la ciudad, a sus restaurantes, a sus zonas de masaje y tiendas de dulces. Parece un poco básico para un entrenamiento, pero es más importante de lo que piensan, ya que este lugar tiene un poder demasiado único. Una vez te adentras, tus poderes incrementan, así que esto les podrá ayudar bastante.

*Y así empiezan a explorar la hermosa ciudad para ver todas las zonas.*

(Cristfer) —Bien, ya estamos acercándonos a la parte trasera de la ciudad. En esta parte quiero que se paren en la carretera y pongan en práctica sus poderes. A ver qué tanto han aumentado. Si están muy altos y les funciona bien, entonces hasta aquí termina el entrenamiento. Si no, entonces tendremos que ir a más zonas. Bueno...

*Llegan a la parte trasera de la ciudad.*

(Yessi) —¡Wow, es muy hermosa esta parte! (Brik) —¡Siuuu! Mis poderes de pesadilla se pondrán en práctica de nuevo. ¡Qué emoción! (Lina) —Ya deseaba usar mis poderes.

(Teris) —¡Igual! (Yoris) —Con esto podremos derrotar a ese gordo caníbal.

(Cristfer) —Bien, entonces que comience la práctica. Uno, dos y tres. —*Empiezan a usar sus poderes y todo sale muy bien.*

(Yessi) —¡Siiiiii! ¡Esto es genial! Hace tiempo que deseaba tener mis poderes de sueño de vuelta. (Cristfer) —¡Esooo! Bueno, amigos, vamos al castillo de vuelta para luego ir a derrotar a esa bestia, jajajaja. (Yessi) —¡Siiiiii!

(Cristfer) —Quédense descansando al menos un día, ¿vale?

(Brik) —Bien. —*Mientras tanto...* (Keo) —Bueno, ya terminé la llamada, me iré a dormir.

—*Suena el celular de Keo otra vez.* (Keo) —¿Qué será esta vez?

(Yessi) —Amigo... (Keo) —Hola, Yessi, ¿qué sucedió?

(Yessi) —Cristfer quiere ir con nosotros junto con su sirvienta. No sé qué decirle.

(Keo) —Mmmh... creo que sí. Mejor voy y le digo. No estaría mal, pero iré yo solo mientras acá es de noche y los demás duermen. Iré al mundo de Cristfer.

*—Se toma una poción de energía y viaja al mundo de Cristfer.*

(Keo) —Este castillo es muy bonito. Mmm, supongo que tiene escaleras invisibles o una rampa para subir, jajaja.

*—Procede a subir y toca la puerta. La puerta se abre.* (Rair) —Hola, señor, ¿qué se le ofrece?

(Keo) —Buenos días, necesito ver al Lord Crist. (Rair) —Bien, bien, sígame, lo llevaré hacia él.

*—Procede a llevarlo.* (Cristfer) —Hola de nuevo, Keo.

*—Lo mira con una sonrisa maliciosa.*

(Keo) —... Hola, Cristfer. Lamento estar en tu mundo, pero he venido a disculparme.

(Cristfer) —¿Mmm? ¿Crees que me voy a disculpar? *—Lo mira con cara súper seria.*

(Keo) —Tú fuiste el culpable.

(Cristfer) —Es broma, jajaja. Lo sé, ese día me enojé mucho porque no llegué a contarles el verdadero propósito de por qué hice eso. A veces utilizo métodos poco convencionales para lograr mis objetivos.

(Keo) —¿De qué hablas?

(Cristfer) —La razón por la cual quería a Lility enamorada era para desbloquear un nuevo poder que me permitiría ser más fuerte. Pero después te la iba a devolver, solo necesitaba actuar bien. Sin embargo, me di cuenta de que lo que hice estuvo mal, y para compensártelo te puedo dar un entrenamiento gratis de mejora de habilidades, si deseas, a ti y a las personas que quieras.

(Keo) —Bueno, vale, te perdono. Pero, ¿para qué querías ser más poderoso?

(Cristfer) —Pues estaba leyendo un libro sobre un ser súper poderoso que destruye cualquier sistema social, político o económico, y pensé que existía. Así que quería estar preparado. De hecho, acá está el libro.

*—Se lo da.* (Keo) —Está interesante, lo leeré en la aventura. Solo recuerda explicar tus motivos a los demás. (Cristfer) —¿Los demás?

(Keo) —Sí, sí. Tú estarás conmigo, Yessi y otros más para derrotar a Canibalismo.

(Cristfer) —Ooo, ya veo por qué me hablaron cinco personas de ese monstruo.

(Yessi) —¡Wow, Keo! Qué bueno que andas aquí. (Keo) —Hola, amigo. ¿Qué tal? Jaja. (Teris) —¡Eso! Cristfer podrá venir con nosotros.

(Cristfer) —También irá mi sirvienta, Rair. Dejaré el castillo en estado de autosupervisión.

*—Procede a dejarlo.*

(Cristfer) —Bueno, estaba considerando quedarme aquí hasta mañana, pero por lo visto es mejor que me vaya con ustedes hoy. Así que, ¡vámonos! *—Procede a preparar todo con sus fuertes poderes antes de irse.*

(Keo) —Bueno, Cristfer, este es mi castillo.

(Cristfer) —¡Woooow! Es más grande que el mío, y esa música que se escucha de fondo combina bastante. ¡Es el ambiente perfecto! :D

(Keo) —Sisisí. Bueno, bueno, les diré a los sirvientes que te lleven a una habitación para que puedas dormir aquí. Todavía es de noche, son como las nueve.

(Keo) —Lina, Rair, Teris, Yoris y Yessi, los sirvientes también los llevarán a sus habitaciones, así que vayan sin ningún problema. (Yessi) —Bien, amigo.

*—Los sirvientes proceden a llevar a todos a sus habitaciones hasta el día siguiente.*

**(Cap. 2-8: Entrenamiento de Keo y Cristfer)** (Keo) —Buenos días, amigos y amigas. Hoy es el día perfecto para entrenar un poco antes de ir a acabar con el Canibalismo.

(Brik) —¡Así se habla, Keo! ¡Que empiece el entrenamientoooo! Ah, pero antes...

(Keo) —Cristfer, cuéntales la razón por la cual le hiciste ese hechizo a Lility.

*—Cristfer les cuenta y se disculpa con Lility.*

(Lility) —Ya veo... Solo tenías miedo de que lo que decía ese libro fuese real. Y bueno, en este mundo infinito donde ir a otros es tan fácil, es normal que pase.

(Erik) —Bueno, por lo menos ya todo está bien. Jajaja.

(Sirik) —Lamento haberte expulsado. (Cristfer) —Si no lo hubieses hecho, creo que nunca hubiese logrado ser dueño de mi propio mundo. Jaja.

(Keo) —Quiero que mejores las habilidades de todas estas personas. Sé un maestro.

(Cristfer) —¡Qué emoción! Esta vez tendré más clientes, y bueno, como es gratis por la disculpa, pues todos serán bienvenidos a mi castillo.

(Keo) —Primero daré mi entrenamiento y tú después das el tuyo en tu mundo, ¿va?

(Keo) —En mi entrenamiento aprenderán a combinar poderes y más cosas. Luego daremos un paseo por una de las ciudades más importantes de este mundo mío. (Dunkel) —Bien, hijo, ya quiero explorar. Jajaja.

(Keo) —Vamos de noche al mundo, ya que esta zona es más activa de noche que de día. Las personas son súper nocturnas en este mundo.

(Rebeka) —Ooooh, ya veo. (Darkly) —¡Qué genial eso! (Keo) —Bueno, Lility, vamos a entrenarlos.

*—Procede a entrenarlos con todo su poder.*

(Keo) —¡Eso es! Van muy bien, sigan así. Pronto sabrán combinar poderes con más exactitud.

*—Sigue el entrenamiento.* (Keo) —Bueno, amigos, ahora los llevaré a la ciudad que les prometí. Ya que es de noche, esta ciudad les va a encantar.

*—Keo, en su mente: "Jajaja, no saben lo que les espera." —Van todos de camino a la ciudad.*

**(Cap. 2-9: El desafío de Keo)**

(Dunkel) —Es demasiado hermosa. (Keo) —Sí, sí, esta ciudad es muy especial.

(Erik) —¡Wow! Pero dijiste que había personas... ¿por qué no hay?

(Keo) —Eso es parte de mi plan. Jijijiii... *—Keo ríe de forma maliciosa mientras Lility lo acompaña con una risa similar.*

*—De repente, las casas comienzan a moverse, los árboles caminan por sí solos y maniquíes surgen por todas partes para atacar.*

(Erik) —¡¿Quéeeee?! ¡Keo, qué demonios es esto!

(Keo) —¡AJAJAJAJAAAA! Es mi nueva habilidad. No basta con el entrenamiento, también hay que saber atacar.

*—Keo empieza a flotar junto a Lility mientras observan todo desde arriba.*

(Lility) —Vamos, Lirais, ustedes saben. Solo deben hacer sus ataques en cadena. Otro tipo de ataques no les funcionará. Son inteligentes, ¡ánimo!

(Keo) —¡Eso es! Luego les iré subiendo la dificultad, para mi diversión y vuestro sufrimiento. ¡JAJAJAJA! (Yessi) —¡Noooooo! (Teris) —¡Vamos, ataquen!

(Lozir) —Jajaja, yo puedo volar con mis alas. (Keo) —¡Eso no se vale!

*—Keo usa su magia para impedir que Lozir pueda volar.* (Lozir) —¡NOOOO!

(Darkly) —¡Vamos, Erik! Hagamos nuestro ataque de cadena. (Erik) —¡Sísísí!

(Brik) —Esto será pan comido. ¡Hagamos un ataque juntos, Cristfer! (Cristfer) —¡Vale, amigo, vamos!

*—Ambos comienzan a atacar con todas sus fuerzas.*

(Keo) —Mmm, vamos a subir el nivel. *—Con su varita, Keo crea temblores de intensidad 3 que sacuden todo el campo.*

(Death) —¡Aaaah! ¡Es imposible moverse así!

(Rumplis) —Bueno, a mí se me hace fácil gracias a mis poderes para los pies. (Keo) —¡Eso tampoco se vale!

*—Keo cancela los poderes de Rumplis.* (Rumplis) —¿Quéee? ¿Cómooo? ¡¿Pero quéeee?!

(Lirais) —Vamos, Rumplis, no seas llorón. ¡Podemos lograr derrotar esto y mucho más!

(Keo) —¡JAJAJAJA! **(Lility)** —Qué divertido ver esto, parece un teatro. **(Erik)** —¡Aaaaah! Me siguen maniquíes de color blanco. **(Darkly)** —No te preocupes, amor. *—Darkly ataca a los maniquíes y los quema.*

**(Darkly)** —Mucho mejor. **(Samantha)** —Uuuh, ya sé qué puedo hacer.

*—Samantha crea un ataque de gravedad que atrae a la mayoría de los maniquíes y los aplasta hasta hacerlos explotar.* **(Samantha)** —Súper fácil. **(Rebeka)** —¡Vamos, Dunkel! Es hora de atacar.

**(Rair)** —¡Esto es súper divertidooo! Brik, Cristfer, déjenme unirme a su ataque.

**(Cristfer)** —¡Vaaa, únase, jajaja! *—Rair se une al ataque.*

*—Keo, en su mente:* "El propósito es que se unan todos. Jajaja".

*—Keo aumenta la dificultad al máximo: pone un millón de maniquíes, hace que las casas se pongan de pie para atacar y provoca un terremoto de categoría 5. —Todos salen volando.*

**(Dunkel)** —¡AAAAAAAAAAA! *—Erik procede a gritar como niña.* **(Keo)** —¡Jajajaja! Vamos, ustedes pueden.

**(Death)** —Nunca ganaremos si no unimos todos nuestros poderes. ¡Vamos!

*—Mientras todos se caen, comienzan a juntar sus poderes: Chris, Yessi, Belis, Teris, Yoris, Lina, Lozir, Rumplis, Rebeka, Lirais, Sirik, Erik, Darkly, Dunkel, Death, Samantha, Cristfer, Brik y Rair.*

*—Crean un poder tan fuerte que terminan destruyendo toda la ciudad y los maniquíes.*

**(Keo)** —¡Esooo, lo lograron! **(Lility)** —Fue fácil, ¿verdad? **(Belis)** —¿¡Fácil!? ¡¿Están locos?!

**(Keo)** —Bueno, todo es parte del entrenamiento, no se enojen. Esa ciudad sí existe, pero está al norte, no al sur, jajaja. Creé una falsa en el sur con mi varita mágica para así engañarlos y hacerles un ataque sorpresa. **(Rumplis)** —¡Wow! Entonces fue tremenda broma, jajajaja.

**(Dunkel)** —No me lo esperaba, jajaja. Te volviste súper fuerte. Creo que ya estamos listos para atacar a Canibalismo.

**(Cristfer)** —¡Ehhh! No sin antes ir a mi mundo a entrenar también.

**(Chris)** —Cierto, nos falta un entrenamiento, pero estamos súper cansados. **(Rumplis)** —No se preocupen.

*—Rumplis les prepara una poción de energía sabor a café a todos.* **(Belis)** —¡Siii! :D

*—Todos se toman su poción de energía.* **(Cristfer)** —Bueno, ¿entonces ya podemos ir a mi mundo? **(Todos)** —¡Siii! *—Cristfer los lleva a todos a su mundo y los entrena.*

**Capítulo 2-9: Listos para atacar, pero... ¿en dónde estará?**

**(Keo)** —Uff, el mejor entrenamiento que he hecho. Bastante relajado, la verdad. **(Erik)** —Sí, sí, muy bueno.

**(Sirik)** —Bueno, pero ahora, ¿cómo encontramos a Canibalismo? Seguro está atragantándose miles de mundos, jajaja.

**(Keo)** —Cierto. **(Yessi)** —Mmm... algo que se me ocurre es ir a su mundo anterior a ver si lo encontramos.

**(Dunkel)** —Va, va, llevaré personas para que hagan una cabaña donde podamos hospedarnos mientras investigamos dónde está. **(Keo)** —Buena idea.

**(Rebeka)** —Ya tenemos nuevos poderes para poder atacar.

**(Rumplis)** —En su mundo no hay absolutamente nadie. Sentirán un silencio perturbador. Me aterra pensar que estaremos en un lugar así, jajaja, pero bueno, hay que hacerlo. **(Lirais)** —Solo se pone un poco de música y ya.

**(Yoris)** —La música hace eco. Ojo, es buena idea. Podría funcionar para así atraer a Canibalismo, si es que sigue en su mundo. **(Teris)** —Pero investiguemos el castillo primero.

**(Keo)** —Vale. **(Lozir)** —¡Vamos ya, jajaja! *—Todos se teletransportan al mundo de Canibalismo.*

**(Keo)** —Qué silencio tan horrible. **(Dunkel)** —Acá pondremos la cabaña.

*—Los demás exploran dónde podría estar Canibalismo mientras se monta la cabaña.* **(Keo)** —Wow, ya está hecha. **(Lility)** —Parece una mansión de madera, jaja.

**(Death)** —Sí, sí, está hermosa. ¡Quiero la habitación de arriba, jajaja!

**(Samantha)** —¡Siiii, la de arriba es la mejor!

**(Erik)** —¿Y esa casita de madera aparte? **(Dunkel)** —Esa es la premium, esa es para mí y Rebeka. **(Erik)** —¡¿Quéeeeeeeeeee?!

**(Darkly)** —¿Dejaron la mejor para ustedes? **(Dunkel)** —Na, broma, jajaja. Esa casita son los baños.

**(Keo)** —Oh, bueno, así es mejor. La casa grande tiene más espacio. Es buena idea.

**(Dunkel)** —Exacto. Mientras tanto, vamos adentro que se está haciendo de noche y hace frío.

**(Chris)** —Sí, sí, vamos. Les haré café. **(Cristfer)** —¿Café? ¿Cómo vamos a dormir entonces?

**(Chris)** —Cierto, jajaja. Entonces, un té negro. **(Cristfer)** —Va. **(Rumplis)** —Jiji, jiii.

*—Dunkel abre la puerta. De repente...* **¡Splashhhh! (Keo)** —¡AAAAAAA, MI ROPA!

**(Death)** —¡Puaj, cómo apesta esto! *—A Rebeka le da náuseas.* **(Dunkel)** —¿Qué demonios fue eso?

**(Rumplis)** —¡JAJAJAJAJA! Mi broma fue perfecta, jajaja. Mezclé agua con frutas vencidas para que agarrara ese mal olor. **(Todos)** —¡RUMPLIS!

*—Le dan una paliza.* **(Rumplis)** —¡AAAAAAAAAAAAH! *—Es de noche y todos duermen tranquilos. —Pero por la madrugada...* **¡BUUUUM!** *—Explota la casa mini.*

**(Keo)** —¿Qué fue eso? **(Yessi)** —¿Y ese ruido raro? **(Lozir)** —A ver, iré a investigar.

*—Cuando ven al Destructor...*

**(Monstruo Destructor)** —¡Ustedeessss! ¡Ajajaja! ¡Los encontréeee! ¡Ahora los voy a matar! ¡Esta vez no fallaréeee!

**(Keo)** —¡Cuidado, atacaaa! *—Empieza una lucha extrema. Keo y Lility usan ataques poderosos juntos para poder matar al monstruo Destructor, aliado de Canibalismo.*

**(Monstruo)** —¡Ajaja! Esquivé tu ataque, Keo. Nunca podrás matarme si sigues tan confiado en tus poderes. *—Un rayo le da en el pecho.*

**(Monstruo)** —¡Aaaaaaaaaaa! **(Erik)** —Ah, pero este no lo esquivas, ¿eh? **(Lina)** —¡Asfixius! *—El ataque asfixia al monstruo, pero este sigue vivo.*

**(Monstruo)** —Ese ataque no es gran cosa comparado con mi gran poder. *—Desata todo su poder. La realidad se vuelve un caos; todo se deforma.*

**(Dunkel)** —¡Keo, hagamos un ataque en cadena! **(Keo)** —¡Imposible! Death, Lility, Lirais, Samantha y Lozir están todos al otro lado.**(Dunkel)** —Entonces vamos nosotros y los de este lado.

*—Hacen un ataque en cadena, y el monstruo no logra esquivarlo. El ataque es tan fuerte que el monstruo termina rompiéndose en cinco pedazos.* **(Keo)** —¡Jajaja! Esa sí que no la esquivó ese inútil.

*—De repente se abre un agujero, y todos caen, teletransportándose a otro mundo.*

*—Caen todos del cielo.* **(Todos)** —¡Aaaaaaaaaaaaaaaaaa!

**(Keo)** —¡Esta caída nos va a matar por la gravedad! *—Hace magia para que todos caigan de forma súper lenta.*

**(Death)** —Mucho mejor. Wow, al menos esta vez es una ciudad más hermosa.

**(Brik)** —De hecho, es mi ciudad, ajaja. **(Death)** —¿¡Quéeee!?

**(Erik)** —Ha cambiado bastante. El cielo se descontaminó, ya no hace tanto calor, no luce peligrosa.

**(Brik)** —Todo eso gracias a los tres grandes economistas más poderosos: Tru Don, Mili Je y Bli Nayi. **(Dunkel)** —Han hecho un muy buen trabajo.

**(Brik)** —Uno se encarga de la seguridad, otro de los problemas migratorios y uno de la economía. Juntos forman el equipo perfecto. **(Keo)** —¡Wow, ya me dieron ganas de conocerlos, jajaj!

**(Brik)** —Casi siempre están ocupados, la verdad, no los he visto en persona. **(Rebeka)** —Oh.

**(Lility)** —¿Y ahora qué hacemos? ¿Cómo se supone que encontremos a Canibalismo? Ni una pista quedó.

**(Cap 2-8 Utilizando Pensamiento Lateral)**

**(Keo)** —Esto será muy, muy difícil, a ver cómo lo resolveremos.

**(Sirik)** —¿Por qué no tratan de usar un poco de pensamiento lateral? **(Dunkel)** —¿Qué es el pensamiento lateral?

**(Sirik)** —Es una técnica para resolver problemas utilizando la imaginación. El pensamiento lateral nos acompaña a lo largo de la vida en muchas cosas. Muchos grandes inventos fueron creados a través del pensamiento lateral, así como casos resueltos, etc...

**(Belis)** —Suena interesante. A ver, deja pienso... Mmm... Canibalismo no está en su hábitat natural, o sea, su mundo. Por lo tanto, debe estar destruyendo otros lugares donde haya muchos humanos, ya que ese es su platillo favorito. **(Sirik)** —Exacto. A ver, ¿quién más quiere intentar?

**(Erik)** —Canibalismo puede estar en un lugar muy alegre, porque él odia la felicidad. Lo más probable es que haya destruido todo.

**(Keo)** —Lo más probable es que ande destruyendo otro mundo y ahora irá a destruir ese mundo tan feliz, ya que para él sería como la cereza del pastel.

**(Death)** —Entonces, mientras destruye ese mundo, está pensando en el último lugar que va a destruir durante el día de hoy o el día de otros mundos. **(Lility)** —O su propio tiempo.

**(Samantha)** —O su propia técnica de devoramiento. **(Rair)** —O él tiene todas esas formas combinadas. **(Chris)** —Y quizás su hambre esté aumentando cada vez más y más.

**(Rumplis)** —¿Cuál podrá ser ese lugar?

**(Todos)** —¡ELFISLAND! **(Keo)** —¡A las 7! **(Erik)** —¡A las 6! **(Dunkel)** —¡A las 11 p.m.! **(Rebeka)** —Quizás por la madrugada. **(Keo)** —¡NO SE DIGA MÁS, VAMOS! —Y así, todos van a Elfisland.

**(Keo)** —Este es el lugar donde vendrá... —le avisa a los ciudadanos de Elfisland. **(Keo)** —Vamos a preparar la ciudad para el ataque.

**(Belis)** —¡Imposible! Esta ciudad es tan pacífica que es la más reconocida de todos los mundos por su seguridad. Si ponemos armas, vamos a asustar a los ciudadanos.

**(Keo)** —Mmmm, entonces tengo una idea mejor. Todos juntemos nuestros poderes y hagamos un domo que cubra todas las ciudades de Elfisland. **(Dunkel)** —Vale. **(Rumplis)** —Bien.

**(Cristfer)** —Con mi entrenamiento y el de Keo, nos da poder y nos sobra, así que a trabajar.

—Y de esta forma, logran crear domos para cubrir todas las ciudades.

**(Sirik)** —Y utilizando pensamiento lateral, ¿qué deben hacer?

**(Todos)** —¡Camuflajearlo todo con árboles para que no se note que existe una ciudad!

**(Sirik)** —Exacto, entonces pónganse a trabajar. **(Keo)** —¡Vamos!

—Y así empiezan a personalizar los domos para que no se note ninguna presencia humana.

**(Lina)** —Ahora sí podremos utilizar nuestros poderes sin que los ciudadanos lo noten.

**(Rair)** —Tengo una idea muy brillante. Hagamos una ciudad fantasma. **(Keo)** —¿Qué es eso?

**(Rair)** —Una ciudad falsa para que Canibalismo piense que ahí están los humanos y venga a atacar. Así lo podremos acorralar y atacarlo.

—Empiezan a construir la ciudad fantasma, que tarda unas 6 horas con sus superpoderes.

**(Keo)** —Bueno, se ve bastante realista de lejos. Jajaja, a lo mejor tarda en darse cuenta.

**(Sirik)** —Han hecho buen uso de su pensamiento lateral. Recuerden que es tan importante como el que usamos comúnmente.

**(Sirik)** —Ahora espero que Canibalismo no se dé cuenta de nada de lo que hicimos. Bueno, descansemos un poco, ando súper agotado. —Se duerme en el piso. —Mientras tanto, en otro mundo muy lejano...

**(Canibalismo)** —Oye, humano, si quieres vivir, dime dónde está el mundo más seguro y más hermoso de este planeta. ¡Lo destruiré como le hice a este! **(Persona)** —Es... es... Elfisland...

**(Canibalismo)** —¡Perfecto! Te ganaste una muerte sin dolor. —Se lo traga vivo.

**(Canibalismo)** —¡Perfecto, pronto iré... AJAJAJAJAAAHHH! —En Elfisland...

**(Keo)** —Tengo una idea, ¿y si llenamos la ciudad de dinamita? Así, cuando venga Canibalismo, explotará y a lo mejor muere. Será una fuerte explosión, pero asustará a los ciudadanos para que no piensen en salir ni por nada del mundo. **(Dunkel)** —Buena idea, con mi magia traigo las dinamitas.

—Hace magia y trae un arsenal completo de dinamitas.

**(Dunkel)** —Bien, ahora llenen los edificios con dinamitas, así explotará Canibalismo en mil pedazos.

**(Yessi)** —Vale, y si revive, lo dormimos con nuestros poderes.

**(Teris)** —Hacemos una combinación súper fuerte de poderes y listo, jajaja. **(Chris)** —Muy buena idea.

**(Cristfer)** —Vale, entonces vamos a trabajar en equipo.

—Y así llenan la ciudad con suficiente dinamita como para explotar a Canibalismo en mil pedazos.

**(Keo)** —Muy bien, en caso de que siga vivo, no duden en atacar. **(Sirik)** —¿Y si sigue vivo y tiene algún as bajo la manga?

**(Keo)** —Mmm, en ese caso, nos toca correr, jajaja.

**(Sirik)** —¿Quéeee? Pero Keo, ¿cómo se te ocurre decir algo así? **(Keo)** —Bueno, no nos queda de otra.

—Keo en su mente: *La sorpresa que se van a llevar, jajaja.*

**(Keo)** —Entonces, ya saben, si el plan no sirve, corramos y me siguen. Así alejamos a Canibalismo de todas las ciudades. **(Erik)** —Vale, hay que hacerlo.

**(Yoris)** —Espero que salga hecho pedazos ese malvado monstruo come humanos y destruye mundos.

**(Sirik)** —Ya son las 11 a.m. Si todo sale de acuerdo con el pensamiento lateral, estaremos acá justo a tiempo y lo podremos derrotar.

**(Keo)** —En caso de que no venga, tendremos que buscarlo mundo por mundo. A lo que viene, quiero hacerle una pregunta a Brik. **(Brik)** —Ajá, ¿qué quieres saber, amigo?

**(Keo)** —¿Cómo es que cada vez que derrotamos un monstruo súper fuerte, aparecemos en tu ciudad?

**(Brik)** —Se debe a un vínculo que hice con el destructor de mundos y otros monstruos. Como mi ciudad era la más peligrosa, al igual que mi mundo, pues así los humanos que caían morirían rápido. Lo único es que cuando el destructor de mundos murió, el poder no se fue, cosa que es medio rara, la verdad. Pero bueno, por lo menos ahora caemos en una ciudad segura y libre de crimen, jajaja. **(Death)** —Cierto. **(Erik)** —Sí, sí. **(Darkly)** —Hell City también fue restaurada por los economistas. Podríamos ir un día a ver su recuperación.

**(Dunkel)** —La ciudad que hace tiempo no visito es Tecris City.

**(Rebeka)** —¡Sí! Hace mucho tiempo que no vamos, jajaja, ¡décadas! **(Dunkel)** —Tenemos que ir.

**(Samantha)** —Oigan, ¿qué es esa bola roja cayendo del cielo?

**(Lozir)** —¡CORRAN! ¡ES CANIBALISMO! **(Dunkel)** —¡Nooo, vámonos de acá!

*Se van todos a un lugar lejos para ver cómo muere Canibalismo. De repente...*

*Cae Canibalismo en el centro de la ciudad falsa y todo explota. BUUUUUM.*

**(Canibalismo)** —¡Humanos malditos! ¡ME LOS VOY A COMER! **(Keo)** —¡Sigue igual, solo que un poco gordo! ¡ATAQUEN!

*Todos empiezan a atacar a Canibalismo con sus poderes.*

**(Canibalismo)** —¡Sus poderes son inútiles contra mííí!

*Les devuelve el ataque y el ataque golpea a todos.*

**(Rumplis)** —¡AAAA! ¡Mi rodillaaaa! **(Lirais)** —¡Auch, mi cabeza! ¡Cayí encima de tu rodillaa!

**(Death)** —¡Me duele el estómago! *Vomita sangre.* **(Canibalismo)** —¡Me los comeré aaaaahora mismo, inútiles!

*Le sale una boca enorme en su rostro y otra boca enorme en su estómago.*

**(Canibalismo)** —¡Prepárense para ser devorados!

*Activa todo su poder.* **(Keo)** —¡CORRAN! ¡No sé por qué mi varita no le hace nadaaa! ¡AAAAAAAA!

**(Canibalismo)** —¡Aunque corran, soy invencibleeee!

**(Keo)** —¡Mátalo!

*Lanza un poder, pero Canibalismo lo esquiva y le da una patada tan fuerte a Keo que lo lanza volando.* **(Dunkel)** —¡Hijo! *Hace magia para que Keo caiga lentamente.*

**(Keo)** —¡Corran, síganme! Aunque Canibalismo sea veloz, no nos podrá atrapar si uso mi poder.

*Usa el poder de velocidad para todos y todos corren siguiendo a Keo.*

**(Canibalismo)** —¡Jajaja, parecen rajieros corriendo huyéndole a la muerte! ¡¿Por qué no quieren ser devorados?!

**(Keo)** —¡Corre a la zona del agujero con ácido para matar a Canibalismo!

**(Keo)** —¡Ya estamos cerca! **(Darkly)** —¿Cerca de qué? **(Keo)** —¡Cuidado! ¡Frenen!

*Todos se detienen.* **(Keo)** —¡Vengan, síganme! ¡Acá hay un agujero con ácido donde Canibalismo caerá y será aniquilado y disuelto por el ácido!

**(Sirik)** —¡Wow, tenías tremendo as bajo la manga, jajaja! **(Keo)** —Pues sí, la verdad.

**(Canibalismo)** —¡Jajaja, qué tontos, ¿qué hacen ahí parados?! ¿Piensan atacarme?

*Se resbala y cae en el agujero con ácido.* **(Keo)** —¡Síiiiiiii...!

**(Capítulo 2-10: Canibalismo el indestructible)**

*Pasan los minutos y de repente... ¡Buuuum!*

*Sale Canibalismo intacto.*

**(Canibalismo)** —¡Qué tontos son, pensaron que me iban a matar con ácido!

**(Keo)** —¡AL ATAQUEEEE! ¡USEN TODOS SUS PODERES, CANIBALISMO MUERE HOY!

**(Erik)** —¡Va! *Erik lanza un poder anti-esquivamiento que deja a Canibalismo sin posibilidades de esquivar.*

**(Canibalismo)** —Aún así, puedo matarlos a todos, ¡qué tontos son!

*Patea a Sirik.* **(Sirik)** —¡Aaaaaaaaaa!

**(Lozir)** —¡Usen los poderes de dormir de una vez! **(Yessi)** —¡Vamos! *Yessi, Teris, Yoris y Lina utilizan sus poderes de dormir.*

**(Canibalismo)** —¡Ajajajaj, eso no me hizo nad...! *Cae en un profundo sueño.* **(Keo)** —¡Venga, vamos a dar todos nuestros ataques! *Todos empiezan a atacar con su máximo potencial.* **(Canibalismo)** —¡Aaaaaa! **(Dunkel)** —¡Ataquen en la lengua, mi ataque le hizo daño! **(Keo)** —¡Enseguida!

*Todos empiezan a atacar a Canibalismo en la lengua.*

*Canibalismo intenta cerrar sus dos bocas, pero Samantha le lanza un ataque paralizante para que no pueda ni hablar.* **(Yoris)** —¡Délenselo, no dejen que escape! **(Teris)** —¡Hagamos ataque en cadena!

*Todos preparan sus poderes para la cadena, pero Canibalismo sale corriendo.* **(Canibalismo)** —¡AAAAAAAAH!

**(Keo)** —¡Túmbenlo con magia, así es más fácil de atacar! *Proceden a tumbarlo.*

*Canibalismo se cae.* **(Rebeka)** —¡Ahora ataquen y no se detengan ni de chiste!

**(Rumplis)** —¡Bomba de magia en la lengua! *¡Buuuumm! Canibalismo sale volando hecho pedazos.*

**(Keo)** —¡¿QUEEEE?! ¡HEMOS GANADOOOOOOOOOOOO! **(Rebeka)** —¡Síiiiii!

**(Lility)** —¡Logramos derrotar una entidad super poderosa! **(Belis)** —¡Qué orgulloso me siento de todos ustedes y de mí mismo, jajaja!

**(Chris)** —¡Literal!

**(Cristfer)** —¡Esto hay que celebrarlooooo! **(Death)** —¡Sí, sí, yo preparo los tacos! **(Yessi)** —¡No, yo los hago con una receta secreta!

**(Death)** —Bueno, si quieres, te ayudo. **(Brik)** —¡Yo cantaré! :D

**(Keo)** —¡Sí, pero cuídate de las fans de Elfisland, ajajaj! *Cuando todo parecía color de rosa y felicidad, de repente...* **(Keo)** —¡Oigan, el cielo se puso rojo, qué raro!

**(Erik)** —¿Qué será eso? *Empieza a llover mucha sangre.* **(Darkly)** —¡Aaaaa! ¿¡Qué está pasandoooo!?

**(Liralis)** —Algo me dice que Canibalismo no ha sido derrotado del todo...

*De repente, cae agua más fuerte, más lluvia y más, y se empieza a formar una pequeña charca donde se ve saliendo carne podrida que va agarrando forma poco a poco.*

**(Canibalismo)** —¡He vueltoooo! *Les lanza un ataque super poderoso.* **(Keo)** —¡Aaaa, esquiven!

**(Canibalismo)** —Quizás ahora no esté tan fuerte, pero aún así puedo derrotarlos, ¡jajaja! **(Keo)** —¿Seguro?

*Le lanza un ataque anti-materia. Canibalismo abre la boca y se lo come.* **(Canibalismo)** —Ñam, ¡qué bueno sabe!

*Vomita el ataque anti-materia y le da a Keo. Keo se empieza a deformar.*

**(Dunkel)** —¡Nooooo, mi hijooo! *Agarra la barita de Keo y intenta curarlo, pero la varita se sobrecalienta, causándole quemaduras graves en la mano de Dunkel.* **(Dunkel)** —Aún así no te soltaré.

*Mientras Canibalismo ataca a los demás, Dunkel intenta usar el poder de la barita de nuevo, esta vez lo logra.* **(Dunkel)** —Ahora sí tengo parte del poder.

*Cura a Keo.*

**(Keo)** —¡Casi muero! ¡Gracias, padre! **(Dunkel)** —Levántate, hijo, es hora de pelear. *Le da la barita.* **(Keo)** —¡Canibalismo, hoy será tu fin, te guste o no!

**(Canibalismo)** —Eso ya lo veremos. *Todos empiezan a atacar.*

**(Canibalismo)** —¡Jajaja! ¡Aun con el poco poder que me queda, son todos unos debiluchos!

**(Death)** —¡Cállate!

*Brik, Death, y Samantha lanzan un poder de pesadilla a Canibalismo, pero Canibalismo lo esquiva.*

*Rumplis y todos combinan un poder junto con Keo para poder acabar de una vez con Canibalismo.*

**(Canibalismo)** —Mmm, ya veo que empiezan a usar la cabeza de una vez.

*Se empieza a formar una burbuja enorme de poder.*

**(Keo)** —¡RESISTAN! **(Death)** —¡AAAAA! **(Erik)** —¡Me duele el brazoooo!

**(Dunkel)** —¡Vamos, no se detengan! **(Lility)** —¡Ánimo! **(Rair)** —¡No se den por vencidos! **(Lina)** —¡Exacto, sigan!

*Forman una burbuja enorme. Sirik lanza un ataque inmovilizador a Canibalismo, y luego le lanzan la mega burbuja. ¡Buuuumm! ¡Explosión enorme!*

**(Keo)** —¡Aaah, ya estoy super cansado! *Se toma una poción de energía.*

*Canibalismo sale hecho pedazos de nuevo.*

*Pero de repente... Se empieza a formar un Canibalismo más delgado y débil.*

**(Canibalismo)** —Quizás sea más delgado y débil, pero eso no quita mi deseo de comérmelos vivos y arrancarles sus cabezaaaas!!!

**(Keo)** —¡Otra vez! **(Lility)** —¡Al ataqueeee! *Canibalismo ahora es mucho más rápido, pero más débil.*

*Brik lanza un poder de fuego para quemarlo, y Canibalismo no lo esquiva.*

**(Keo)** —¡Lanza un poder anti vida! **(Canibalismo)** —¡AAAAAAAAAAAAAAaaaaaa!

*Se empieza a hacer polvo mientras se quema, y sus átomos se desvanecen.*

**(Canibalismo)** —¡Me los comeré a todoooooooosssssss...!*

*Muere y desaparece.* **(Rumplis)** —¡Victoriaaaaa! **(Rebeka)** —¡Siiiiiii!

**(Lirais)** —¡Hemos ganado! **(Cristfer)** —¡Al fin lo logramos! **(Rair)** —¡Esta vez sí hay que celebrarlo! **(Keo)** —Primero quitemos los domos de todas las ciudades. **(Dunkel)** —¡Ah, cierto, tenemos trabajo aún!

*Se van a todas las ciudades a quitar los domos.*

**(Keo)** —¡Ufff, menos mal, ahora la ciudad está más tranquila! **(Sirik)** —Sí, sí, pero ni le has avisado a los ciudadanos que salgan. **(Keo)** —¡Cierto! *Le avisa a todos los ciudadanos que ya es seguro.* **(Keo)** —¡Ahora sí, jajajaj!

**(Capítulo 2-11: Una fiesta para celebrar)**

**Ciudad Tecris**

**(Keo)** —Qué bueno que hemos derrotado a eso, ¡wow, padre! Tu ciudad natal sí que es hermosa.

**(Dunkel)** —Sí, aunque en el pasado estaba dividida entre una zona rica y una zona pobre. La zona pobre era puro caos, a veces hasta el gobierno corrupto secuestraba personas para después comérselas.

**(Erik)** —¡Oh, qué buenos recuerdos, jajaja! **(Lozir)** —Sí, sí, a pesar de que era un caos, siempre nos la pasábamos bien. **(Rebeka)** —Esta ciudad ha cambiado mucho, me gusta más ahora.

**(Brik)** —¡Wow, ya me dieron ganas de comprarme una propiedad acá, jajaja!

**(Death)** —Sí, pero cuidado que no te asalten tus fans, jajaja.

**(Brik)** —Eso sí, debo tener cuidado porque hasta de este mundo tengo fans.

**(Darkly)** —¡Súper famoso! **(Cristfer)** —Lo que me hubiese perdido si no hubiese ido con ustedes. **(Keo)** —¡Jajaja, sí!

**(Dunkel)** —Por eso es bueno salir a otros mundos de vez en cuando, así ves cosas nuevas y descubres más.

**(Rair)** —¡Estoy súper feliz, jajaja! Tengo ganas de salir a explorar.

**(Erik)** —Sí, puedes, ahorita vamos todos. **(Darkly)** —¡Sí, sí, quiero ver tu ciudad, Erik!

**(Rebeka)** —Bueno, jajaja, vamos a celebrar primero. *Se van todos a un hotel de 10 estrellas.*

**(Keo)** —¡Wow, qué bonito se ven los edificios desde acá! **(Erik)** —Sí, sí, la mejor vista, ahijado.

**(Lozir)** —¡Jajaja, quiero volar por toda la ciudad como lo hacía antes! *Empieza a volar porque se emociona.* **(Sirik)** —¡Pónganse un buen heavy metal!

*— Empieza la buena música y todos comienzan a jugar, hablar y comer muchos dulces. —*

**(Samantha)** —Hay tantos dulces que si me los como todos me dará la diabetes de mi vida.

**(Death)** —¡NOOOO! No te los comas todos. Mira, la zona de carnes está interesante, ¿vamos? **(Samantha)** —Oka. **(Lility)** —Hay muchos libros en este hotel, ¿de casualidad se pueden comprar o llevar?

**(Rebeka)** —Bueno, por algo este hotel es de 10 estrellas. Todo lo que nos dieron nos lo podemos llevar, así que aprovechen para cuando salgamos, jajaja.

**(Keo)** —¡Amigos, amigos, miren! *Abre la enorme ventana y dispara fuegos artificiales con su varita.*

*Todos se quedan impresionados.*

**(Todos)** —¡Woooow, qué bonitos! **(Teris)** —Espero recordar este día para siempre. **(Chris)** —Igual. **(Belis)** —Bueno, mientras tanto aprovecho y me como lo que vea, jajaja.

**(Cristfer)** —¡Ufff, pastel rosado! Bueno, este lo como... siempre mejor pruebo el negro, ¡wow, sabe muy bueno!

**(Brik)** —¿Verdad que sí? **(Rair)** —Amo este lugar, espero que estemos un buen tiempo, jajaja.

**(Dunkel)** —Sí, sí, nos quedaremos unos 5 días. **(Rair)** —¡Quéeee! *Empieza a gritar y a saltar de felicidad.*

**(Cristfer)** —¡Jajaja, yupiii! *Brinca también.* **(Keo)** —Me dieron ganas de brincar.

**(Rumplis)** —¡A mí también! *Todos empiezan a brincar y luego hacen una pelea de almohadas. Todos la pasan súper bien.* **(Erik)** —Veamos una peli de terror.

**(Todos)** —¡Síiiii! *Erik prende la enorme TV de pantalla de cine.* **(Erik)** —Esto va a estar buenísimo.

*Pone una película de terror basada en uno de sus libros de literatura de terror.*

**(Erik)** —¡Wow, esta adaptación de mi libro me encanta! **(Keo)** —¡Está brutal! **(Lility)** —¡Calidad 4K, jajaja! **(Death)** —:0 ¡Muchos monstruos malos! **(Rumplis)** —Iré a hacer las palomitas.

**(Yessi)** —Yo voy contigo con mi receta de caramelo, ¡de seguro quedarán buenísimas! **(Tecris)** —Yo ayudaré a preparar las bebidas.

**(Yoris)** —Yo haré gusanitos de goma ácidos para acompañar con las palomitas. :D

**(Lina)** —Bien, yo les leeré un cuento a todos antes de dormir. :D

*Y así, todos pasan la noche muy felices, en paz y tranquilidad, demostrando que si tus días son graves, lucha para que no lo sean. Y cuando triunfes, sé feliz y celebra.*

**Fin...**

**(Narrador)** —Este tampoco es el fin de la historia. Como verán, ha sido muy corta pero bastante interesante. Y bueno, espero que continúe...

**Capítulo 3-1: Milenios atrás**

En un lugar muy lejano de otros mundos y en el pasado... — *Pum*, un golpetazo.

**(Hombre enojado)**: ¡Levántese y váyase a la escuela! **(Brik)**: ¡Enseguida! — Brik se viste y prepara todo para irse.

**(Brik)**: Todos los días tengo que irme caminando a clases, ya estoy harto.

**Mente de Brik**: Todos los días mi padre me golpea, llega borracho a casa y no hay nada que pueda hacer. Siempre golpea a mi madre, la pone a cocinarle a él y a sus inútiles amigos. También mi madre me golpea a mí por cualquier cosa. Yo nunca puedo hacer nada al respecto ando harto harto hartoooo!!! ENOJADO!!! ni tansiquiera me aceptan como son solo mis amigos me aceptan!!! Son lo unico que tengo MALDITASEA MALDITA VIDA LA ODIO. * La mente de Brik es un caos aveces le dan fuertes dolores de cabeza por sobre pensar tanto *

— Brik llega cansado a la escuela, casi deshidratado. **(Un chico)**: Oh, Brik, ¿cómo andas? **(Brik)**: Muy mal. **(Chico)**: Ya veo... mm, ¿quieres un poco de agua? **(Brik)**: Sí, te lo agradecería mucho. **(Brik)**: Amigo, ¿por qué tienes tanta sangre? **(Chico)**: Mi padre me rompió una jarra de vidrio en la cabeza y me terminé cortando. Estaba muy apurado por ir a la escuela. **(Brik)**: Igual mira... —Le muestra sus heridas. **(Chico)**: Qué mal... **(Brik)**: Este mundo es súper inseguro. Nadie hace nada justo y vivimos en una sociedad abusiva. Ya estoy harto, y de los bullying también.

**(Aziel)**: Ya quiero irme en serio, pero no sé cómo escapar de este infierno.

**(Brik)**: Tenemos que aprender a usar poderes o algo. Bueno, vamos a limpiar nuestra sangre antes de entrar al salón.

— Se limpian con un paño y el agua que queda. **(Brik)**: Las paredes también tienen sangre, jaja.

**(Aziel)**: Esas siempre están así.

**(Brik)**: Bueno, tengamos cuidado con los bullying, que esos sí que son malos, y el sistema inútil no hace nada.

**(Aziel)**: Eso sí. **(Brik)**: Bueno, vamos ya. — Mientras tanto, la clase es tan horrible y poco efectiva que Brik y Aziel ya no soportan un día más.

**(Brik)**: Cuatro clases súper malas. **(Aziel)**: Y lo que nos espera si no pasamos con A y nos mandan al ejército.

**(Brik)**: Preferiría estar en el ejército antes de volver a soportar hasta golpes por parte de los maestros.

**(Aziel)**: El ejército es peor, es el infierno en vida. Nosotros vinimos a este mundo para sufrir, no hay nada que podamos hacer al respecto.

**(Brik)**: No digas eso, siempre podemos hacer algo al respecto en esta sociedad tan hostil.

**(Aziel)**: Cierto. Bueno, aprovechando esta hora libre, ¿y si nos escapamos y robamos un poco de comida? ¡Ya que ni eso dan, jajaja! **(Brik)**: ¡Vamos! :D

— Se van al pueblo a robar comida. **(El poli)**: ¡Aaaaa, malditos mocosos, atrápenlos! **(Brik)**: ¡Corre, correee!

**(Aziel)**: ¡Jajajaja! ¡Tenemos mucha comida y dulces de los hijos del alcalde, qué emoción! :D

**(Brik)**: ¡A comer! Jajaja. **(Aziel)**: ¡Cuidado, un poli sacó su arma! **(Brik)**: ¡Prende el turbo, jajaja!

— Corren muy duro y van hacia las montañas.

**(Brik)**: Uff, menos mal que no nos atraparon como el año pasado, llegué a la escuela con mil moretones.

**(Aziel)**: Sí, esos polis son violentos, hasta con ellos mismos, es raro, ¿no? Nosotros somos los únicos dos que no nos peleamos entre nosotros ni nada.

**(Brik)**: Eso sí, los demás son anormales. **(Aziel)**: ¡Qué buena está la comida de los ricos, jajaja! **(Brik)**: Este es nuestro pan de cada día.

— Comen y hablan un rato. Luego van a la escuela para las últimas clases.

— Después de las últimas y peores clases... **(Brik)**: No quiero ir a casa. **(Aziel)**: Yo tampoco. **(Brik)**: Ya sé, ¿y si vamos con nuestro otro amigo, Jeirk? **(Aziel)**: Cierto, de seguro ya salió de su escuela también. ¡Vamos! — Se dirigen hacia allá. **(Brik)**: ¡Amigoooo! **(Jeirk)**: ¡Hola, bros! ¡Cómo me alegra verlos!

(Jeirk Azbani)

**(Aziel)**: ¡Sí, sí!

**(Jeirk)**: Llevo todos los días triste porque nunca hablo con nadie. Quisiera estar en la escuela de ustedes.

**(Brik)**: ¡Sí, sí! Seríamos 3 y podríamos combatir a los bullies. Qué suerte que hoy no vinieron, jajaja. **(Aziel)**: ¡Exacto! (Jerik) oye chicos escucharon la nueva ley que pondran la semana que viene ? (Brik) cual Ley ? (Jeirk) Es una nueva ley que dice que los estudiantes deveran llevar el corte de cabello de su lider tanto hombres como mujeres (Brik) QUEEEEEEEEEEE HIJO DE #($* (Aziel) ES UN C@B#$% (Jeirk) asi es (Brik) oh no esto es grave NOOOOOOO!! (Aziel) QUE HORROR!!! YA NI PERSONALIDAD DEJAN TENER LOS HIJOS DE P#*@*$ (Brik) AAAAA GENTE YA SE TENGO UNA IDEA (Jeirk) cual ?

**(Brik)**: Amigos, ¿no creen que sería buena idea independizarnos los 3?

**(Aziel)**: Es muy difícil, además el salario mínimo en este mundo es muy bajo. No nos daría para comprar un apartamento. Si tuviéramos uno, nos daría para pagar la renta, pero como no tenemos, no nos queda de otra.

**(Jeirk)**: Amigos, ¿y si emprendemos? **(Brik)**: ¡Buena idea! **(Aziel)**: Sí, pero tenemos que tener cuidado de que el estado no nos robe la empresa. **(Jeirk)**: Vendemos en zonas seguras pero con pocas personas y guardamos el dinero que vayamos ganando. **(Aziel)**: ¿Cómo conseguiremos los productos y el dinero? **(Brik)**: Cierto, no lo había pensado antes. **(Brik)**: Es que no sé, ya no quiero ir a casa. Sufro demasiado, y esta es la única ropa que uso todos los días.

**(Brik)**: Sigo sangrando. **(Aziel)**: No tengo vendas ni nada. **(Jeirk)**: Ten. *Le da un pedazo de su venda.* **(Aziel)**: Esto sirve. -*Le pone la venda a Brik*-. **(Brik)**: Gracias, amigos.

**(Jeirk)**: Ya sé una forma posible de ser independientes. **(Brik)**: ¿Cuál?

**(Jeirk)**: En las cuevas del bosque hay muchos tesoros.

**(Brik)**: ¡Nooo! Ese lugar es superpeligroso. Es imposible ir a ese lugar.

**(Jeirk)**: Bueno, es eso o quedarnos como estamos hasta que podamos "irnos", o morirnos, quizás.

**(Aziel)**: Estoy de acuerdo. Podemos buscar armas, ya sé. Vamos a buscar cosas como palos o algo y las afilamos.

**(Brik)**: En el parque de pelota a veces hay bates abandonados, un poco obsoletos, pero sirven.

**(Aziel)**: Bueno, vamos. Si encontramos ese tesoro, a partir de hoy vivimos fuera de este sistema tan malvado.

**(Brik)**: Se me ocurre una idea. ¿Y si pagamos a un entrenador para que nos enseñe magia? Podríamos escapar de este mundo socialista.

**(Jeirk)**: Cierto, cierto. Escuché un rumor de que había un entrenador de magia ilegal cerca de los callejones. Podemos ir a ver cuánto nos cobra. Espero que no sea un estafador.

**(Aziel)**: Sí, eso espero. — Van al parque a buscar los bates. —

**(Brik)**: ¡Miren! Tres bates, uno para cada uno. **(Aziel)**: ¡Siiii! **(Jeirk)**: Bueno, vamos a las cuevas. **(Brik)**: Aún así tengo miedo. ¿Y si aparece un monstruo y nos mata?

**(Aziel)**: Tenemos que correr superduro en caso de que aparezca un monstruo.

**(Brik)**: Bueno, entonces vamos, jaja.

**(Jeirk)**: Ya que estamos más grandes, somos más fuertes. No hay de qué temer. Esta vez sí veremos qué tesoros pueden esconderse ahí y por qué nadie quiere ir.

— Van de camino a lo profundo del bosque mientras atardece. —

**(Aziel)**: Amigos, entremos a esta cueva. Se ve que tiene algo brilloso.

**(Brik)**: ¡Siiii, tesoros! **(Jeirk)**: Vamos con cuidado. — Proceden a entrar a la cueva.

**(Brik)**: ¡Wow, es muy enorme y oscura, jajaja!

**(Jeirk)**: El sol entra un poco, pero ya está atardeciendo. Es mejor que nos apresuremos.

**(Aziel)**: ¡Sí, sí! Miren, sigamos el brillo. — Proceden a seguir el brillo.

**(Aziel)**: ¡Woooow! ¿Miren, están viendo lo que veo? **(Jeirk)**: ¿¡Quéééé!?

**(Brik)**: ¡NO PUEDE SER UN RUBÍ Y MUCHO OROOOO!

**(Aziel)**: ¿Cómo es que nadie ha descubierto esto?

**(Brik)**: ¡Wooow, qué rubí más hermoso! — Lo agarra, pero el rubí se hace polvo y se mete en la nariz de Brik.

**(Brik)**: ¡Aaaaaaa! — Se cae al suelo y empieza a temblar. **(Aziel)**: ¡Nooo! — Lo sostiene. **(Jeirk)**: ¡Briiiiik, no te mueras! — Empiezan a llorar. — — De repente, los ojos de Brik se ponen un rojo brilloso. — **(Brik)**: Bros, me siento bien, qué raro. **(Aziel)**: Pensaba que te ibas a morir. **(Brik)**: Amigos, no lloren, miren, estoy bien.

**(Jeirk)**: ¡Qué susto nos diste! No te arriesgues así.

**(Brik)**: Lo siento, amigos. Bueno, la verdad no sé qué pasó, solo toqué el rubí, se hizo polvo y se me metió en la nariz. — Mientras sucedía eso, el rubí se le cristalizó en el corazón.

**(Brik)**: Bueno, amigos, llevémonos el oro. Me siento bien. **(Aziel)**: Vale, vale.

**(Jeirk)**: Son lingotes grandes, échenlos en sus camisas, mejor así los llevamos como si fuesen sacos. **(Aziel)**: Va, va. — Se llevan los lingotes de oro, pero de repente todo empieza a temblar. —

— Cae una araña enorme al suelo. —

**(Brik)**: ¡Aaaaa! ¡Demonios, corran! **(Aziel)**: ¡AAAAAAA! — La araña los empieza a seguir.

— Jeirk se tropieza al suelo. — **(Jeirk)**: ¡Ayudaaaa! — Aziel y Brik lo levantan y siguen adelante. — **(Brik)**: ¡Miren, estamos cerca de la salida! — La araña bloquea el camino, pero pasan por debajo de ella. — **(Brik)**: ¡Ufff, menos mal que no nos comió en ese instante!

**(Aziel)**: ¡Cuidado, Brik! — Lo jala por la mano. — Cae una roca enorme donde estaba Brik. —

**(Brik)**: ¡Demonios, pude quedar plano! **(Jeirk)**: ¡Casi te perdemos de nuevo, eres muy descuidado, Brik! — Se ríen mientras corren.

**(Aziel)**: ¡Miren, amigos, estamos cerca de la salida!

— Logran salir y la araña no sale. —

**(Jeirk)**: ¡Menos mal que hemos logrado salir, aunque está súper oscuro!

**(Aziel)**: Eso sí. Si quieren, quedémonos en el bosque, estamos tan tarde que no nos conviene ir a casa, si no nos matarán.

**(Brik)**: ¡Ando súper feliz! Ya estamos a punto de salir de este mundo socialista malvado, donde el gobierno obliga a las personas a ser agresivas.

**(Jeirk)**: ¡Sí, sí! Este lugar no es para nosotros, no nos merecemos vivir en estas condiciones.

**(Aziel)**: El problema es que gran parte de los infinitos mundos están gobernados y dominados por el socialismo y las sombras oscuras. Debemos tener cuidado y ver a qué mundo iremos.

**(Brik)**: Eso sí, si vamos con el entrenador de magia y resulta que sí sabe hacer magia, ¡nos salvamos! Pero primero busquemos un apartamento mañana.

**(Aziel)**: Cierto, mañana no hay toque de queda.

**(Jeirk)**: ¡Amigos, miren! La rama de ese árbol es muy gruesa y alta, podemos dormir ahí. Brik, me arroparé con una hoja de estas enormes. — *Agarra tres hojas para los demás* —

**(Brik)**: ¡Tengan, amigos, vamos a escalar! — Tiran las hojas a la rama enorme. —

**(Aziel)**: Bueno, está súper oscuro, pero ese lugar se ve seguro.

— Empiezan a subir y preparan todo para dormir. — **(Brik)**: ¡El oro, amigos!

**(Aziel)**: ¡Ah, cierto, lo dejamos en el suelo!

— Bajan para buscarlo y tirarlo a la rama. — **(Brik)**: ¡Estaba súper pesado, jajaja!

**(Aziel)**: ¡Eso sí, nos agotó más! — Vuelven a subir y se duermen en la rama. —

— Pasa la noche. — **(Brik)**: ¡Amigos, levántense! ¡Miren, salió el sol rojo, jajaja!

**(Aziel)**: ¡Wow, qué hermoso se ve el sol rojo! **(Aziel)**: Sí, sí, amigos... tengo hambre.

**(Brik)**: ¡Noooo, aguanta! Tenemos que ir a la ciudad.

**(Aziel)**: Tengo una idea, ¿y si vamos a la ciudad que queda más por el norte? ¡Ahí nunca hemos robado, así que no tendremos problemas para conseguir propiedad!

**(Brik)**: ¡Siiiiiiiiiiiiiii! **(Jeirk)**: ¡Vamos, amigos! — Caminan hacia el norte. —

**(Brik)**: ¡Hemos llegado! ¡Wow, esta ciudad se ve más bonita, jajaja!

**(Aziel)**: Esta zona no es tan agresiva, así que podemos ir con un poco de más seguridad. Eso sí, no muestren el oro a nadie, ¡jajaja!

**(Brik)**: Nos roban el oro. **(Jeirk)**: Sí, sí, no podemos hacer eso. Bueno, ¿en qué zona se supone que consigamos un apartamento?

**(Aziel)**: Mmm, a ver, le preguntaré a alguna persona de forma agresiva, ya que así son las inútiles leyes.

**(Brik)**: ¡Mira, ahí hay alguien! **(Aziel)**: ¡SEÑOR! ¡DÍGANOS DÓNDE HAY UN APARTAMENTO EN NOMBRE DEL RÉGIMEN!

**(Señor)**: ¡EL EDIFICIO DE LA DERECHA TIENE APARTAMENTOS! ¡VIVA EL RÉGIMEN!

**(Aziel)**: ¡Listo, amigos! — *Se dirigen a donde les dijo el señor.* —

**(Aziel)**: ¡Amigos, ya llegamos! Bueno, es hora de hablar con el dueño. Ya saben qué deben hacer, ¿verdad?

**(Brik)**: No... **(Jeirk)**: Igual... **(Aziel)**: Deben cantar una canción de forma agresiva que represente el régimen dictatorial antes de saludar a un vendedor, ¡es la ley!

**(Brik)**: Vale, me sé una. **(Aziel)**: ¿Cuál? **(Brik)**: ¡Régimen rojo a la victoria! **(Aziel)**: Vale, esa también me la sé.

**(Jeirk)**: Igual. — *Se dirigen hacia el vendedor.* — — *Cantan la canción.* — **(Vendedor)**: ¡¿CUAL APARTAMENTO DESEAN?!

**(Aziel)**: ¡EL DE ARRIBA, CAMARADA! **(Vendedor)**: Un lingote de oro y los dejo pasar.

**(Aziel)**: ¡TENGA! — *Le tira el lingote de oro de forma agresiva.* — **(Vendedor)**: ¡AQUI TIENEN 4 PAPELES! ¡HAGAN SUS 200 FIRMAS! — *Pasan unas 5 horas hasta que terminan de firmar los papeles.* —

**(Jeirk)**: ¡LISTO, SEÑOR!

**(Vendedor)**: ¡BIEN, PASEN Y VIVAN DE ACUERDO AL RÉGIMEN! **(Brik)**: ¡SIII, SEÑOR!

**(Aziel)**: ¡Amigos, lo hemos logrado! **(Brik)**: ¡SIIIIII! ¡HURRAAAAAA!

**(Aziel)**: Bueno, solo tiene dos habitaciones. Amigos, si quieren, yo me quedo a dormir en el sofá.

**(Brik)**: ¡NO! ¡Yo me quedo en el sofá! Fui el que más estorbó durante la misión y lo saben.

**(Jeirk)**: Eso no significa que tengas que quedarte en el sofá. Tengo una idea mejor: ¿y si rotamos el sofá? Un día me duermo yo, otro día Brik y otro día Aziel. ¿Qué les parece?

**(Aziel)**: Estoy de acuerdo, eso hasta que consigamos una cama o algo.

**(Brik)**: Vale, bueno, ¿quién se duerme hoy en el sofá? **(Aziel)**: Yo. **(Brik)**: Bien, ¡jajaja!

**(Jeirk)**: Bueno, amigos, espero que vivamos bien mientras tanto.

**(Aziel)**: ¡Ay, no! ¿Se nos olvida algo? **(Brik)**: ¿Qué sucedió?

**(Aziel)**: El entrenador de magia vive en la ciudad del sur. **(Brik)**: ¡Aaaaaaah! ¡Cierto!

**(Aziel)**: Pero no se preocupen, algunos días viene al norte.

**(Jeirk)**: Ah, bueno, entonces no tenemos de qué preocuparnos. Mientras tanto, ¿vamos de compras, va?

**(Brik)**: ¡Vaaa! Pero antes, recuerden, no nos gastemos el dinero que ganemos cuando cambiemos el oro en restaurantes. ¡Usemoslo para lo esencial mientras!

**(Aziel)**: Vale, entonces cocinamos en casa. **(Brik)**: ¡Siiii! Cocinamos juntos.

**(Jeirk)**: Bueno, vamos antes de que se haga de noche.

— *Proceden a ir de compras y compran suficiente comida.* —

**(Brik)**: Bien, amigos, esto nos dará para 3 semanas, así que está muy bien.

**(Aziel)**: Bueno, mañana veremos cómo conseguimos una cama.

**(Brik)**: Entonces, ¡manos a la obra! — *Empiezan a guardar la compra y a sacar lo que van a preparar para comer.* —

**Capítulo 3-4: El entrenamiento**

— *Y así pasan los días y todo les va muy bien. Logran conseguir la cama y más comodidades.* —

**(Brik)**: Me siento mejor que en casa, ya ni quiero saber de ese infierno en el que vivía.

**(Aziel)**: Créeme que no vas a querer vivir en la mía, donde me estrellaron una jarra de vidrio y me cortaron con ella solo porque dejé caer un vaso al suelo por accidente antes de ir a clases.

**(Brik)**: Recuerdo ese día.

**(Jeirk)**: A mí también me iba muy mal. A cada rato, donde vivo, hacían propagandas del régimen socialista y la policía era súper agresiva. Más mis padres, súper violentos desde que nací.

**(Brik)**: No entiendo por qué la gente es violenta en este mundo. ¿Por qué nosotros no pensamos así? **(Aziel)**: Están cegados por el socialismo de las sombras. **(Brik)**: ¿Qué es eso?

**(Aziel)**: Las sombras son los grandes dictadores que controlan muchos mundos que están siendo comunistas ahora mismo. Una vez llegan al poder, controlan la población y, con sus poderes, lo destruyen todo. Luego, lo hacen súper violentos con el tiempo y, con sus poderes, su objetivo final es controlar todos los mundos posibles para luego establecer una dictadura eterna, donde solo habrá sufrimiento y dolor.

**(Brik)**: :( Me siento triste. No podemos hacer nada.

**(Jeirk)**: Podemos escapar a los demás mundos que no estén infectados por esa plaga.

**(Brik)**: Sí, pero ¿cuándo aprenderemos a usar magia?

**(Aziel)**: Pues eso iba a decir. Escuché rumores de que el mago vendrá hoy a dar una de sus lecciones de magia durante la noche, así que hay que aprovechar e ir.

**(Brik)**: Vale, hay que prepararse. **(Jerik)**: Aziel, ¿y a qué hora es eso?

**(Aziel)**: Es a las 9 p.m. y ya son las 8, así que vístanse bien, jajaja.

— *Proceden a irse a vestir* —

**(Brik)**: ¡Listo! Vamos, vamos. **(Jerik)**: ¡Siiii! ¡Al fin aprenderemos magia!

— *Se dirigen de camino a la zona donde estará el gran mago* — **(Aziel)**: Amigos, creo que es acá.

— *Suben al elevador del edificio* —

**(Aziel)**: Miren, ahí hay personas de la oposición anarco-capitalista. Hablemos con ellos.

**(Brik)**: Vale, vale. **(Jerik)**: Vamos. — *Un anarco-capitalista* —: ¿Chicos, buscan algo?

**(Jeirk)**: Sí, sí. Nosotros queremos aprender magia. Escuchamos rumores de que un gran mago entrenaba a las personas para poder viajar a otros mundos y así evadir el poder socialista. También queremos ser de la oposición.

**(Brik)**: Amigos, ¿qué es el poder socialista?

**(Aziel)**: Es lo que nos impide hacer magia o viajar a otros mundos, ya que nos quieren mantener controlados.

**(Brik)**: Ooo, ya entiendo. **(Jerik)**: Sí, es horrible.

— *Un anarco-capitalista* —: Chicos, él aún no vendrá, pero vengan, vamos a la oficina para que se sientan cómodos.

— *Proceden a ir a la oficina* —

**(Brik)**: ¡Wow, qué bandera más bonita!

— *El anarco-capitalista* —: Sí, sí. Tenemos muchas banderas de distintos tipos, eso sí, todas son amarillas y negras. El amarillo es el oro y el negro, la anarquía. **(Brik)**: ¡Wow, me gusta mucho su significado! **(Aziel)**: Está muy bonito, jaja. Espero aprender mucho.

**(Jerik)**: Eso sí, espero que no nos descubra el ejército ni nadie, aunque evadimos bien a los guardias.

— *El anarco-capitalista* —: Bueno, después de que evadan a esos sinvergüenzas, todo irá bien, jajaja.

— *De repente, entran los anarco-capitalistas y tres personas* —

**(El mago)**: ¡Buenos días, chicos! :D Hoy he decidido traerles una sorpresa. Son dos magos más y ellos sooooon Bli y Tru. Para los que no me conocen, me presento. Soy Mili, el líder de esta organización secreta anarco-capitalista que se dedica a luchar contra este virus malvado. Y hoy les enseñaré un hechizo especial para que puedan salir de esta ciudad. Mis amigos los ayudarán también.

**(Bli)**: Sí, con su esfuerzo lo van a lograr. **(Tru)**: Yo confío en que ustedes pueden.

**(Brik)**: ¡Siiii! **(Aziel)**: Bien, bien. ¡Lo vamos a lograr! **(Jerik)**: Le echaré ganas.

**(Mili)**: Así es, échenle ganas. ¡Que comience el entrenamientoooo!

— *Empieza el entrenamiento de magia y, en poco tiempo, Brik, Aziel y Jerik aprenden muchas cosas, pero no todo iba a salir bien* —

*Buuum Se derrumba la puerta y entra una Sombra Negra junto con soldados*

**(Sombra dictadora)**: ¡Pero miren quiénes tenemos aquí, jajaja, los tres líderes de la oposición! ¡Llévenselos y maten a los demás!

— *Mili* —: ¡Noooo, los niños, noooooo! — *Bli* —: No se preocupen, los defenderemos. — *Bli, Mili y Tru reúnen sus poderes* —

**(Sombra dictadora)**: Aún así no podrán hacer nada en este mundo. ¡Yo soy más fuerte, les guste o no!

— *Con su potente magia, logra cancelar los ataques y atrapar a Mili, Bli y Tru* —

**(Brik)**: ¡Noooo, maldita sombra! — *Lo patea* —

**(Sombra dictadora)**: ¿Qué has hecho, mocoso de MI%$@#! — *Golpea a Brik y lo tira contra el suelo* —

**(Aziel)**: ¡Nooooo, malditos comunistas! — *Jerik trata de defenderse, pero lo matan junto con los demás opositores. También matan a Aziel* —

**(Aziel)**: *Brik, sé fuerte. Siempre estaremos en algún lugar viéndote.* — *Dice Aziel mientras sonríe* —

**(Jerik)**: *Lo mismo digo, Brik. Te queremos mucho.* — *Se mueren* —

**(Brik)**: ¡Nooo, amigos! — *Empieza a llorar* —

**(Sombra dictadora)**: A él quiero que le apuñalen el corazón 12 veces y lo dejen morir lentamente. Luego, quiero su cabeza.

— *Los soldados proceden a apuñalarle el corazón mientras que Mili, Bli y Tru son secuestrados por los soldados para luego torturarlos* —

**(Capítulo 3-5: El régimen de Brik)**

— *Brik no puede gritar, pero su dolor es brutalmente fuerte. De repente, el diamante que estaba en su corazón se rompe, y de ese diamante sale una magia que lo cura* —

**(Soldados)**: ¡No puede ser, la rata se está curando! **(Dictador Sombra)**: ¡¿Quéééé?!?

— *Un Brik, enojado, lleno de odio e ira, que no sabe por qué sigue vivo, empieza a sobresalir. Todo se pone oscuro. La ciudad empieza a temblar. El cielo se vuelve un caos, el día se convierte en noche y el agua se evapora* —

**(Brik)**: ¡Todos ustedes están muertos!

**(Dictadora Sombra)**: ¡No te tengo miedo, pedazo de…!

— *Brik estrangula a la sombra y la vuela en mil pedazos* — **(Soldados)**: ¡Corran!!! **(Brik)**: ¡Nadie podrá escapar de mí! - todo se vuelve oscuro y se empieza a pudrir y a caer pedazo por pedazo Brik se combierte en un monstruo horrible de ojos rojos y mandibula afilada y varias cabezas y mandibulas con dientes afilados y horribles que devoran a los soldados -

— *Brik empieza a recorrer todo su mundo, destruyendo todo. Quema las casas, mata a todos los soldados socialistas. Su poder y su deseo de venganza son tan fuertes que se vuelve la entidad más poderosa de todos los mundos* — **(Brik)**: ¡Y ahora acabaré con esos sucios dictadores, tal y como quería Aziel y Jeirk! — *Desde ese momento, solo piensa en ellos dos* —

— *Brik vuela furioso por los cielos, crea tormentas enormes con el agua que se ha evaporado y también libera a Mili, Bli y Tru. Solo que ellos se asustaron tanto que decidieron irse* —

**(Mili)**: Me siento muy mal por ese chico, todo es culpa de esos socialistas de Mier@#. ¡Esto no se quedará así! **(Tru)**: ¡Es hora de acabarlos de una vez! **(Bli)**: ¡Vamos, luchemos en otros mundos!

— *Pasan las semanas y, cada día, el comunismo va desapareciendo por la ira de Brik. Brik logra asesinar a los 4 dictadores más peligrosos y destruye todo lo que tenga que ver con el socialismo. Mata millones de personas inconscientemente* —

— *De repente… Buuun* — *un estallido enorme* — **(Brik)**: ¿Qué es eso? ¿Por qué brilla tanto?

— *Una persona aparece* — **(Persona)**: Brik, has matado a la gran enfermedad... **(Brik)**: ¿Cómo sabes mi nombre? **(La persona)**: Soy el creador de este mundo.

— *En ese momento, Brik se asusta, aun siendo súper poderoso* —

**(La persona)**: No te asustes. No castigo a nadie que vaya en contra de mí. Si lo hiciera, podría desaparecer. Debo dejar que todos vivan su destino. He venido a decirte que, aunque hayas matado a los socialistas, este virus nunca lo podrás eliminar por completo. Brik, dime, ¿qué piensas hacer?

**(Brik)**: Lo sellaré en una caja con las bestias más potentes. Si mueren esas bestias, el virus saldrá. **(Creador)**: Bien, entonces te daré ese poder.

— *Le da el poder* — **(Brik)**: ¿Cómo están mis amigos?

**(Creador)**: No saben lo que has hecho. **(Brik)**: Por favor, no les digas. **(Creador)**: Bien.

— *Desaparece* —

**(Brik)**: Ahora sí, este será el fin del socialismo.

— *Con su poder, recoge todos los soldados de los mundos conquistados, los 4 dictadores, y los sierra en una caja* —

— *Así logra acabar con el socialismo, pero aun así Brik está ciego por su ira* —

**(Brik)**: Ahora comenzará el nuevo régimen autoritario de Brik. — *Brik decide comenzarlo solo en su mundo* —

— *Pasan los años y el tiempo, y Brik encuentra las entidades más fuertes: Canibalismo, Blali, Devorador de mundos y Destructor* —

**(Brik)**: Hermanos, los he reunido en la zona más lejana de la ciudad de mi mundo para esconder este secreto. **(Blali)**: ¿Qué es esa caja?

**(Brik)**: Es la caja del socialismo. Es la caja de la bestia más brutal y violenta que existe.

**(Canibalismo)**: Yo solo quiero carne humana…

**(Brik)**: La tendrás, pero luego.

**(Devorador de mundos)**: ¿Qué debemos hacer?

**(Brik)**: Reunir un pacto de sangre para sellarla. Si ustedes se vuelven buenos o se mueren, entonces la caja se abrirá, así lo dijo el creador de este mundo.

**(Blali)**: Bien, entonces es hora de hacerlo. — *Hacen el pacto de sangre* —

**(Brik)**: Si muere Destructor y Devorador de mundos, los asesinos serán teletransportados a mi mundo. Yo me encargaré de eliminarlos.

**(Canibalismo)**: Bien, buena idea. — *Todos hacen el pacto* —

**(Blali)**: Bueno, Brik, te advierto que tengas cuidado. Aunque uno sea súper poderoso, puedes morir tarde o temprano.

**(Brik)**: Eso lo sé. Por eso mi régimen será extremo y de mano dura. Seré muy poderoso.

**(Blali)**: Cuentas con mi apoyo. Ahora, dale de comer a Canibalismo, se está quejando demasiado, jajaja. **(Brik)**: Vale. — *Le da de comer* — — *Todos se van y Brik regresa a la ciudad* — **(Brik)**: Nadie detendrá mi régimen, nadie detendrá mi odio. Porque esta es mi ciudad, esta es mi venganza, este es mi poder y esto es por lo que tanto he luchado. Viviré en las sombras, y aunque ya no pueda morir, aun así algún día veré a Aziel y a Jerik. ¡Que viva mi venganza!

**(Brik)**: Y bueno, amigos, esa es la razón por la cual me volví malo. Tienen suerte de que nunca les mostré mi verdadero poder. **(Death)**: Has sufrido mucho.

**(Keo)**: Ya veo... Es fuerte lo que has pasado, y muy serio también. Me alegra ver cómo has superado tus errores y seguido adelante.

**(Erik)**: Ya eres una buena persona y lograste destruir algo muy horrible.

**(Brik)**: Todos los días siento el deseo de morir y ver a mis amigos. Pero, a la vez, me da miedo morir... no sé por qué. He tratado de traer a mis amigos varias veces a la vida, utilizando muchos encantos y métodos, pero sin sus cuerpos será imposible. Sus cuerpos desaparecieron debido a mi poder cuando destruí aquel edificio. Los extraño… pero los tengo a ustedes también.

**(Keo)**: Exacto. Quizás algún día los veas, Brik. Eso espero. **(Dunkel)**: Has cambiado mucho, Brik. **(Brik)**: Pues sí, jajaja. Hasta en mi físico… ya me veo menos deforme. Mi rostro ha vuelto a la normalidad.

**(Brik)**: Aun así, sigo siendo fuerte. El problema es que me preocupa algo: todas nuestras versiones malas han muerto… y, para colmo, también murieron Canibalismo, Destructor y Devorador de Mundos. **(Dunkel)** —Bueno, por ahora la caja no se ha abierto, ¿no?

**(Brik)** —Pues no, en mi mundo no hay ni pizca de socialismo, así que todo va bien.

**(Keo)** —Bueno, entonces quizás el hechizo funciona. Sin sus versiones malas, ustedes dos están vivos. **(Brik)** —Espero que sí siga funcionando, jajaja. Bueno, chicos, ya tengo que irme.

—Brik se teletransporta a su castillo—

**(Soldados de Brik)** —¡Alcen las banderas! ¡El gran Brik ha llegado! ¡El salvador de este mundo, quien destruyó un virus fuerte y poderoso! ¡Bienvenido a tu castillo, gran y poderoso Brik! **(Brik)** —¡Muchas gracias por la bienvenida, chicos! ¡Adivinen qué!

**(General)** —¿Qué sucedió, gran Brik? **(Brik)** —¡Les pedí donas! Pronto llegan.

**(Soldados)** —¡¡¡SÍIIII, VIVA BRIK, VIVA BRIK, VIVA BRIK, NUESTRO REY!!!

- Brik llega a su castillo empieza a tener recuerdos de esos buenos momentos con Jeirk y Aziel * (Brik) ya no soporto esto es horrible me duele demasiado me pregunto si Aziel y jeirk hubiesen visto el caos que ise me verian como un monstruo ? * Brik se enoja consigo mismo y empieza a golpear todas las paredes y a auto lecionarse Brik se golpea fuerte un ojo y el ojo se le xplota (Brik) AAAAAAAAA AAAAA * Brik no aguanta el dolor asi que utiliza su magia para curarse solo el ojo * * pasan unas horas y Brik sigue gritando y golpeandose * * pasan unos minutos y Brik se calma * (Brik) laverdad nose que me esta pasando... siento demasiado frio pero bueno * pasan los minutos y Brik se calma un poco mas * En su mente —Bueno, sé que he hecho muchas cosas malas, la verdad… me arrepiento de haber lastimado a personas inocentes. Sin embargo, no me arrepiento de mis errores ni de ser quien soy. Ya los enfrenté y sigo siendo yo. Siempre seré el gran Brik.
- Siempre seré alguien fuerte que no se dará por vencido jamás. Y ¡ay de quien lastime a alguien cercano a mí! Le espera una muerte segura.
- 

**(Narrador)** —Y pasa el tiempo y los años, y todos son muy felices.

**Fin**

**(Narrador)** —Este no es el fin. Es el comienzo de una gran aventura.

(Capítulo 1-4: Mili el loco)

(Narrador) Y en una de las zonas más ricas del mundo de Brik...

—Mili se levanta escuchando su hard rock mientras desayuna.

(Mili) ¡Agg, qué día más agotador! Me duele todo el cuerpo y estoy a punto de quedarme dormido, pero no puedo, ¡es muy de día! —Sube el volumen por accidente.

(Mili) ¡Aaaaaaaaaa, qué susto! ¡Co@$#$, casi me quedo sordo!

(Mili) Bueno, iré a mi empresa. Necesito seguir trabajando y preparar esta ciudad para el anarco-capitalismo, tal y como lo pidió Brik, porque yo soy Mili, ¡je!

(Mili) Bueno, primero iré por unas donas. —Se dirige a una microempresa a comprar donas azucaradas.— (Mili) Mmm, están muy buenas. —Camina por la ciudad cuando, de repente, ve algo raro.— (Mili) Mmm, qué raro. Vi algo oscuro moviéndose... está en ese callejón.

—Se dirige al callejón cuando, de repente, una sombra oscura lo ataca.—

(Mili) ¡Aaaaaah! (Sombra) Vas a morir. (Mili) ¿Tú crees? ¡Disminuir vida!

—El poder de Mili le disminuye la vida a la sombra, y esta empieza a desaparecer.—

(Sombra) ¡Noooo...! —Mili observa cómo la sombra se desvanece por completo, pero algo llama su atención en la pared.—

(Mili) ¿Quéeee? ¿Qué es ese símbolo en la pared?

(Mili) Nooo... no... NOOOOOOOOOOOOOO!!!! ¡ZURDOS HIJOS DE P@$#%!!!

(Mili) ¡Esto no puede ser real! ¿Cómo es que ha vuelto esta plaga? Debo ir a avisarle a Bli, a Tru y a Brik. —Mientras tanto, en el castillo de Keo—

(Keo) Aajajaja, esta peli que nos vimos hace poco está de locos. (Brik) Sí, hermano, está brutal.

(Death) La mejor que he visto. (Dunkel) JAJAAJJA. (Lozir) Hay que estar bien loco para comer algo tan picante como el chile chilenín, eso pica como loco.

(Rumplis) A mí me encantan, no sé tú. (Lozir) ¡Me ardían los ojos con tan solo verlo!

(Lility) Qué bueno que estamos reunidos después de tanto tiempo.

(Cristfer) Pues sí. (Samantha) Espero que este año sea un año de paz, sin problemas ni nada.

(Rebeka) Lo mismo digo. (Teris) Amo el pastel de fresa rosado, sabe uff, ¡hiciste un buen trabajo, Cristfer! (Yessi) Por primera vez alguien cocina mejor que yo.

(Cristfer) ¡Gracias, jajaj! (Yoris) Me duele el estómago, comí mucha azúcar.

(Lina) ¡Wow, Keo, tu castillo está lleno de libros interesantes! (Keo) Sí, sí, puedes leer todos los que quieras.

(Rair) Amigos, les he traído té. (Brik) ¡Siiiiiiiiiiiiiii! ¡Amo el teeeee! ¿Y trajiste galletitas? :D

(Rair) Sí, sí. (Brik) ¡Siuuuu! (Dunkel) Quiero una galleta. :D

—Rumplis le da un galletazo en la cara— (Dunkel) ¡AAAAA! ¿Por qué hiciste eso?

(Rumplis) ¿No que querías una galleta? (Dunkel) ¡Eres un @$#$! —Dunkel trilla a Rumplis por toda la casa—

(Keo) Jajaja, ¡Corre Rumplis, corre! (Erik) La pela que le van a dar va a tener que echarse agua.

(Rair) Ajajaj. (Darkly) ¡Están bien locos, jajaja! (Erik) Bueno, no tanto como la broma del traje de bodas, jajaja.

(Rebeka) Esa sí que fue una buena broma. (Lirais) Pobre Rumplis.

(Sirik) Ando pensando en viajar a mundos más lejanos, quiero descubrir cosas nuevas, bros. ¿Qué opinan, me acompañarían?

(Keo) Yo digo que sí, no sería mala idea ir a mundos más lejanos a descubrir qué podría haber.

(Cristfer) También podemos tomarnos unas vacaciones en Luxemrosa.

(Brik) No es mala idea, aunque por lo menos una habitación negra para mí no estaría mal.

(Cristfer) Eso se puede resolver, y después se pinta de rosa.

(Chris) ¡Quiero viajar a un mundo donde hayan cafés de todo tipo! ¡AMO EL CAFÉ!!!

(Belis) Jajaja, tranqui, a lo mejor encontramos uno por internet o algo, no sé.

(Chris) ¡SIIIIIIIIII!!!!! —Todos la pasan súper bien, mientras tanto, en el mundo de Brik—

(Mili) ¿Dónde se habrá metido el Bli? Nayi, no lo veo en ninguna parte... Jo#&$#. Mmm, a ver, ya sé. —Le escribe——Teléfono de Mili— (Mili) Hola, Bli, ¿se puede saber dónde con#$*# estás? Hay una pequeña emergencia. (Bli) Oh, hola querido amigo. Ando en mi segunda mansión, ven, te espero.

(Mili) Bueno, ya sé al menos dónde está. —Procede a dirigirse a la mansión—.

**Capítulo 2-4: En busca de los compas de Bli**

(Mili) ¡Bliiii, mi hermano! :D

(Bli) ¿Cómo estás, compadre? ¡Tanto tiempo que no te veo! —Se dan un abrazo—

(Mili) Ando bien, digo, andaba. (Bli) ¿Eso a qué se debe?

(Mili) Creo que el comunismo resucitó... (Bli) ¡¿Quéeeeeeeeee?! ¡NO PUEDE SER! ¡ESTO ES UNA MALA NOTICIA! (Mili y Bli) ¡ZURDOS HIJOS DE PU@#!!! (Bli) Hay que avisarle a Tru Don rápido.

(Mili) Sí, sí, necesita saber de esto. Cuanto antes, mejor.

(Bli) Debemos lograr la libertad del pueblo con el anarco capitalismo. ¡Ya nos faltaban solo unos años para erradicar el estado y vienen estos comunistas de nuevo! ¡No se lo vamos a permitir!

(Mili) ¡Sí! ¡Esos hijos de $# deben pagar por la matanza de personas inocentes!

(Bli) ¡Exacto! —Los dos buscan a Tru Don por todas partes del mundo, pero no lo ven— (Mili) Ni modo, ni los mensajes responde.

(Bli) Hay que tener paciencia, no podemos permitir que el estrés nos consuma.

(Mili) Estás en lo correcto, pero ¿dónde se metió este we? (Bli) Si no me equivoco, estaba de vacaciones. (Mili) ¡¿Vacaciones!!!??? ¿Pero qué le pasa a este @#$?

(Bli) Tranquilo, Mili, sé que esto es estresante para ti. Ten. —Le da un fajo de dólares—

(Mili) ¡Billetes! :D —Se pone muy feliz y se relaja— (Bli) Ahora sí, vamos al mundo donde se encuentra Tru. —Van al mundo de Keo— (Mili) ¡Wow! Este lugar es muy hermoso y grande, ajajaja. (Bli) Está atardeciendo, pero ¿dónde estará Tru? (Mili) Ni idea. Este boludo se fue de vacaciones en el peor momento.

(Bli) Vamos, hay que buscarlo. Eso sí, no nos separemos, que si no, nos perdemos. —Alquilan un barco para ir por todas las casas— (Mili) Le voy a escribir. —En el celular—

(Mili) Tru :D, ¿se puede saber dónde Co#(@&$ estás?

(Tru) Ando en el edificio más rojo y alto, búsquenme en el último piso.

(Mili) Anda en el edificio más rojo y alto, dice.

(Bli) A mira, es ese que está en el centro de la ciudad, es enorme, parece un hotel. (Mili) ¡Es un hotel! —Entran al edificio— (Mili) Esto acá es hermoso, muy lujoso y sofás de cuero.

(Bli) La verdad sí, todo es casi perfecto, o perfecto por así decirlo. Bueno, vamos al último piso.

—Proceden a ir al último piso y ven a Tru— (Mili) ¡Hola, Tru, mi hermano! (Bli) ¡Truuu!

(Tru) Hola, chicos, ¿cómo andan? Jaja, se les ve muy estresados.

(Mili) Pues sí, la verdad, te tenemos una muy mala noticia. (Tru) ¿¡Cuál!? (Bli) Los socialistas revivieron... (Tru) ¡¿QUÉEEEEEEEE!!!! ¡NOOOOOOOO! (Mili, Bli y Tru) ¡ZURDOS HIJOS DE P@#%!!!

**(Cap 3-4: La reunión)**

(Tru) No puede ser, esto es una catástrofe. ¿Qué deberíamos hacer?

(Mili) Tenemos que avisarle a Brik. Quizá él nos pueda ayudar, él fue el que los derrotó en el pasado, y ustedes lo saben.

(Tru) Cierto. (Bli) Pues dejen, le envío un mensaje telepático para avanzar más.

—Mientras tanto, en el castillo de Keo—

(Keo) Bueno, amigos, miren, traje este vino que me costó un millón de dólares. Fue muy difícil de encontrar, pero aquí está.

(Lozir) Ni Dunkel había gastado tanto en un vino, pero bueno... (Keo) No es cualquier vino, es un vino de oro.

(Todos) ¿¡Un vino de oro!? (Keo) Sí, y hoy tendrán la oportunidad de probarlo por primera vez.

(Rumplis) ¡Siiiiiii! (Lirais) ¡Genial! (Sirik) ¡Qué emoción!

(Rebeka) Espero que el vino sepa bueno, jajaja. (Chris) ¡Ya quiero vinoooooo!

(Belis) Cálmate, Chris, jajaja. (Yessi) Mmm, quizás algún día prepare un vino así.

(Teris) Cosas como estas no se ven todos los días. (Yoris) ¿A qué sabrá el vino de oro?

(Lina) Ni idea.

(Rair) Mi amo nunca lo ha probado. (Cristfer) No, seguro debe saber bueno. (Dead) Bueno, ¡hay que brindar! (Erik) No se olviden de mí, ya vine, jajaja. (Darkly) Sí, sí, hay que probar esa cosa.

(Samantha) Espero que nos sirva mucho, jajaja. (Keo) Sí, sí, traje más botellas.

(Todos) ¡¿QUÉEEE!? (Keo) Mis inversiones me hacen ganar una cantidad enorme de dinero a diario, así que me lo puedo permitir de vez en cuando, jajaja.

(Brik) Invertir es algo muy bueno. (Keo) ¿Verdad que sí? (Brik) Seguro, jajaja.

(Keo) Bueno, vamos a brindar. —Les sirve a todos.— (Lirais) ¡Wow, parece oro líquido!

—Todos proceden a brindar y se lo toman— (Death) Está súper bueno.

(Brik) ... (Keo) ¿Pasa algo? (Brik) Sí... (Keo) ¿Qué sucede? (Dunkel) Sí, ¿qué sucede?

(Brik) Han resucitado los socialistas y comunistas en mi ciudad, recién me avisa Bli...

(Keo) ¡¿QUÉEEE!!!? (Dunkel) ¡IMPOSSIBLE! ¡NOOOO!

(Lozir) ¿Cómo es posible que ocurra algo tan malo como eso? (Death) Algo me dice que tenemos una nueva aventura.

(Brik) Sí, pero quizás sea una aventura extrema. No podemos dejar que esta entidad gane poder. Si reviven los 4 dictadores, estamos fritos, aunque van a revivir tarde o temprano. Ese es el problema. Iré a decirle a Mili, a Bli y a Tru que vengan. —Les manda un mensaje telepático para que vengan.—

(Sirik) Tengo que proteger la universidad de esta amenaza. (Rumplis) Hay que hacer un domo protector.

(Brik) Esta entidad es poderosa, de seguro hasta eso atraviesa. Así que no se dejen engañar, esta entidad es más poderosa que el devorador de mundos y que el canibalismo. Más poderosa que todo lo que nos hemos enfrentado. Así que no se confíen.

(Lility) Bien, habrá que hacer un buen entrenamiento para acabar con todos ellos.

(Brik) Yo, mientras más ira tengo, más poderoso soy, pero suelo perder el control. Necesito un entrenamiento de autocontrol.

(Cristfer) Yo igual, jajaja. (Rair) Mmm, conozco un chico que les puede ayudar. Vive en un lugar muy, muy lejos.

(Cristfer) Entonces, ¿podríamos considerar ir a esa ciudad? Podríamos desarrollar más autocontrol sobre nuestros poderes para evitar así volvernos locos.

(Mili) ¡He llegado! (Bli) ¡Hola, Brik!

(Tru) ¡Brik, qué emoción verte! —Los tres se van a darle un abrazo a Brik—. (Brik) Miren chicos, estos son los economistas más poderosos que existen. Aunque este mundo sea infinito, será imposible que exista una copia idéntica de ellos. Son como unos padres para mí, jajaja.

(Keo) ¡Wow, soy fan de ustedes tres desde hace mucho tiempo!

(Mili) :0 ¿Eres Keo? (Keo) ¡Sí, sí! (Mili) ¡ERES UN HÉROE! —Le da un abrazo—.

(Keo) ¡Gracias, gracias! Miren, acá están todos mis amigos y familiares. Comenzando por Brik, que ya lo conocen: Lozir, Dunkel, Rebeka, Lirais, Lility, Death, Chris, Yessi, Belis, Cristfer, Rair, Teris, Yoris, Lina, Erik, Darkly, Samantha, Rumplis y Sirik.

(Bli) ¡Wow, es increíble estar rodeados de tanta gente que ha salvado los mundos, jajaja!

(Tru) ¡Es brutal! :0

(Mili) La verdad, sí, jajaja.

(Keo) Ustedes también han hecho cosas buenas por el mundo, jaja. Una de ellas ha sido preparar varios mundos para el anarco capitalismo y luchar contra los comunistas malvados.

(Mili) Pues sí, jajaja. Cuando éramos chicos, nos interesaba tanto esa ideología que decidimos volvernos economistas para así poder ponerla en práctica. Empezamos a tener mucho poder, tanto político como mágico, y así fue nuestro camino al éxito. Cada uno de nosotros se enfoca en una cosa distinta: yo en la economía, Bli en la seguridad y Tru evita que hayan inmigrantes ilegales y evita guerras también entre otros mundos. Gracias a Tru, la mayoría de los mundos que conozco viven en paz.

(Tru) Eso es cierto. (Keo) ¡Wow, son increíbles! Jajaja, quizás los contrate después de acabar con este virus. (Mili) Sería un honor servirle a su mundo y a su economía. (Keo) Muchas gracias.

(Lozir) Chicos, no sé mucho de política, pero ¿por qué le dicen "zurdos" al virus?

(Mili) Porque los que replican el virus forman parte de la izquierda política y ellos son malos. La derecha también es medio mala. La única solución es ser liberal, porque cuando eres liberal, respetas la vida de las demás personas sin importar su sexo, raza o religión. (Lozir) Oh, ya entiendo. Suena interesante.

(Bli) Pues la verdad, sí. Por eso estamos tan felices de haber logrado nuestros sueños, aunque debemos acabar con este parásito.

(Dunkel) Eso sí. Vamos a reunir nuestros poderes y acabemos con ellos.

(Mili) Les avisaré a todos los miembros de nuestra sociedad anarco-capitalista que se refugien, ya que este virus es muy poderoso. Ellos deben entrenar más. Siento que no están listos. No quiero que suceda lo de la última vez.

(Brik) Por favor, no me recuerdes ese día. —Dice mientras le salen lágrimas—.

(Mili) Lo siento, fue un día devastador para mí también. (Bli) Y para mí.

(Tru) Igual fue horrible. —Mili procede a enviar mensajes telepáticos a todos los miembros y a personas de otros mundos—.

(Mili) Espero que estén preparados para cuando ocurra esta catástrofe.

(Bli) Chicos, ¿y si los destruimos antes de que se rieguen? (Tru) ¡Esa es una idea excelente!

(Brik) Es una buena idea, pero mala a la vez. Comoquiera saldrán más y más. Necesitamos dejar que salgan los dictadores, aunque sean muy difíciles de derrotar. Estoy seguro de que con mi poder de ira los derrotaré.

(Mili) Brik, pero ese poder es peligroso.

(Brik) No te preocupes. Rair nos recomendó un mundo muy lejano donde hay un chico que nos puede ayudar a tener más autocontrol sobre nuestra ira.

(Tru) Jajaja, lo que Mili necesita de vez en cuando.

(Mili) ¿¡QUÉ DIJISTE!? (Bli) Ya se enojó, jajaja.

(Keo) Bueno, entonces debemos prepararnos. ¿Quién está listo para ir? (Todos) ¡Estamos listos para ir!

(Keo) Bien, entonces vamos al mundo. Mientras menos tiempo nos tome, mejor será.

**(Cap 4-4 Una ciudad bonita)**

(Belis) Chicos, yo también enseño sobre control de emociones en Elfisland y ustedes lo saben, jajaja.

(Rair) Uuuu, eso sería buena idea. Tú y él podrían entrenarnos a todos.

(Cristfer) Jajaja, Rair es muy inteligente. (Keo) Pues la verdad, sí.

(Mili) ¡Qué emoción! Descubriré un nuevo mundo :D. (Bli) Sisisis. (Tru) ¿Qué cosas hermosas tendrá ese mundo?

(Lility) Espero que tenga muchas, pero para mí no hay nada más hermoso que Keo en este mundo.

(Keo) Jajaja, gracias. (Erik) Espero que sea un mundo donde la literatura de terror reine. Espero que sea un mundo hermoso.

(Darkly) Quizás sea perfecto. (Rair) El mundo tiene una arquitectura muy distinta a la que conocemos. Se van a sorprender.

(Brik) Uuuu, ya tengo ganas de ir.

(Dunkel) Sisis, hay que llevar mucho dinero en caso de que se nos ocurra pasear durante los días de entrenamiento.

(Rebeka) Bueno, solo no hagan compras impulsivas. Eso aspira mucho dinero y no es bueno para la salud financiera. (Dunkel) Cierto, jaja, mi amor, una experta en finanzas, ¿vieron chicos?

(Mili) :0 (Rumplis) Sí, ajaja. (Lirais) Bueno, después que haya libros, no hay problemas.

(Sirik) Eso sí, no vinimos a turistear, pero lo que podamos ver y comprar, lo hacemos rápido, jajaja.

(Keo) Exacto, sin perder tiempo. (Lozir) Volaré por todos sus edificios :D.

(Death) Ya ando súper ansioso por ir.

(Keo) Chicos, preparen maletas. (Samantha) Enseguida.

(Teris) Bueno, yo preparé las mías en cuanto escuché el chisme del mundo, jajaja.

(Yoris) Hice lo mismo. (Lina) Bueno, iré a preparar la mía. (Yessi) Me llevaré mis cosas para cocinar y pintar.

(Chris) Después de que haya mucho café, no hay problema, jajajaja. (Keo) Sí, que eres adicto al café, jajaja, hasta tus ojos son café.

(Chris) Es que el café es lo mejor que existe en este mundo. Me hace sentir tan bien que me vuelvo loco si me quedo un día sin café, por eso siempre me lo llevo en todas las aventuras que hacemos. (Keo) Jajaja, lo he notado. —Pasan unas horas—. (Keo) Bueno, chicos, ¿ya están listos? (Todos) ¡Sí, señor! (Keo) Les avisaré a mis otros padres sobre la situación.

—Procede a avisarles por mensaje telepático—. —Pasan unos minutos—.

(Keo) Dicen que esta vez quieren acompañarnos en una aventura. Hace poco empezaron a entrenar y quieren aprender, así que aprovecharán, aunque sea peligroso. Dicen que, bueno, nos reuniremos con ellos en aquel mundo. —Todos proceden a teletransportarse al mundo—.

(Keo) Ya veo, este lugar es demasiado diferente a los que he visto :0

(Rair) Pues la verdad, sí. Está dividido en dos partes: una ciudad moderna y una ciudad antigua. La persona que veremos está en la ciudad antigua.

(Keo) ¡Ooh, ya entiendo! Bueno, yo quiero explorar primero la antigua. Su arquitectura se ve más interesante. (Dunkel) Igual.

(Lozir) ¡Qué emoción! Ya me dieron ganas de entrenar, jajaja.

(Brik) A mí igual. Nunca he ido a un mundo tan lejano y diferente.

—Empiezan a explorar la ciudad antigua y compran muchas cosas bonitas. Rair los lleva al palacio donde se encuentra el entrenador—. (Rair) Es aquí, chicos. Vamos a entrar.

(Samantha) ¡Siii! Qué emoción entrar a un palacio nuevo. (Mili) Eso debe ser toda una experiencia, jajaja. (Teris) He oído hablar de los oncen, dicen que son muy relajantes. (Keo) Bueno, tenemos que echar un vistazo rápido, ajaja. (Lility) Eso sí, no se distraigan mucho. El virus crece rápido y debemos estar centrados en el ataque. Así que ya saben. (Lina) Espero que este entrenamiento sea muy efectivo. —Llegan a la habitación del entrenador—. (Rair) Buenas noches, Hiraku Yoshida.

(Hiraku) ¡Buenos días, querida amiga! Qué bueno volver a verte *dice mientras sostiene su peluche.*

(Rair) Igualmente, me alegro de volver a verte. (Hiraku) Jaja, sí. ¡Wow! ¿Estos son tus amigos?

(Rair) Sí, sí, ellos vinieron acá para entrenar. Y de hecho, faltan dos. Jaja, ya mismo vienen.

(Hiraku) Bueno, entonces vamos a conocernos mientras los otros dos llegan.

(Keo) Un gusto conocerle, Hiraku. (Hiraku) ...¿Señor, usted es Keo? (Keo) Sí, soy yo, jajaja.

(Hiraku) ¡¿QUÉEEE!!!? ¡Imposible! ¡Acá eres famoso por todas partes! La gente se muere porque visites este mundo.

(Keo) Oh, ya veo. Por eso muchas personas se quedaron sorprendidas mientras caminaba con mis amigos y familia.

(Hiraku) Seguro que no se lo podían creer. (Keo) Jajaja. (Hiraku) Será un gusto poderlo entrenar.

(Keo) Qué bien. Oye, de hecho, un amigo de nosotros también sabe sobre el autocontrol. Es este señor llamado Belis.

(Belis) Hola, ¿qué tal? (Hiraku) Hola, Belis. Ando bien, ¿y usted? (Belis) Yo, pues, muy feliz.

(Keo) Y estos son Lozir, Dunkel, Lirais, Rumplis, Rebeka, Samantha, Lility, Death, Brik...

(Hiraku) ¿Brik, el que derrotó a los socialistas? (Keo) Ese mismo. (Brik) Jajaja, sí, soy yo.

(Hiraku) ¡Wow! Creo que has cambiado, entonces. Jajaja. (Brik) La verdad, sí.

(Keo) Entonces, acá están Sirik, Teris, Yoris, Cristfer, Lina, Chris, Yessi, Erik, Darkly, Mili, Tru y Bli.

(Hiraku) ¡Wow! Son un montón. La verdad, yo solo no podría entrenarlos a todos, pero menos mal que está Belis.

(Belis) Sí, sí. Yo estaré dispuesto a ayudarle. (Hiraku) Y supongo que Tru, Mili y Bli son los tres economistas más grandes de todos los mundos. (Mili) Exacto, esos somos nosotros. :D

(Hiraku) Qué bueno, estoy rodeado de personas famosas y talentosas.

(Keo) Cada cual tiene una historia muy interesante. *¡Toc toc!* —Hiraku alguien toca la puerta—.

*Abre la puerta y entran los invitados.* (Hiraku) ¡NO PUEDE SER! ¡Son los Ardalich! ¡Freisk Ardalich y Ambaria Ardalich, los mayores inversores que he conocido!

(Ambaria) Así es, esos somos nosotros. (Freisk) Es un placer conocerle.

(Keo) ¡PADRES! :D ¡Por fin nos acompañarán en una aventura por primera vez!

(Freisk) Pues sí, la verdad nuestras inversiones han ido bien y hemos podido alcanzar la libertad financiera de nuevo. Así que sí, podemos acompañarles.

(Hiraku) Entonces, vamos, ¡hay que entrenar con ánimo! Les daré todo mi conocimiento junto con el de Belis en 2 días.

(Belis) Bien, hay que poner este plan en marcha.

(Hiraku) Bien, todo comenzará mañana. Por hoy, descansemos, que es súper tarde. Llamaré a los guardias para que los lleven a sus habitaciones.

(Keo) Bien. (Freisk) ¡¿QUÉEEE?! ¡RECIÉN ME FIJO! ¿ELLOS SON LOS 3 ECONOMISTAS MÁS PODEROSOS DEL MUNDO? (Keo) Sí, sí. (Mili) Un gusto conocerle, jajaja. (Bli) ¡Wow, qué emoción! ¡Todos nos conocen! (Tru) Casi todos, jajaja. (Freisk) ¡Wow, tremenda sorpresa me llevo en esta aventura!

(Ambaria) Eso es genial. Espero que, juntos, desarrollemos nuestros poderes y derrotemos el parásito del socialismo.

(Mili) ¡EXACTO! ¡HAY QUE DECIRLES NO A ESOS ZURDOS HIJOS DE PU$%#!!! (Death) Jajaja, ¡qué ánimo más bueno tienes!

*Todos se van a dormir para entrenar al día siguiente.*

**Capítulo 5-4: Desbloqueando el autocontrol**

(Hiraku) Bien, chicos, qué bueno tenerlos a todos reunidos aquí en el patio. Que comience el entrenamiento. (Belis) ¡Sí, que comience!

*Belis y Hiraku unen sus poderes y los atacan de forma repentina. Logran derribar a todos en tan solo 2 segundos.* (Keo) ¡¿QUÉEEE!!!??? (Dunkel) ¿Qué fue lo que hicieron? (Lility) Nunca pensé que nos derrotarían tan rápido. (Keo) No estábamos preparados... (Ambaria) ¡Wow! ¡Mi primer entrenamiento será genial! (Erik) Qué bueno que te la pases bien en tu primer entrenamiento. (Ambaria) Gracias.

(Belis) Los logramos derribar en una cantidad de tiempo lamentable. Esto demuestra que no están preparados para recibir ataques sorpresa.

(Brik) Mmm... No lo digo en modo de insulto ni nada, pero ¿qué tiene que ver eso con el autocontrol?

(Hiraku) Más de lo que crees. Un ataque sorpresa incrementa tu ira un 20% de forma inconsciente.

(Brik) ¡Oh, ahora entiendo!

(Belis) Bueno, chicos, durante estos dos días prepárense para recibir cualquier ataque sorpresa. La idea es mantener la calma en todo momento y no perder el control.

(Hiraku) Hagan un espacio donde acumulen todo su odio y emociones negativas, y no las dejen salir. Enójense por dentro y controlen su exterior. Así podrán pasar este entrenamiento con éxito. (Brik)

Bien. (Mili) ¡Es hora de dar el máximo potencial! (Yoris) ¡Estamos listos! *Comienza una batalla intensa* (Sirik) Lozir, ¡ten cuidado! Belis te va a atacar por la espalda, lo predije.

(Lozir) Bien, bien... *Esquiva el ataque de Belis, pero Hiraku le ataca.* (Lozir) ¡Aaaaah!

*Lozir, brutalmente enojado por ese ataque de mal gusto, lo piensa en su mente.*

(Cristfer) ¡Wow! Puedo mantener una emoción positiva mientras mantengo las negativas. *Le dan un golpe en la cara que lo hace volar.*

(Cristfer) ¡AAAAA! (Rair) ¡Amoooo! (Teris) Estos manes piensan que podrán conmigo. ¡Mi autocontrol es eterno! *Logra esquivar todos los ataques.* (Keo) Jajaja, los esquivó sin usar un poco de magia o algún poder.

(Samantha) Es increíble cómo esquivan mis balas, pero molesta a la vez. (Death) ¡Cuidado, Samantha! *Death bloquea el ataque.*

(Tru) Esto será muy divertido.

*Esquiva todos los ataques, pero le dan un golpe en el estómago.*

(Tru) ¡AAAAAA! ¡Cómo duele! *Vomita.*

(Yoris) Yo sí me enojo fácil, pero hay que hacer el intento.

*Yoris los ataca. Cada vez el poder de todos va incrementando y el de Belis y Hiraku disminuyendo.* (Belis) ¡Se están poniendo super fuertes! ¡Sigan así!

(Chris) ¡Esoooo! ¡Lo estamos logrando!

*Hiraku derrama una taza de café en el suelo.*

(Chris) ¡¿QUÉ HAS HECHO, HIJO DE #@$?! ¡LA @$@ DE @$#($%# TU @#$ MA$@#@! ¡VETE A@!!#### #$# @##$*@ MALDITO!

(Belis) ¡JAJAJAJA! Ya falló. (Hiraku) Muero de risa. Se enoja por una taza de café que realmente solo llevaba agua sucia.

(Chris) ¿¡QUÉEEE!? *Chris debe mejorar más. Se esfuerza por evitar enojarse.* (Freisk) Uf, me mantengo firme en mi primer entrenamiento.

*Belis lo ataca, pero Freisk lo esquiva y golpea a Belis en un muslo.*

(Belis) ¡Auch! Mi muslo, esto ya se anda poniendo serio. (Lirais) ¡Rompió un libro delante mío...!

*Lirais trata de controlar su enojo.* (Erik) ¡RUMPLIS, CUIDADO! *Jalan por el pelo a Rumplis.*

(Rumplis) ¡Aaaah! *Lo tiran contra una pared.* (Darkly) ¡Auch, eso sí que debió doler!

(Rair) Pobre Rumplis. (Keo) A mí no me van a poder derribar. *Logra atacar a Hiraku.*

(Hiraku) ¡Haaa!

(Keo) ¡Te atrapé! *Con su poder, crea una jaula y encierra a Hiraku.*

(Brik) Ahora es mi turno. *Brik se llena de una ira tan potente, pero logra mantener el autocontrol. En un intento de Belis por esquivar un ataque de Brik, sufre un golpe bajo.*

(Belis) ¡Aaaaah! MIS HUEVOOOOOS! *Le falta el oxígeno.* (Brik) ¡Noooo! ¡Perdón, no te quise dar ahí! 0_0 *Belis se desmaya del dolor.* (Keo) ¡Nooooo!

(Hiraku) Eso sí que debió doler. (Erik) ¡NOOOOOO! (Rumplis) ¡Jajajaja! (Darkly) No se preocupen, chicos, yo lo curo. *Hace magia para curarlo.* (Belis) ¡Aaaah! ¡Todavía me duele! ¡Ayudaaa!

*Vomita.* (Brik) Lo siento, Belis. (Belis) Bueno, chicos, que pare el entrenamiento de hoy. Además, ya es muy de noche.

(Hiraku) Bien, creo que por hoy es suficiente. Así que prepárense para el siguiente.

(Keo) Bien, espera, Belis. *Keo cura a Belis con su varita.* (Belis) Uff, ahora me siento mucho mejor. (Rumplis) ¡No paro de reír! ¡Ayuda!

*Se ríe tanto que no puede caminar, así que se cae al piso y sigue riendo.*

(Rebeka) Este Rumplis no se puede tomar nada en serio. ¿No ves que casi pierde sus miembros? (Rumplis) ¡¿QUÉ?! ¡JAJAJAJAJA! (Lirais) Bueno, dejémoslo reír. (Sirik) La verdad, yo tampoco me puedo aguantar.

*Se empieza a reír también.* (Death) ¡Jajajaja! *Todos aprovechan y se van a descansar y relajarse .*

*Mientras tanto, en el baño (Hiraku) Bueno amigos miren asqui esta el increible baño!!! (Keo) WOW ES UNA PICINA ENORME CON AGUA CALIENTITA (Hiraku) ASI ES* (Rumplis) es increible este sitio (Hiraku) si si y bueno el de mujeres esta al otro lado (Samantha) GENIAL ENTONCES MAS ESPACIO SIIIII !!! (Hiraku) Bueno en este mundo mejor conocido como kioyi es parte de nuestra cultura bañarnos entre muchas personas osea en grupo (Brik) QUEEEE!!!??? ESTAS LOCO ??? (Dunkel) ESO ES GENIAL LE LAVARE LA ESPALDA A ERIK (Erik) Bueno mejor todavia jajaja la idea es que rumplis no venga con sus bromas y se orine en la picina (Rumplis) NO JAMAS HARIA ALGO ASI !!! (Keo) AJJAJAJA Bueno vamos (Brik) bueno mmm yo me bañare otro dia que no estemos aca ademas no sude mucho (Chris) De que hablas? Fuiste el que mas sudo de seguro ya hueles a cebolla ven con nosotros ! (Brik) 0_0 no gracias yo ando bien (Hiraku) bueno no te preocupes cuando nosotros terminemos puedes entrar asi estara mas solo (Brik) eso es GENIAL * Brik sale corriendo de hay * (Brik) ufff eso estuvo serca demasiado serca.

*Mili se despierta.* (Mili) ¡Agg! No puedo dormir bien, tengo hambre. *Va a la cocina y se prepara 20 tacos y 30 galletas y se sirve un galon de jugo enorme.*

(Mili) ¡Mucho mejor! :D

(Brik) ¿Qué haces, Mili? (Mili) ¡AAAAAAAA! ¡Qué susto me acabas de dar!

(Brik) Es que tampoco puedo dormir. Oye, ¿me das un taco? :D

(Mili) Bueno, ten. *Le da dos.* (Brik) ¡Gracias, jaja! (Mili) También tenías hambre, supongo.

(Brik) SI jajaja solo fuy a ducharme pero me entere de que en este mundo las personas comparten baños y pues nose mejor me baño despues (Mili) eso es cierto

(Brik) otra cosa es que casi no duermo desde aquel día en que ocurrió eso...

(Mili) ¡Ohh, entiendo! A mí a veces me pasa, fue muy traumático. Pero bueno, estoy seguro de que quizás algún día los veas. Mira, por ejemplo, Rebeka murió, pero revivió a Keo. Aún le quedan pastillas para revivir personas, solo que dudo que sirvan.

(Brik) No funcionarán. Los cuerpos de mis amigos desaparecieron cuando perdí la cordura.

(Mili) Por eso, pero lo que trato de decir es que quizás exista alguna forma de traerlos del más allá.

(Brik) Eso sí es cierto. Vivimos en un mundo donde si sabes magia, no mueres ni envejeces por las pociones. Pero si mueres, sin importar si tienes magia o no, terminas en otro lugar donde jamás morirás. Pero siempre me he preguntado... ¿por qué?

(Mili) Me hago la misma pregunta.

(Brik) ¿Qué sentido tiene? ¿Acaso el mundo de los muertos es mejor?

(Mili) Quizá en ese mundo los humanos buenos disfrutan del poder ilimitado.

(Brik) A lo mejor, por eso. Pero se nota que salir de ahí es difícil.

(Mili) Eso sí... Bueno, Brik, mira, ten esta poción de sueño. Estoy seguro de que te sentirás mejor si duermes al menos 8 horas.

(Brik) Bien pero me la tomare despues cuando los demas salgan de el baño ire a bañarme. (Mili) vale !!! Tomala completa esa tiene mucho efecto bueno ya comí, ahora a dormir.

*Mili se va a dormir . Keo, Cristfer, Chris y Death siguen despiertos.*

(Keo) Jajaja, como aún tenemos energía, vamos a jugar videojuegos.

(Chris) Bien, aunque siempre me gusta jugar acompañado de una buena taza de café.

(Death) Así se habla, pero dame café a mí también.

(Cristfer) Jajaja, si toman café a esta hora, dudo que puedan dormir bien.

(Death) Da igual, todos nos levantaremos a las 9 y son las 10.

(Chris) Usted tiene toda la razón. (Keo) Bueno, ¡a jugar! *Mientras juegan videojuegos...*

(Cristfer) Oye, Keo, ¿recuerdas el libro que te di hace tiempo?

(Keo) Sí, recuerdo con claridad. (Cristfer) Ese ser es el virus, ¿ves?

(Keo) Sí, me sorprende que esto esté pasando. La verdad, nunca pensé que un virus tan fuerte, capaz de destruirlo todo poco a poco, regresara.

(Death) Me da un poco de miedo, pero dicen que las únicas ciudades bonitas y estables del virus son socialdemócratas. Por un lado, las ves bien bonitas y ves a la gente "feliz", pero por otro lado, son infiernos fiscales con impuestos super altos. Y peor aún, hay mucha discriminación. Además, las ciudades y mundos así, a veces, no funcionan por la corrupción y se caen rápido.

(Chris) Eso suena horrible, prácticamente el virus no tiene nada bueno.

(Keo) El creador de este virus también fue el que escribió un libro malvado que envenena las mentes, prometiéndoles algo irreal.

(Cristfer) Mis habilidades mágicas han aumentado mucho. Ya no necesitaré usar a nadie con el hechizo ese de amor, nunca lo volví a hacer. (Death) Eso es bueno.

(Chris) Oye, Keo, ¿y ese libro además de envenenar mentes, qué más hace?

(Keo) Crea gobiernos corruptos y autoritarios. (Chris) Eso sí que es muy feo.

(Death) Odio que las personas prometan cosas buenas, pero terminen dándote una mier#$4.

(Keo) Es triste e injusto, la verdad. (Cristfer) Sí, es triste. — Se desvelan jugando hasta las 12. —

*Al siguiente día...* (Keo) Ufff, qué emoción, un día más para entrenar.

(Hiraku) Sí, hoy el entrenamiento será fuerte.

— Hiraku y Belis se fusionan y se convierten en uno solo. —

(Bli) ¡¿QUÉEEEE?! ¡¿CÓMO ES ESO POSIBLE?! ¡NUNCA HABÍA VISTO UN PODER ASÍ! (Keo) Yo tampoco.

(Hiraku y Belis) JJAJAJAJA. Keo, no uses tu barita en este entrenamiento, ¡queremos ver qué tan fuerte eres en realidad!

(Keo) ¿Me están retando? Bueno, no queda otra opción. — Guarda su barita en su bolsillo. — (Keo) Bien, ahora sí, estoy listo. (Dunkel) Ese es mi hijo.

— Comienza la batalla. —

(Freisk) No nos vas a derrotar tan fácil, gigante enorme, ¡he aprendido mucho de este entrenamiento!

— Freisk logra atacar al gigante. —

(Hiraku y Belis) ¡AAAAA! (Ambaria) ¡Wow, es demasiado rápido!

(Rebeka) La verdad, sí, apenas veo al gigante... ¡AAAA! — El gigante ataca a Rebeka. — (Ambaria) ¡Noooo! (Hiraku y Belis) ¡No se distraigan!

(Tru) Yo no ando distraído. — Le lanza un ataque potente, pero lo esquivan. —

(Hiraku y Belis) ¡Demasiado lento el ataque!(Tru) ¡QUEEEE!!!!!

(Teris) ¡Esto es horrible! — Rair ataca al gigante por la espalda. — (Rair) ¡Tremendo punto débil!

(Hiraku y Belis) Mmm, entonces haremos esto más difícil. — Se mueven a la velocidad de la luz. —

(Chris) Ahora sí que no los podré ver. (Cristfer) Esto sí que está complicado.

(Samantha) ¡Imposible de ver! ¡Me andan atacando por todas partes, está difícil!

(Hiraku y Belis) ¡Qué flojos! — Pasan varias horas. — — Teris logra atacar al gigante. —

(Yoris) ¡Así se hace, Teris! (Teris) ¡Cuidado, son muy rápidos! (Death) ¡Aaa, me atacaron en el estómago!

(Rumplis) ¡Esta vez sí que verán mi poder extremo! — Rumplis se transforma en un gigante también. —

(Todos) ¡QUEEEEEEE!!!!!!!! (Keo) ¡Pero cómoooooooo!

(Rumplis) Este poder no lo tienen todos. — Rumplis procede a golpear a Hiraku y a Belis unas mil veces. —

(Hiraku y Belis) ¡Aaaaaa! — Siguen peleando todos, y el poder de Rumplis se agota. Pasan varias horas y ya es de noche. —

(Keo) Esta vez sí que me verán en acción, ya quiero irme a dormir. — Keo los ataca con un poder desintegrador, es tan fuerte que los derrota. —

(Belis) ¡Aaaaa! ¡Ya me separé! (Hiraku) ¡Demasiado fuerte, demasiado fuerteeeeeeeeee!

— Pasan unos minutos. —

(Hiraku) Chicos, creo que han entrenado bastante bien, la verdad. Además, los veo muy cansados. (Lility) Yo ando que me duermo en el piso, y para colmo se acabaron las pociones de energía.

(Chris) Bueno, a mí me queda café.

(Keo) ¡Dame un poco, jajaja! — Chris le da café a Keo. —

(Keo) Aún así tengo mucho cansancio. (Chris) Igual.

— De repente, se escucha un temblor fuerte. — (Hiraku) ¿Qué fue eso? — Se abre un portal y aspira a todos. —

**Capitulo 6-4: Corre o Muere**

— Todos terminan en una ciudad rara. — (Keo) ¿Qué es esto?

(Mili) ¿Por qué corren tantas personas en las demás ciudades?

(Bli) ¡No puede ser! ¡Miren eso en el cielo! (Mili) ¿Es el símbolo comunista? (Bli) ¡Síiiii!

(Tru) ¡NOOOOOO! ¡Ya andan destruyendo el primer mundo! O no sé si sea el primero, pero hay que frenar esto. (Keo) ¡Sí, hay que frenarlo! — Por alguna extraña razón, ninguno tiene magia, pero no se dan cuenta. — — Se escucha un pie enorme caer al suelo. — (Rumplis) ¡¿Qué fue eso?! ¡Ya me está dando miedo! — Un gigante aparece. —

Gigante: ¡¿QUIÉN ANDA AHÍ?! (Keo) ¡Demonios, es enorme!

(Mili) ¡No puede ser, es uno de los soldados más fuertes! ¡Es el complacido de los dictadores! (Death) ¡Hay que derrotarlo! (Brik) ¡Vamos, que sí se puede! Gigante socialista: ¿Piensan que me derrotarán?

(Brik) Pues claro, a ustedes parásitos ya los había derrotado. — Brik intenta usar su magia, pero no funciona. — (Brik) ¿¡Qué sucede!? ¡No sirveee! (Keo) ¿¡Qué!? ¿Cómo es posible? (Mili) ¡No puede ser! (Teris) A ver, ¡todos usen su magia! — Todos usan su magia, pero no pasa nada. — Gigante socialista: ¡JAJAJAJAJAJA!

(Lozir) No nos queda otra opción... ¡CORRAN!

(Keo) ¡CORRAN, PERO NO SE SEPAREN!

**Capítulo 6-4: Corre o Muere**

— Gigante socialista: Yo los voy a derrotar. Mi poder anula otros poderes, por eso soy el complacido de los dictadores. Si pudiste derrotarme, Brik, es solo porque me atacaste por sorpresa.

(Brik) ¡NOOOOO! ¡Eso es imposible! — El gigante los persigue. — — Mientras todos corren. —

(Keo) ¿Qué podemos hacer para evitar que nos mate?

(Mili) No lo sé. Quizás escondernos o alejarnos de él puede servir, pero es demasiado rápido. Además, sin poderes, es un infierno.

(Lina) No se me ocurre nada, solo correr y evadirlo, o sea, irnos por todos los pasillos hasta que no nos encuentre.

Gigante socialista: ¡Jajajaja! Los escucho susurrar nerviosos. (Sirik) No se me ocurre nada igual.

(Erik) Una vez hice una poción que, cuando la tirabas, abría un portal a Oldi Sanjis.

(Keo) ¡Perfecto! ¡Podemos usarla!

(Darkly) Sí, pero Erik no sabe en qué parte de su maletín la puso. Además, ¿cómo revisaremos un maletín mientras corremos? (Lozir) Eso déjenmelo a mí, yo tengo alas.

— Lozir agarra el maletín y se va volando. —

(Lozir) ¡Corran, los seguiré mientras reviso el maletín de Erik! (Erik) ¡Bien, pero no dejes que nada se pierda!

(Ambaria) ¡Aaah! Ya se me están cansando los pies, además estamos cansados por el entrenamiento.

(Hiraku) Tienes razón. *Llora* ¡Deseo estar en casa durmiendo! (Tru) ¡Esto es el infierno!

(Yoris) ¡Me duelen mucho los pies también! — Dunkel tropieza. —

(Keo) ¡Padre, no! — Keo levanta a Dunkel. — (Dunkel) Gracias, hijo. Vamos a seguir corriendo.

(Lozir) ¡Chicos, no encuentro nada! (Belis) ¡Nooo! (Erik) Entonces creo que la dejé en casa.

(Keo) Mmm… ¡Rumplis! (Rumplis) ¿Qué pasó? (Keo) ¿No conoces una forma de recuperar nuestros poderes?

(Rumplis) Mmm… Pues la verdad no sé. A ver, dejen leo mi libro de magia. (Freisk) ¡¿Quéeee?! ¡No es momento de ponerse a leer!

(Rumplis) No se preocupen, chicos. Lozir, cárgame. (Lozir) ¡¿Quéeee?! ¡Pero tú pesas! (Rumplis) ¡Dale, no seas perezoso! (Lozir) Bueno.

— Lozir carga a Rumplis mientras Rumplis lee su libro de magia y pociones. —

(Samantha) ¡Agg! Me duelen las piernas, ¡igual que horror!

(Death) ¡Ya me ando durmiendo! — Corren, pero se sienten demasiado cansados. —

(Rumplis) ¡CHICOS, LO TENGO! ¡UNA POCIÓN QUE DA ENERGÍA MIENTRAS HACE QUE RECUPEREN SUS PODERES DE UN ANULAMIENTO! (Lozir) ¡Va, va! ¿Y cómo la vas a preparar?

— Rumplis saca su mini fábrica de pociones. — (Rumplis) ¡Con esto, jajaja! ¡Ese gigante socialista las va a pagar! — El gigante se vuelve cada vez más rápido. —

(Rumplis) Bueno, que comience la preparación. — Rumplis procede a preparar la poción. — (Keo) ¡Agg! Me ando cansando igual, esto es malo.

(Rumplis) No se preocupen, chicos. Lozir, bájame y baja tú también al suelo. (Lozir) ¡Va!

— Una vez Lozir baja al suelo, Rumplis tira la poción, haciendo una gran explosión. — Gigante socialista: ¡¿QUÉ ES ESTO?!

(Keo) ¡Nuestra venganza! ¡Ahora sí que valiste por habernos atrapado aquí! — Empiezan a atacar al gigante. —

Gigante socialista: ¡Aun así no podrán atacarme, soy casi invencible, jajajaa! (Keo) ¡Eso ya lo veremos! — Keo ataca al gigante con sus poderes. — — El gigante esquiva épicamente. —

(Keo) ¡¿QUÉEEE?! (Teris) ¡Al ataqueee! — Todos empiezan a atacar y pasan varias horas. —

Gigante socialista: ¡Ahora sí podré volver a anular sus poderes, JAJAJAAAAAAA! (Mili) ¡NO! ¡Esta vez no lo vas a lograr! ¡Vamos, Bli y Tru, hagan su técnica!

(Tru) ¡Vaaaa! (Bli) ¡Bien! (Tru) ¡DESTRUCTOR DE CÉLULAS NUEVAS! — Las células nuevas del gigante se destruyen. — Gigante socialista: ¡Aaaaah!

— El gigante ataca a Cristfer, pero Cristfer esquiva. — (Bli) ¡MEGA JAULA!

— Una jaula enorme e indestructible atrapa al gigante. —

**Capítulo 6-5: El Trio Económico y la Victoria**

(Mili) ¡DESINTEGRADOR DE SOCIALISMO!

— El poder de Mili hace que el gigante se desintegre hasta desaparecer. —

(Keo) ¡WOOOOW! Nunca había visto una combinación tan épica de poderes. (Bli) ¡Gracias, jajaaj! (Mili) A este poder le llamamos... — Mili, Bli y Tru: ¡EL TRIO ECONÓMICO! — (Erik) ¡Wow!

(Dunkel) ¡Me dejaron impresionado! (Brik) Ese es mi poder favorito, ¡me encanta verlo en acción!

— Una vez el gigante es derrotado, muchas personas recuperan sus poderes. —

(Keo) Bien, ahora vamos a ayudar a la ciudad a deshacernos de estos inútiles.

— Keo y todos proceden a ir a ayudar a la ciudad. — (Lility) Me pregunto cómo se llama esta ciudad. (Rumplis) Mira, ahí lo dice: Tirus City. (Lility) ¡Ooo, ahora ya sabemos dónde podemos ir de vacaciones, jajaja! (Keo) Sí, sí, buena idea. — Logran sacar al virus de la ciudad. —

(Keo) Bueno, lo hemos logrado. Volvamos a mi mundo a descansar. (Mili) Bien, mañana continuamos.

**Capítulo 7-4: ¿Qué Haremos?**

(Keo) Chicos, llamaré a los sirvientes para que los lleven a sus habitaciones.

(Todos) ¡Vale! — Al siguiente día — (Keo) Bueno, ya que hemos descansado, ¿cuál debería ser nuestro siguiente paso?

(Mili) Debemos evitar que el virus se expanda por los demás mundos.

(Bli) Mmm, podemos atacar dictador por dictador. Si están separados, son más fáciles de vencer.

(Brik) A mí se me hizo muy difícil derrotar a ese gigante. Algo me dice que sus poderes incrementaron.

(Death) Si sus poderes incrementaron, no tenemos más opción. Lo mejor que podríamos hacer sería ir a mundos que aún no hayan conquistado. A advertirles. Una vez se escondan, podemos usar nuestros poderes a nuestro antojo sin lastimar a nadie.

(Tru) Me parece una muy buena idea. (Keo) Bien, con mis poderes puedo avisarles a todos.

(Lility) ¿Cómo es que encontraremos a esos dictadores malvados?

(Samantha) Mmmm… ¡Ya sé! Podemos buscar mundo por mundo, uno que esté totalmente invadido. ¡Debe haber alguno!

(Tru) Eso sí es buena idea, pero hay que tener cuidado porque los mundos totalmente anexados tienen la capacidad de anular poderes.

(Rumplis) Puedo hacer la misma poción, pero esta vez distinta, para hacer que el poder de anulamiento no funcione más. (Keo) ¡Perfecto! (Rumplis) Ah, por cierto, les preparé un pastel.

— Los mayordomos traen un pastel enorme que luce brutalmente delicioso. — (Erik) ¡PASTEEEEL! (Dunkel) Ufff, ¡qué delicioso se ve! (Keo) Bien, comamos pastel mientras planeamos.

(Lozir) Muchas gracias, Rumplis. (Rumplis) De nada. (Lility) Bien, queridos humanos, ¡yo picaré el pastel! — Procede a picarlo — (Lility) ¡¿QUEEEE?! ¡ES UN PASTEL HECHO CON ESPONJA!

(Rumplis) JJAJAJAJAA. ¡La mejor broma que he hecho! (Keo) ¡Aggg! Rumplis, ¡esta vez te pasaste!

(Mili) Sí, ¡estoy enojado también! (Erik) ¡Esta vez la vas a pagar!

(Rumplis) ¡NOOO! ¡CHICOS, CHICOS, CALMENSE! (Dunkel) ¡A por él!

— Rumplis sale corriendo por todo el castillo mientras los demás lo persiguen para darle una paliza — (Rumplis) ¡AAAAAA! ¡ME VAN A MATAAAAR! (Lirais) ¡Prepárate para recibir tu primer derechazo! (Darkly) ¡Vamos a meterlo en una cubeta de agua! (Rumplis) ¡Nooo! — Sigue corriendo —

(Rumplis) ¡Miren chicos!

— Hace magia y de la nada aparece un pastel mil veces mejor en otra mesa del castillo. —

(Rumplis) ¡Chicos, miren! (Keo) ¡WOOOOOOW!

(Cistfer) Se me hace agua la boca con tan solo verlo... ¡qué obra de arte! :0

(Death) ¡AAAAA! Lility, pica el pastel de una vez, ya tengo ganas de probarlo.

(Lility) Bien. *Saca su cuchillo más afilado y oscuro.*

— *Pica el pastel en pedazos enormes para todos.* —

(Darkly) ¡Yeeey! ¡Muchas gracias, Lility! (Erik) Jajaja, la broma le salió bien mal a Rumplis esta vez.

(Rumplis) La verdad sí. (Samantha) ¡Muero de risa, Rumplis!

(Lozir) Ya le iba a dar un buen derechazo... con los postres no se bromea.

(Dunkel) Exacto. (Ambaria) Usted tiene toda la razón. (Rebeka) Bueno, chicos, hay que planear lo que haremos.

(Rumplis) Cierto. (Freisk) Tengo miedo de que vayan a atacar Liltod... esos locos. Creo que es mejor que se les avise.

(Keo) Hazlo a través de tu empresa, ya saliste de la quiebra, ¿no?

(Freisk) Sí, la quiebra ya la superamos. Hay que avisarles, es ahora o nunca.

— *Freisk se va a Liltod para avisarles a todos.* —

(Tru) Bien, chicos, también hay que hacer uso de las redes sociales para avisar a la población que se escondan de esos locos.

(Keo) Cierto. (Sirik) Eso déjenmelo a mí. (Yoris) Sirik, ¿te puedo ayudar también? (Sirik) Bien, entonces ya estaríamos listos.

— *Sirik y Yoris publican noticias en las redes para que las personas se enteren.* —

(Sirik) Aprovechando mi éxito, puedo proteger hasta la uni. Aunque la uni es casi imposible de invadir, ya que tengo casi todo mi poder concentrado en ese muro... o sea, la barrera protectora. No solo protegía de Blali, sino que también la puedo cambiar para que proteja del virus.

(Bli) ¡Wow, me impresionas! Jajaja. (Sirik) Gracias.

(Keo) Bien, entonces Rumplis, prepara la poción anti-anulamiento para así poder salir y derrotar a esos bastardos.

(Brik) Mi poder es brutalmente fuerte cuando me enojo. Aún así, no me voy a confiar. Usaré la poción, ya que algo me dice que su poder incrementó, además de que anularon mis poderes.

(Mili) Es raro, ya que antes a mí y a mis amigos no nos podía hacer nada ese poder. (Tru) Mmm, hay que tener mucho cuidado.

(Bli) Exacto, no nos confiemos tanto. Este enemigo puede conquistar todos los mundos donde haya vida... o no, así que mejor no corramos el riesgo.

(Dunkel) Usaré todo el poder que pueda para acabar con ellos.

(Teris) Yo también. (Lina) Si tan solo pudiera ver la forma en la que el virus se expande... quizá pueda estudiar sus movimientos, así podría predecir en qué lugares estarán.

(Keo) Eso es muy buena idea, habría que ir a un mundo que ya estuviese infectándose.

(Sirik) Podemos usar las redes sociales para ver cuáles lo están siendo. (Keo) Bien.

(Rebeka) Bueno, esta vez vamos a prepararnos bien. Utilicemos todo nuestro poder en caso de algún ataque masivo.

(Rair) Oye, Crist.

(Cristfer) ¿Diga? (Rair) ¿Recuerdas la poción que preparábamos para hacer que los nervios de las personas disminuyan?

(Cristfer) Sí, recuerdo. (Rair) ¿Podríamos usarla ahora?

(Cristfer) Cierto, oye Keo, ¿de casualidad no tienes algún lugar para preparar pociones?

(Keo) Sí, tengo uno. Los sirvientes te llevarán al lugar. (Cristfer) Bien, entonces iré a prepararles la poción.

(Samantha) No me parece mala idea, ya que me está dando un ataque de nervios.

(Belis) Yo también la necesito... quizá sea bueno en psicología, pero también hay veces en las que no me relajo. (Chris) Para eso, toma un poco de café, loco.

(Belis) No, mala idea. Después no puedo dormir. A mí el café me hace un efecto hiperenergético, así que mejor no, gracias. (Chris) Bueno, tú te lo pierdes.

(Yessi) Tengo miedo, ya que esta vez quizás nos enfrentemos a algo brutalmente extremo que quizás nunca me había imaginado. (Erik) Relájate, chico, no hay nada que temer. Simplemente no te confíes para evitar morir. Jajaja.

(Keo) Aún me quedan dos pastillas para revivir personas, así que si algo malo pasa, las puedo usar. (Yessi) Bien, gracias, Keo. (Keo) De nada. — *Freisk llega al castillo.* —

(Freisk) Ya vine, chicos. Les avisé a todos y también publiqué un par de noticias en las redes sociales. (Keo) Eso es genial.

(Ambaria) Bien, chicos, yo tengo poderes curativos que son bastante fuertes. Pueden funcionar con varias personas a la vez. Estos poderes son míos naturalmente.

(Keo) Es cierto. (Ambaria) Actualmente, donde no tengo tanta experiencia es en el combate, pero seré útil. (Dunkel) Eso es bueno. (Erik) ¡Qué espíritu! (Darkly) Esa es la motivación que hay que tener para hacer las cosas bien. (Teris) Exacto. (Keo) Entonces, salvemos al mundo de este virus asqueroso.

(Mili) Repitan conmigo: ¡ZURDOS HIJOS DE P@&#$! (Todos) ¡ZURDOS HIJOS DE P@&#$!

**Capítulo 8-5: Ataque a Rik City**

(Rumplis) Bueno, ya he preparado las pociones. Es hora de que se las tomen. (Keo) Bien. — *Todos se toman las pociones.* — (Rair) Yo, junto a Crist, creamos las pociones que quitan el estrés, la ansiedad, los nervios, etc. (Yoris) ¡Genial! — *Se toman las pociones.* — (Keo) Entonces, ya estamos listos para atacar.

(Sirik) ¡No puede ser, gente! ¡Están atacando una ciudad ahora mismo! ¡Una chica subió un directo!

(Keo) ¡No puede ser! ¡Es la Ciudad Tortura, ahora conocida como Rik City! ¡Pero ya la están destruyendo! ¡Tenemos que ir a salvarlos!

(Brik) ¡Vamos antes de que destruyan esa y todo su mundo! (Lozir) ¡Esto es una emergencia!

(Death) Bien, vamos a teletransportarnos. Ya se supone que estemos listos para cualquier ataque. Además, estoy seguro de que personas que usan magia también están protegiendo sus ciudades. ¡No nos quedemos atrás!

(Dunkel) Bueno, ya vámonos. — *Todos se teletransportan a la ciudad.* — (Keo) ¡Oh no! ¡La ciudad está siendo re-invadida!(Rumplis) ¡No puede ser!

(Brik) ¡Aaaaah! ¡Las tropas se dirigen hacia nosotros! — *Las tropas empiezan a cantar en coro.* — (Las tropas) ¡No más propiedad privada! ¡No más individualismo! ¡Que todo sea igualdad forzada, como debe ser! (Keo) ¡Aaaaah! ¡Qué miedo da!

(Rumplis) Vamos a pelear de una vez, parecen muchos, pero podremos derrotarlos. (Keo) Bien.

— *Las tropas empiezan a disparar, pero el equipo las esquiva.* — (Lility) ¡Aaaaah! ¡Casi me dan con una bala, qué horror!

— *Lanza ataques a las tropas malvadas.* — (Las tropas) ¡Justicia social, abolir propiedades privadas!

(Mili) ¡Eso jamás! ¡ZURDOS HIJOS DE P@&#$! (Bli) Vamos, Mili, no pierdas la paciencia.

— *Lanza un ataque de prisión a 100 soldados y el ataque los hace explotar.* — (Bli) Mucho mejor, sigues tú, Tru. (Tru) Cristfer, ¡haz un ataque conmigo!

— *Ambos hacen un ataque en cadena juntos, logrando derrotar a 200 soldados.* — (Rair) ¡Eso!

— *Lanza ataques.* —

(Belis) ¡Aaaaah! ¡Son demasiados, cadáveres salen más y más de ese globo!

(Sirik) ¡Oooh, entonces el problema debe ser el globo! ¡Chicos, vamos a atacar el globo de una vez! (Keo) ¡Bien! (Brik) ¡Estas tropas me hacen enojar mucho!

— *Se llena de ira, odio y rabia, y expulsa un poder super fuerte que acaba con mil soldados.* —

(Brik) ¡Ahora sí, pasen rápido, antes de que salgan más!

— *Mientras Keo y los demás se acercan, salen más tropas impidiéndoles alcanzar el globo.* —

(Las tropas) ¡Lo tuyo es mío y lo mío es tuyo, pero primero será del estado!

(Dunkel) ¡¿Qué?! ¡¿Estos están locos o qué tienen en la cabeza?!

(Hiraku) ¡Estas tropas están locas! — *Les lanza un ataque super fuerte que desintegra a 500 soldados.* — (Freisk) ¡Wow, me gusta ese poder! ¡Jajaja!

(Rebeka) ¡Ni son humanos, da miedo con solo ver esos soldados! (Lility) ¡Así es!

— *Lility, Rebeka y Dunkel lanzan un ataque masivo que acaba con dos mil soldados, pero aun así los soldados siguen incrementando con más rapidez.* —

(Keo) ¡Chicos, no se den por vencidos, estamos cerca del globo ya!

(Chris) ¡Ya saben, motivémonos de una vez!

(Teris) Bien, Keo, tengo una idea. Esta vez déjame actuar. ¡Préstame tu barita!

(Keo) Bien. — *Se la presta.* — (Keo) Pero... la barita solo la podían usar pocas personas. ¡Qué raro!

(Teris) Yo la puedo usar porque soy una persona diferente. Si puedo usarla, conozco la historia de esta barita y sé cómo controlarla, aunque solo lo podré hacer una vez.

(Keo) Entiendo. Entonces, hazlo.

(Teris) Yoris, Lina, usen sus poderes de sueño. Brik, tú usa los de pesadilla también.

(Brik) Bien.

(Teris) Ahora sí podré acabar con estos inútiles.

— *Utiliza el poder de la barita de Keo para incrementar los poderes de sueño y pesadilla de Yoris, Lina y Brik. También incrementa los poderes de los demás.* —

(Teris) Bien, ahora Brik, Lina y Yoris, ¡lancen su poder! (Yoris) ¡Enseguida!

— *Lina, Brik y Yoris lanzan su poder, logrando dormir a todas las tropas.* — (Keo) ¡Wooow, eso es genial!

(Teris) Por desgracia, solo podrán estar dormidas por unos segundos. Ten. — *Le devuelve la barita.* —

(Teris) Nunca te lo he dicho, pero esa barita tiene la capacidad de copiar cualquier poder que tengas en mente, así que usala bien. (Keo) ¡Oooh, entiendo! ¡Eso nunca lo supe!

(Dunkel) Igualmente, yo la tuve por un tiempo, pero jamás pensé que se usaría así. Qué pena que ya no la pueda usar.

(Teris) Bueno, chicos, ¡corran! (Lina) Algo me dicen que están despertando.

(Freisk) ¡Se mueven! (Hiraku) ¡Aaaaah! ¡Me agarraron un pie!

— *Lanza un poder que destruye 500 soldados.* — (Ambaria) ¡Corran!

— *Keo crea un poder de levitación, alcanza la altura del globo y le lanza un poder destructivo masivo que destruye el globo y elimina 999 soldados.* — (Keo) ¡Ufff, lo hice!

(Rumplis) ¡Genial, pero ahora tenemos que destruir todos los soldados! ¡Ya solo quedan 100!

(Lirais) ¡Jajaa, qué pocos! ¡Déjenmelo a mí!

— *Lirais lanza un poder brutalmente fuerte que elimina todas las tropas restantes.* —

(Los ciudadanos) ¡HURAAAA! ¡Wow, miren, es Keo! (Keo) ¡Jajaa, gracias, chicos!

— *Todos celebran su victoria, pero...* — (Mili) ¡Chicos! ¡Miren al cielo!(Keo) ¿Qué...?!

— *Un globo enorme se ve por los cielos.* — — *Caen un montón de tropas al suelo.* —

(Mili) ¡ZURDOS HIJOS DE @#**$*! ¡LA #$R P#&$* QUE M#$* P#$$&! (Tru) ¡Mili, relájate!

(Mili) ¡¿CÓMO QUIEREN QUE ME RELAJE?! ¡QUERÍA DESCANSAR Y TOMAR LIMONADA! ¡AHORA SÍ QUE ME LAS VAN A PAGAR!

Mili se enoja tanto que crea un poder para poder volar —
(Mili) ¡Este globo! Mili se acerca al globo para romperlo, pero de repente se escucha un disparo.
(Mili) ¡AAaAAAAaAa! (Bli) ¡NOOOOOO, MI AMIGOOOOOO!
Una bala le cae a Mili en el pecho. (Keo) ¡NOOOO! (Tru) ¡CORRAAAAN, HAY QUE SALVAR A MILIIIII!
(Mili) Ya me voy al más allá, chicos, mis últimas palabras: ¡ZURDOS, OJOS DE @$$*! (Lozir) ¡NOOO, ESO JAMÁS PASARÁ, MILI!
Lozir vuela súper rápido y Mili le cae en los brazos. (Lozir) ¡Eso te he salvado!
(Mili) ¡Cuidado, chico! Hay francotiradores en los edificios, ¡están disparando! (Lozir) No te preocupes.
*Lozir esquiva las balas.* (Lozir) Ahora, tómate esto. *Le da una poción de curación en un biberón.*
(Mili) ¿¡QUÉEEE!? ¡¿POR QUÉ UN BIBERÓN?!
(Lozir) ... Es que me gusta tomar pociones en el biberón. No sé por qué. No se lo digas a nadie, es mi mayor secreto.
(Mili) Bueno, la idea es sobrevivir. Mis amigos me necesitan, y yo los necesito a ellos.
*Se toma la poción* (Lozir) Bien, vamos al suelo.
Keo y los demás están atacando las tropas, pero el globo enorme no baja. Los ciudadanos están corriendo lejos de las tropas, pero algunos se quedan para atacar con su magia.
(Keo) ¡Luchen, que no se detengan!
(Samantha) ¡Agg, ya me tienen harta estas tropas inútiles! ¡Qué ganas de mandarlas al infierno!
(Erik) ¡A Hell City, jajaja!
(Darkly) *Ríe* Jajaja, bueno, chicos, no se distraigan. Sigan atacando. Yo también puedo volar. Lozir, Rair, tengo una idea: vamos a volar esquivando las balas y así, con nuestra magia, destruimos el globo.
(Lozir) Bien.
*Lozir, Rair y Darkly van volando directo al globo.*
(Keo) Bueno, Mili, ya que estás bien, ayúdanos a atacar. *Mili entra en acción.*

(Tru) Así me gusta, que des todo tu poder.
(Bli)... (Death) ¡Chicos, miren el poder que he estado guardando todo este tiempo!
*Lanza una explosión que solo altera a las tropas, pero nada que esté alrededor. Todos los soldados mueren.* (Keo) ¡¿QUÉEEE!? ¡Eso sí que no me había pasado por la mente!
(Death) Debes usar más tu imaginación. Vamos, tú tienes el poder más fuerte ahora mismo, ¿por qué no lo usas al máximo? (Keo) Lo siento, la próxima les prometo que seré más capaz.
(Death) No te preocupes. Es solo para que uses el máximo en confianza. (Keo) Bien.
(Rebeka) *Ríe* ¡El globo desapareció súper rápido!
(Rair) Lozir, Darkly y yo quemamos el globo y también nos deshicimos de los francotiradores. Así que todo estará bien por ahora. (Keo) ¡Eso es genial!
(Mili) Qué feliz estoy de que hayamos podido acabar con estas tropas. (Bli) ¡MILIIII!!! (Mili) ¿Qué sucede, Bli? (Tru)... *Bli le da un derechazo a Mili y Tru le da otro derechazo más.*
(Todos) 0_0
(Mili) ¡Aaaah, eso duele! ¿Por qué me golpearon?
(Bli) ¡Eso es por no cuidarte! ¿Acaso no piensas en los que te quieren?
(Mili) Es que no me di cuenta de que había francotiradores.
(Tru) Y si Lozir, Darkly o Rair no pudieran volar, ¿crees que estarías vivo? ¿O Keo, que también tiene alas y puede volar rápido y sin magia, aunque rara vez las use?
(Mili) Bueno, está el poder de Keo.
*Tru le da otro derechazo.* (Tru) Ese no es el punto, el punto es que no te cuidaste.
(Mili) Tienen razón, perdón por no haberme cuidado. *Tru y Bli abrazan a Mili.*
(Samantha) ¡Aww, qué bonitos!
(Rumplis) Menos mal que todo terminó bien, me asusté mucho cuando le dieron ese derechazo.
(Darkly) Yo pensé que esto se iba a descontrolar.
(Rair) Menos mal que no pasó nada malo, solo que hay algo que no me deja en paz. (Keo) ¿Qué sucede? (Rair) Algo me dice que van a volver.
(Sirik) Tienes razón, ¿qué podemos hacer?
(Belis) ¡Ya sé! Keo, crea una burbuja protectora anti-socialismo. (Keo) ¡Buena idea!
*Keo saca su varita y la crea.*
(Brik) Ahora sí estamos proteg-
*Un portal los traga a todos y aparecen en otra ciudad.*

**(Cap 9-4: La Social Democracia)**
*El portal se abre y todos caen en una ciudad.*
(Keo) ¿Qué es esto (Mili) Oh no.. (Bli) ¡Demonios, demasiadas banderas socialistas!
(Yoris) Pero la ciudad luce limpia (Belis) ¡Y colorida! (Tru)...

(Lility) — ¡Wow, miren, hay personas normales! (Rumplis) — ¡Alaaa!
(Mili) — De todos los socialismos, este es el más débil, pero aún así, no piensen que durará tanto.
(Keo) — ¿Qué es esto? (Tru) — Es un mundo socialdemócrata. (Keo) — Ooo.
(Bli) — Y algo me dice que, aunque se vea bonita la ciudad, es un tremendo infierno fiscal.
*Un humano grita.*
(Un humano) — ¡AAAAAA! ¡Seis mil en impuestos, nooooo! ¡Quedaré pobreee!
(Samantha) — Oh no, eso es malo, a ver, ayudaré a esa persona.
*Va donde la persona y le da la mitad de ese dinero.*
(El Humano) — ¡Muchas gracias, siento que me has salvado el día!
(Samantha) — No te preocupes, jajaja.
(Keo) — ¡¿QUÉEEE?! ¿Por qué impuestos tan altos?
(Mili) — Según el estado, es para "mejorar la calidad de vida".
(Tru) — Pero solo se roban el dinero, eso es malo.
(Keo) — Oh no, qué raro. ¿Y por qué aparecimos acá? (Mili) — Ni idea.
(Dunkel) — Algo me dice que pasará algo muy malo.
(Tru) — Quizás sí, ya que en estos sitios a veces venían los dictadores del virus a reunirse en el pasado.
(Keo) — ¡Oh no, eso es grave!
(Erik) — Tenemos que irnos de acá o decidir luchar.
*Se escucha una voz por toda la ciudad.*
(Voz) — Hemos creado un nuevo impuesto para que todos tengan Wi-Fi gratis. El impuesto será de quinientos y, si tienen bajos ingresos, de doscientos. (Keo) — ¡¿QUÉEEE?!
*Muchas personas empiezan a quejarse.*
(Erik) — ¡Es peor que la literatura de terror! ¡Esto sí que es brutalmente extremo!
(Brik) — A ver, vamos a teletransportarnos.
*Brik trata de teletransportarlos a todos a su ciudad.* (Brik) — ¡Chicos, no puedo!

(Chris) — ¡Oh no, esto es raro!
(Death) — Algo me dice que no se puede escapar de aquí...
(Samantha) — Por alguna extraña razón, mis poderes funcionan. ¿Chicos, los de ustedes también?
*Todos prueban sus poderes.* (Keo) — Sí, sirven, qué raro.
(Lility) — A ver, dejen, yo intento teletransportarlos.
*Lo intenta, pero no puede.*
(Rair) — Quizá sea un poder de anulamiento o una barrera que nos detiene.
(Cristfer) — Mmmm... ¿Recuerdan la vez que utilizamos pensamiento lateral para atrapar a Canibalismo? (Sirik) — Oh, sí, recuerdo esa vez.
(Christfer) — A ver, intentemos usarlo de nuevo, porque me viene a la mente que, quizás, si no hay forma de salir, los dictadores salían por alguna puerta o algo.
(Brik) — Pero no tiene lógica, o sea, a lo mejor ellos crearon este poder.
(Darkly) — ¿Y si es una característica de este mundo? (Hiraku) — Eso me vino a la mente también.
(Keo) — Entonces, exploremos hasta encontrar el edificio donde se reunían.
(Rumplis) — Si le preguntamos a alguien que tenga magia, quizás haya vivido más tiempo y nos pueda ayudar.
(Rebeka) — Buena idea, vamos a ir por alguien que tenga magia.
*Todos proceden a buscar por la ciudad a alguien que tenga poderes mágicos.*
(Chris) — ¡Chicos, encontré a alguien! ¡Miren, este joven conoce casi todos los secretos de la ciudad!
*Un hombre se acerca.*
(Hombre) — Tan joven, no soy, jajaja, tengo 320 años.
(Chris) — ¡¿QUÉEEEEEEEEEEEEEE?! ¡Yo solo tengo 30, ni Sirik tiene tanto! ¡No me #/&$&$!
(Keo) — Cálmate, Chris, no hables mal, a mí también me sorprendió, jajaja.
*Todos van donde están Chris y Keo.*
(Chris) — Bueno, señor, ¿puede decirnos por dónde vienen los dictadores?
(Hombre) — Bien, pero a cambio quiero que destruyan a los políticos malvados, para que así el poder que anula poderes de escape se desaparezca.
(Mili) — Bien.
(Hombre) — Me llamo Igor Ivanov.

(Igor) — Y yo los ayudaré también a acabar con este infierno y más.
(Keo) — Perfecto, Igor, ahora sí eres bienvenido en nuestro equipo. ¡Muchas gracias!
(Igor) — He estado tantos años solo, viviendo en mi castillo abandonado, alimentándome de lo que me traen algunas personas que me caen bien. Antes tenía un grupo de personas para revelarme ante el estado, pero todos fueron arrestados. Ya ni sé si siguen vivos, porque eso fue hace 70 años. Solo espero lograr salvarlos, si es que siguen vivos, aunque las prisiones en este tipo de sistemas son un chiste, la verdad.
(Bli) — Cierto, las prisiones no deberían ser hoteles. (Mili) — Lo mismo opino.
(Igor) — Exacto. Entonces, vamos al ataque. (Keo) — ¡Genial! :D
(Igor) — Si eliminamos los poderes, así es mejor, ya que solo tendríamos que romper la puerta para evitar que los dictadores entren y así poder salir. Ahora, síganme.
*Todos se dirigen al lugar donde están los malos.*
**(Capítulo 10-4: La protesta)**
(Death) — Oigan chicos, ¿cómo que la calle está muy vacía, no?
(Igor) — Eso es porque la gente está trabajando como loca para poder vivir bien.
(Keo) — Ooo, ya entiendo.
(Freisk) — ¿Y por qué mejor no invierten?
(Igor) — Porque hay muchas regulaciones y prácticamente no ganas mucho tampoco. :(
(Freisk) — Qué cruel.
*Siguen caminando más y más.*
(Rair) — Oigan, ¿qué son esas cosas moradas protestando?
(Lility) — Sí, ¿qué es eso? Se escuchan ruidos hasta acá.
(Hiraku) — Qué raro, lucen muy enojados.
(Igor) — ¡NOOOOO! ¡Esos son los femorcos!
(Ambaria) — ¿Qué es eso?
(Igor) — Digamos que son humanos del género femenino que están enojados por algo que no existe y

protestan por derechos que ya tienen. La cosa es que, cuando son súper extremistas, dejan de ser humanos, se convierten en monstruos, pierden la cordura y es horrible. ¡Nooo!
(Mili) — Supongo que se hacen ¡ZURDOS!
(Igor) — ¡Síii!
(Tru) — ¡NO PODEMOS PERMITIR ESO! ¡HAY QUE REMOVERLOS DEL CAMINO!
(Igor) — Bien.
(Brik) — Esto me está dando estrés, ¡quiero IRME Y COMER UNAS RICAS DONAS!
*Los monstruos morados bloquean el camino, pero de repente salen varios hombres a tratar de detenerlos.*
(Keo) — ¡ES HORA, AYUDEMOS A LOS HOMBRES!

(Igor) — ¡Aaaaa! Son demasiados monstruos.
(Sirik) — ¡Sí! ¡Pero nunca es tarde para detener esto!
(Igor) — Tienes toda la razón, pero hay un problema. (Sirik) — ¿Cuál?
(Igor) — Estos monstruos son súper poderosos, y algunas personas están de acuerdo con ayudarlos. No lastimemos inocentes, solo descontaminemos a los monstruos, o sea, quitémosles la locura. Hagámoslos entrar en razón. (Sirik) — Bien. (Belis) — ¡Hay que luchar!
— *Comienza una pelea brutalmente épica contra los monstruos.*
(Monstruo morado) — ¡Malditos machistas! ¡Los vamos a matar!
(Keo) — ¡Eso jamás! ¡Primero se van ustedes! (Dunkel) — ¡Así es!
— *Dunkel lanza un poder que logra noquear a los monstruos, pero no a todos.*
(Belis) — Oye, Hiraku, tengo una idea. (Hiraku) — ¿Cuál?
(Belis) — Utilicemos nuestras habilidades psicológicas para hacerlos entrar en razón.
(Hiraku) — Bien. (Lility) — ¡Perfecto! Buen plan, chicos, pero los monstruos no los escucharán a menos que los calle.
— *Lanza un poder que silencia a 100 monstruos.*
(Keo) — ¡No puede ser! ¡Hay monstruos que tienen la capacidad de volar también!
(Igor) — Sí, y esos no los dejarán ir a donde están los políticos malos.
(Mili) — Entonces ya valieron...
— *Lanza un poder que logra silenciar a más monstruos.*
(Mili) — ¡Bli, haz lo tuyo!
(Bli) — ¡Perfecto!

— *Lanza un poder que inmoviliza a muchos monstruos.* (Hombres y mujeres) — ¡Muchas gracias por ayudarnos!

(Bli) — ¡De nada! ¡Es todo un placer!

— *Un monstruo enorme le lanza un ataque a Tru.* (Tru) — ¡Aaaa! ¡Me dio fuerte!

— *Se desangra.* (Rair) — No te preocupes. — *Le lanza un poder de curación.*

(Rebeka) — ¡Demonios! ¡Sí que son fuertes!

— *Les lanza fuego, lo que provoca que el pelaje de los monstruos se queme.*

(Monstruos) — ¡AAAAAHHH! (Rebeka) — ¡Se lo merecen!

(Teris) — ¡Tengo una idea! Keo, con tu poder, crea un micrófono que se escuche por toda la ciudad y entonces pones a Belis y a Hiraku a dar su discurso de psicología.

(Keo) — ¡Buena idea! ¿Cómo no se me había ocurrido antes?

— *Crea, en vez de uno, dos micrófonos y se los pasa a Hiraku y Belis.*

(Brik) — ¡Perfecto! Ahora miren mi grandiosa idea.

— *Brik crea una burbuja protectora y así todos están protegidos de los monstruos. Ahora Hiraku y Belis pueden dar su discurso en paz.*

(Erik) — ¡Wow! ¡Qué cómoda es esta burbuja, ando flotando!

(Darkly) — ¡Me encanta, es divertido! ¡Jajaja!

— *Hiraku y Belis logran dar el discurso con éxito y los monstruos recuperan la cordura y se vuelven humanos otra vez.*

(Igor) — ¡SIIIIIIIIIIIIIII! ¡LO LOGRAMOS! (Keo) — ¡Genial!

(Rumplis) — Pero aún nos queda mucho por hacer. (Keo) — Tienes razón.

(Samantha) — Una pregunta, ¿por qué tenemos que destruir la puerta por donde entran los dictadores?

(Igor) — Si la destruimos, se activará un hechizo para que así no vuelvan a entrar. Si entran, mueren. Este será de los pocos mundos que sobrevivirán al apocalipsis.

(Keo) — Mmm, me suena muy familiar.

(Sirik) — ¡Jajaja! Es similar a un poder mío.

(Igor) — ¿Eso es bueno? ¿Y lo puedes usar en más mundos?

(Sirik) — Por desgracia, no.

(Igor) — Bueno, un mundo es un mundo.

(Sirik) — Exacto. Además, mi poder tiene fallas, a veces.

(Death) — Muchas. (Lility) — Demasiadas.

(Sirik) — Pero chicos, al menos los protegí.

(Death) — Todavía recuerdo la vez que me secuestró Brik.

(Brik) — Lo siento...

(Sirik) — ... Perdón también.

(Dunkel) — ¡Jajajaja! Pero al final todo salió bien, ¿no?

— *Lozir mira serio a Dunkel.*

(Dunkel) — ... Lo siento también.

(Lozir) — Fue muy peligroso aquel enfrentamiento, diría que peor que el que tuvimos con el canibalismo.

(Igor) — ¡¿QUEEEE?! ¡¿Ustedes lucharon contra Canibalismo?!
(Keo) — Pues sí, y logramos derrotarlo.
(Yessi) — Aunque esa no fue la única lucha, yo también luché en su mundo.
(Lina) — Mejor dicho, huíste.
(Yoris) — Ese día sí que fue aterrador.
(Cristfer) — ¡Demonios! ¡Él era muy resistente, para ser honesto!
(Igor) — ¡Ustedes me impresionan! Y díganme, ¿cuál será su plan? Yo, una vez derroté esos malos, liberarè mi ejército de amigos y luego me iré con ustedes.
(Keo) — Nosotros derrotaremos a los dictadores y acabaremos con ese virus.
(Igor) — ¡¿QUEEEEEEEEEE?! ¡Pero eso es casi imposible! O sea, son demasiado fuertes, ni yo mismo sería capaz de lograr algo así.
(Rebeka) — Usted quizás no, pero nosotros sí podemos. Hemos luchado contra miles de monstruos.
(Igor) — Eso es impresionante, la verdad.
(Darkly) — Pues sí, nuestro objetivo es acabar con los dictadores, y estoy segura de que lo lograremos.
(Igor) — Bien, entonces estaré dispuesto a acompañarlos.
(Lina) — ¡Genial! Entonces vamos.
(Erik) — ¡Nuestra victoria se acerca! ¡Hora de derrotar a los monstruos de acá! (Igor) — ¡Siiiiii!
— *Todos proceden a dirigirse a la zona donde están los políticos corruptos.*
(Dunkel) — Esto me recuerda mucho cuando estaba en Tecris City luchando contra la corrupción. ¿Recuerdas, Erik?
(Erik) — La verdad sí, jajaja. Siento como si la historia se hubiese repetido de forma inconsciente, ¡qué raro!
(Igor) — Bueno, entremos a su refugio.
— *Proceden a entrar.*
— *Una voz se escucha de fondo.*
(Voz) — ¿Qué hacen ustedes aquí? ¿Acaso buscan revelarse? ¿Acaso buscan evadir nuestro poder?
(Igor) — ¡Así es! ¡Vinimos a evadir impuestos!
(Voz) — ¡¿QUEEEEEEE?!
— *Aparecen de la nada los políticos.*

(Político vestido de rojo con pelo naranja) — ¿Por qué buscan evadir nuestras reglas e impuestos? ¿Acaso son unos capitalistas rebeldes y malcriados?
(Mili) — Así es, somos unos malcriados que queremos que regrese el libre comercio. Así que tienen dos opciones: darse por vencidos y ser arrestados para empezar sus vidas desde cero, o ser derrotados en esta batalla.
(Político vestido de azul con pelo blanco) — Mmm, me temo que morirán ustedes primero.
— *Lanza un ataque super fuerte. Los políticos se separan y comienza el ataque.*
(Político de traje rojo y pelo marrón) — Mmm, así que tú eres el rebelde Igor, ¿verdad?
(Igor) — Así es. — *Intenta darle un espadaso al político.*
(Político) — ¡Jajajaja! No pudiste hacerme nada, eres demasiado lento.
— *El político le apuñala el estómago.*
(Igor) — ¡AAAAA, DUELE! ¡AYUDA! (Samantha) — No te preocupes. — *Le lanza un poder de curación.*
(Tru) — ¡Ríndanse o este será su fin!
— *Los ataca y logra dejar inconsciente a un político.* (Los otros políticos) — ¡NOOOOOO!
— *Lanzan ataques fuertes.*
(Yoris) — ¿No son tan fuertes estos ataques, de verdad? ¿Eso es todo lo que tienen?
— *Los políticos quedan en silencio.* (Keo) — ¡Ya basta de esta ridiculez!
— *Los friza con su varita a los 6.*
(Políticos) — ¡Noooooo! ¡Sin nosotros este mundo será caos! ¡Las empresas esclavizarán a las personas más pobres y no podremos lograr la igualdad!
(Mili) — ¿Quién les metió eso en la cabeza? (Igor) — Esperen, aquí hay algo raro.
— *Les quita las máscaras.*
(Igor) — ¡¿QUÉEEE?! ¡SON HUMANOS!

(Igor) — ¡Siempre pensé que eran monstruos!
(Políticos) — :c Ustedes no entienden, el capitalismo es malo. Cuando éramos pequeños, en la escuela nos enseñaban que era lo peor del mundo, que era pura desigualdad, dejaba morir a los pobres, que era muy machista, que un grupo de personas mató millones y eran de derecha.
(Mili) — Eso es autoritarismo, no capitalismo.
(Igor) — …
(Mili) — Políticos, ustedes solo han sido adoctrinados por el comunismo, y miren, no lograron hacer un sistema tan malvado, pero aún así lo que hicieron está mal.
— *Mili les explica lo que es el capitalismo detalladamente con ejemplos junto con Bli y Tru.*
(Mili) — ¿Entienden ahora?
(Políticos) — Sí, entendemos.
(Político de traje café y pelo blanco) — ¡Wow, nunca pensé que fuese así! Siempre nos decían que era lo peor.
(Mili) — No, lo peor es esta ideología de los dictadores y otra más.
(Políticos) — Lo sentimos mucho, hemos sido criados así toda nuestra vida, es lo normal en este mundo. A los chicos se les enseña todo eso. Algunos se rebelaban, pero nosotros decidimos seguir el sistema y hacerlo un poco más blando, pero nunca pensamos que el capitalismo fuese el bueno.
(Keo) — Sus errores pueden ser redimidos. Ustedes tienen el poder, ¿por qué no lo usan correctamente ahora?
(Mili) — Sí, sí.
— *Mili les da varios de sus libros escritos por él.*
(Mili) — Aquí tienen una guía.
(Un político) — Igor, lo siento por haber arrestado a tus amigos. Los liberaré, pero mientras tanto, ¿tú qué harás?
(Igor) — Destruir a los dictadores.
(Político) — Bien, cuentas con nuestro apoyo. Ve y acaba con esos malditos adoctrinadores.
(Keo) — ¡Esto es genial!
(Yessi) — ¡Sí, sí!
(Bli) — Espero que este país progrese mucho, y el mundo también. Vuelvanlo un mundo de bien y no uno de falsas promesas.
(Tru) — ¡Hagan que sea estable de una vez! ¡A trabajar!
(Políticos) — Bien.
— *Los políticos piensan en varias ideas para ayudar a las personas pobres sin cobrar impuestos.*
(Mili) — Eso es fácil: sociedades de ayuda mutua.
(Políticos) — ¡Wow! ¿Cómo no se nos había ocurrido antes? Es una buena idea.
— *Keo decide ir a destruir la puerta para que sea posible salir del mundo.*
(Brik) — ¡Perfecto! Ahora podemos ir a mi ciudad y descansar un poco.
(Lozir) — ¡Estoy súper cansado! Llevamos como dos días sin dormir.
(Sirik) — Esto ha sido de lo peor.

(Teris) — Ya quiero saber qué se siente dormir en una cama bien blandita después de dos días tomando puras pociones de energía y el café de Chris.
(Chris) — Ya no me queda café. :(
(Brik) — Entonces ya vamonos a mi ciudad.
— *Brik procede a teletransportar a todos.*

**Capítulo 11-4: ¿Qué sucedió?**

(Brik) — ¿Qué...? (Keo) — ¿Qué...? (Bli) — ... (Dunkel) — No... (Lility) — ¿What...? (Rebeka) — ¿Qué...? (Lina) — A... (Rair) — O... (Samantha) — No... (Darkly) — ¿Qué es esto...? (Mili) — ¡Zurdos de...! (Tru) — ¿What...? (Sirik) — Pero... (Lozir) — Pero... (Hiraku) — ... (Belis) — ¿Cómo...? (Yessi) — ¿Cuándo...? (Chris) — ¿Qué mie...!? (Erik) — La.. (Teris) — ... (Yoris) — ... (Rumplis) — ... (Lirais) — ¡Qué locura! (Death) — ... (Cristfer) — ... (Ambaria) — ¿Cómo...? (Freisk) — ¿Cuándo...? (Igor) — ¡Esto es bestial! (Brik) — ¿Qué le hicieron a mi ciudad

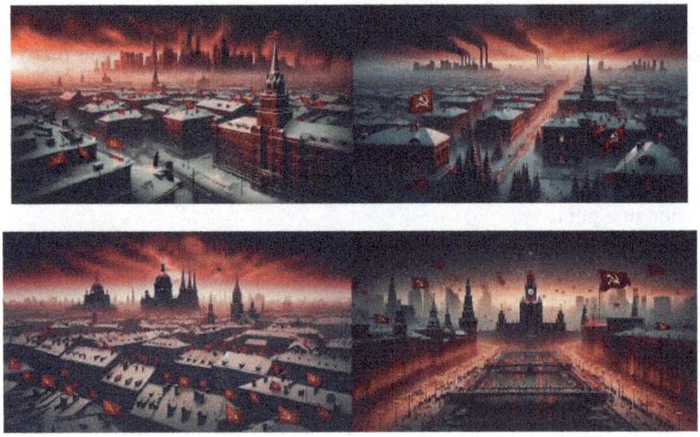

(Keo) — ¡Les han hecho una remodelación bestial!
— *Brik queda tan traumatizado que se le caen los ojos literalmente.*
(Mili) — ¡Noooo!
— *Mili agarra los ojos y se los pone a Brik.*
(Brik) — ... Chicos, tengo frío... y me siento mal, tengo sueño. Solo quiero relajarme, vamos a un hotel, si es que hay uno...
(Mili) — No, esto ya es demasiado, y es muy de noche.
(Keo) — Busquemos un lugar para dormir y mañana acabemos con esta mie#%#...
— *Todos van caminando muy tristes por la ciudad.*
(Freisk) — Chicos, miren eso, dice "hotel". Vamos...

*— Entran al hotel.*
(Señor) — ¿Eres Keo? ¡Keo, sálvanos! Les daré la habitación más alta para que nadie sepa que están aquí. Por desgracia, no hay habitaciones VIP, fueron prohibidas por el gobierno.
(Brik) — ¡¿Qué?!
(Mili) — ¿Mi ejército anarco-capitalista está bien?
(Señor) — Escuché rumores de que fueron a otro mundo para prepararse y recuperarse.
(Mili) — Perfecto.
(Keo) — Bueno chicos, vamos a dormir ya.
(Ambaria) — ¡Sí!
*— Van a la habitación.*
(Mili) — ¡Noooo! Solo hay tres camas.
(Keo) — Chicos, ¿y si mejor vamos a mi mundo?
(Brik) — ¡Sí, vamos!
*— Keo trata de teletransportarlos, pero no puede.*
(Igor) — ¡No puede ser! Es el mismo hechizo de mi mundo.
(Brik) — ¡Nooo!
*— Brik empieza a llorar, ya que recuerda su pasado.*
(Keo) — Este es el peor hotel en el que he estado. Las camas son grandes y duras. Gente, haré un hechizo para multiplicarlas.
*— Las multiplica y las hace más blandas.*
(Keo) — Solo caben 30 camas, deben compartirlas. Pueden dividir las camas si quieren con almohadas o algo, a lo mejor sobran camas, o no sé.
(Erik) — Yo no necesito dividir la mía.
(Keo) — Yo tampoco, jajaja.
(Ambaria) — Jajaja, igual.
(Rumplis) — Ni yo.
(Death) — Yo menos.
(Los demás) — ...
(Keo) — No pasa nada, chicos, solo será hoy. Pongamos una hora para despertarnos: 10 AM, porque ando super cansado y ni las pociones o el café me sirven. Así que a dormir.
(Bli) — Tú dormirás conmigo, Tru.
(Tru) — ¡Perfecto!
*— Hace una muralla con bloques en la cama.*
(Tru) — ¡Mucho mejor!
(Bli) — Tremenda frontera, jajaja.
(Mili) — Brik, ven conmigo.
(Brik) — Bien...
*— Dice mientras sigue llorando.*
(Mili) — No te preocupes, recuperarás tu nación y la harás libre de nuevo, pero esta vez sin matar

personas.
— *Le da un abrazo.*
(Sirik) — Ni modo, le pido ayuda a Tru para que haga un muro. Lozi, tú y yo...
(Lozi) — Bien.
(Tru) — Yo los ayudaré a hacer el muro, así cada cual tiene su espacio.
(Hiraku) — Belis, tú duermes conmigo.
(Lina) — Ven, Yoris.
(Teris) — Yessi, tú eres bienvenido a mi cama.
(Yessi) — No es mía.
(Teris) — Pero estará dividida: un canto para ti y otro para mí. (Yessi) — Cierto, jajaja.
(Chris) — Bueno, Igor, puedes venir a la mía.
(Igor) — Oka.
(Cristfer) — Bueno, Rair, tú puedes venir conmigo. Ya no hay más camas disponibles, jajaja.
(Rair) — Bien, jefe.
— *Tru termina de hacer los muros. Keo lanza un hechizo anti-ronquidos para que nadie moleste y todos se duermen.* **Al siguiente día...**
— *El frío es brutalmente fuerte, ya que es invierno y no hay calefacción en el hotel.*
(Keo) — ¡Frío...!
— *Keo piensa en un hechizo que caliente sin quemar.*
(Lility) — ¡Me congelo...!
(Freisk) — ¡Mucho frío!
(Igor) — ¡Estoy que me congelo! —
*La piel de Igor está súper pálida.*
(Cristfer) — ¡Jajaja, Igor, tu piel!
(Igor) — ¿De qué hablas? ¡A ti se te fue el bronceado!
(Cristfer) — ¡¿QUÉ!?
— *Cristfer se mira y está súper blanco.*
(Cristfer) — ¡NOOOOO, MI BRONCEADOOOOO! (Rair) — ¡Jajaja!
(Rebeka) — Hace frío, pero esto es de lo más gracioso.
(Death) — Demasiado.
(Cristfer) — A ver, ¿a cuánto está la temperatura?
— *Prende la TV.*
**Noticias**: — Buenos días, gente. La temperatura de hoy es de -55 grados. Espero que disfruten este día congelado.
(Brik) — ¡¿QUÉ!?
(Belis) — ¡AAAAAH! ¡SE ME CONGELAN LOS HUEVOOOS!

(Keo) — Chicos, miren — lanza un poder de fuego que rodea a todos y los calienta, pero sin quemarlos. — ¿Ya se sienten mejor?

(Mili) — ¡Síiii! — se prende la TV.

— (TV) — Buenos días, gente — hablan los dictadores. — Nos iremos a traer el orden a más mundos, así que antes de irnos les hablaremos de la nueva ley que prohíbe tomar café cuando te levantas. Esto porque es considerado algo fascista y machista. El que tome café cuando se levante será arrestado, y si desobedece dos veces, tendrá pena de muerte. Bueno, adiós, humanos.

(Chris) — ¡¿QUÉEE!? Bueno, a mí no me importa la ley.

— Se sirve una taza de café. (Keo) — ¡Sí, tomemos café! — Todos se sirven café.

(Bli) — ¿Cuál será nuestro siguiente paso, gente? Recuerden que los dictadores ni avisaron hacia dónde se dirigían.

(Brik) — Lo que faltaba, ahora mi ciudad es la capital de esos h*#&$ de P#*E$.

(Mili) — No sé si reír o llorar. (Death) — Gente, ya sé, tengo una idea. (Yessi) — ¿Cuál es tu idea?

(Death) — Podemos ir a su centro de poder, o sea, donde se reúnen, y eso. Así quizá encontremos evidencia viendo las cámaras del sitio. (Teris) — ¡Wow! Esa es una muy buena idea.

(Sirik) — ¡Perfecto! Pero puedo hackear las cámaras, miren — conecta el PC pero no tiene wifi. (Sirik) — Ah...

(Lozir) — ¡JAJAJA! Lo que faltaba, ¡NO HAY INTERNET!

(Teris) — ¡Esto es muy grave! Además, ¿con qué ropa nos vamos a cubrir? ¡AAA! No, no... ya sé. (Keo) — ¿Ajam?

(Teris) — Con tu poder, créanos abrigos que nos puedan proteger de este frío extremo.

(Keo) — A ver... — intenta crear abrigos y lo logra. — ¡Perfecto! Hice para hombres y para mujeres, aquí tienen. — Les da abrigos a todos.

(Brik) — ¡KEO, POR QUÉ EL MÍO ES ROSITA!

(Keo) — Lo siento, lo repartí mal. Ese es el de Cristfer.

(Cristfer) — Con razón, el mío era negro. ¡Jajaja, gracias, Keo! (Keo) — De nada.

(Lina) — Estos abrigos son súper cómodos. (Lirais) — ¡Demasiado!

(Rumplis) — Me siento mejor y calientito. ¡Vamos a pasear! (Erik) — ¡Así se habla! ¡Vamos!

— Todos van paseando por la ciudad preguntándole a las personas dónde se ubica la zona dictatorial.

(Rumplis) — Gente, ya he descubierto dónde se ubica. Está donde están los edificios más altos, en el centro de la ciudad. (Igor) — ¡Vamos allá!

— Llegan a la zona dictatorial.

(Keo) — ¡Perfecto! No parece haber nadie, no veo guardias vigilando la zona. Esto es raro...

(Hiraku) — A mí esto me huele a que es una trampa, y de las malas.

(Keo) — Ya sé. — Con su varita crea un hechizo para ver si hay entidades invisibles. — Mmm... qué raro, no veo nada. (Bli) — En ese caso, entremos por la fuerza.

(Keo) — ¡Perfecto! — Rompen la puerta y dentro está lleno de láseres por todas partes.

(Yoris) — Emm... quizá no sea buena idea tocar los láseres, algo me dice que son súper peligrosos.

(Tru) — Nah, quizá sea un truco barato, miren. — Toca un láser y se le evapora la mano.

(Tru) — ¡AAAAA, DUELEEEEE, DUELEEEE! ¡AAAAAAAH! ¡AAAAA!

(Mili) — ¡JAJAJAJA! (Keo) — ¡Noooo! — Le lanza un hechizo curativo.

— La mano de Tru se regenera. (Tru) — Uff, pensé que no se volvería a regenerar. (Mili) — Oye, no te rías, eso dolió mucho.

(Mili) — Es que hasta te advirtieron que era peligroso, ¡jajaja!

(Yoris) — Quizá con mi poder pueda desactivar los láseres.

— Yoris intenta desactivarlos, pero no puede.

(Yoris) — Qué raro, se supone que los láseres no sean un poder. No le puedo hacer nada, es como si fuese un poder.

(Rumplis) — ¡Es un poder!

(Keo) — Intenta desactivar el láser, pero por alguna extraña razón no puede. — Esto está mal, se supone que mi varita es invencible.

(Lozir) — Esto me huele feo... Algo me dice que es un poder supremo al de todos.

(Brik) — ¡¿QUÉEE!? Pero eso es imposible, se supone que los dictadores no son más fuertes que nosotros.

(Sirik) — ¿Seguro? Y, ¿qué pasaría si ellos regresaron más poderosos?

(Sirik) — Puede ser, pero se supone que el hechizo no hiciera eso.

(Lozir) — A lo mejor se prepararon más.

(Sirik) — Exacto. (Brik) — ¡Esto es un mal chiste!

— Brik lanza un ataque brutalmente fuerte, pero no sirve.

(Brik) — ...Con que vamos en serio, ¿eh? (Brik) — Tengo una idea. — Lanza un poder para hacer que todos puedan tocar los láseres. — ¿Quién se atreve a ir primero?

(Darkly) — A ver, yo. — Toca un láser y se le evapora la mano.

(Darkly) — ¡AAAAA! @—#—#—# (Igor) — No te preocupes, la regenera.

(Igor) — Esto se está poniendo bien feo.

(Cap. 12-4: ¡Qué Horror!)

(Keo) Esto está demasiado extremo, ni poderes ni nada sirve.
(Igor) Creo que habrá que arriesgarse a pasar por los láseres, pero es que miren más a fondo, los láseres se mueven.
(Keo) Oye, Sirik, tu único problema era que no tenías Wi-Fi, ¿verdad?
(Sirik) Sí, ese es el problema.
(Keo) A ver, deja intento algo. — *Keo trata de hacer un poder para que haya Wi-Fi, pero no pasa nada.*
(Rumplis) Keo, poderes así no se pueden hacer, ya que es imposible que haya Wi-Fi de forma mágica.
(Keo) Ya veo. En ese caso, vamos a tratar de buscar alguna entrada por el techo.
*Rumplis los teletransporta hacia el techo.*
(Keo) Perfecto, ahora sí podemos ver cómo entrar. Bueno, por acá hay vidrio, ¿y si tratamos de entrar? Además, con este frío, ese vidrio está súper congelado. ¡Entremos!
*Rair trata de romper el vidrio con magia, pero no puede.*
(Rair) Esto es raro.
(Lozir) Esperen. — *Ve que hay un ladrillo en el techo, así que lo usa para romper el vidrio.*
(Lozir) ¡Síii! Por fin, miren chicos, logré estallar el vidrio.
(Keo) Intentemos romper el vidrio entre todos.

(Mili) Parece un vidrio blindado, estará difícil, pero hagámoslo.
(Brik) Miren, acá hay piedras grandes.
*Entre todos tratan de romper el vidrio y lo logran.*
(Ambaria) ¡Por fin logramos entrar! Ufff, acá se siente más calientito.
(Sirik) Perfecto, chicos, ahora busquemos las cámaras de este sitio.
(Igor) Es raro que no haya ni un solo guardia acá dentro. Se nota que los dictadores no saben ni proteger...
*De la nada, un rayo láser aparece y le corta la cabeza a Igor.*
*La cabeza de Igor sale volando y rompe una puerta de vidrio.*
(Keo) ¡AAAAAAAAAAAAA!
(TODOS) ¡AAAAAAAAAAAH!
(Mili) ¡¿QUÉ MIERDA?!
(Brik) 0_0
*Keo intenta retroceder el tiempo con su varita, pero tampoco puede. Así que, en un intento de desesperación, Keo trata de regenerar la cabeza de Igor con toda la magia posible.*
*La cabeza de Igor se regenera.*
(Igor) ¡AAAAAAAAA! Gente, ¡fue horrible! ¡Sentí como mi cabeza se despegaba de mi cuerpo!
(Brik) Eso fue demasiado traumatizante.
(Keo) Gente, usé mucho poder, me siento súper débil.
*Keo se cae al piso.*
(Chris) ¡NO ES HORA DE DORMIR!
*Chris mezcla cafeína pura con poción energética y bebidas energéticas.*
(Chris) ¡ME HACES EL FAVOR Y TE TOMAS ESTO!
*Keo se toma la bebida.*
(Keo) ¡Puaj! ¡Sabe horrible!
*Le da náuseas.*
(Chris) No se te ocurra vomitarlo.
(Keo) Bien. *Toma más bebida a la fuerza y controla sus náuseas.*
(Keo) Listo, ya me siento más energético. (Bli) Perfecto, ahora podemos ir.
(Freisk) Chicos, miren, la puerta de vidrio que rompió Igor. Allá se ve que hay una computadora, ¿tendrá acceso a Wi-Fi?
(Sirik) Vamos a ver, yo puedo hackearla.
*Todos se dirigen hacia la computadora.*
(Sirik) Bueno, acá sí hay Wi-Fi, pero está estrictamente regulado, así que hora de hackear.
*Sirik logra hackear las cámaras y escuchar hacia dónde se dirigen los dictadores.*(Sirik) ¡No puede ser! Gente, ¡se dirigen a Ciudad Tecris!
(Dunkel) ¡NOOOOO! ¡A MI CIUDAD NO! ¡JAMÁS! ¡HAY QUE IR A SALVARLA!
(Rebeka) ¡VAMOS!
(Rumplis) Gente, salir de acá con magia es muy difícil, pero quizás con una poción sea posible.

(Darkly) Acá debe haber alguna zona con espacio para crearla.
(Sirik) Mejor hagámosla acá. — *Saca el PC y lo tira.*
(Sirik) ¡Listo, hay espacio!
*De repente, aparecen un montón de láseres por todas partes.*
(Keo) ¡AAAAA! ¡Tengan cuidado!
(Rumplis) ¡Esquiven los láseres mientras hago la poción con mi magia!
(Keo) ¡Bien!
*Los láseres salen de todos lados.*
(Lina) ¡AAAAA! ¡Perdí una pierna!
(Death) ¡Ayuda, Keo!
*Death pierde sus dos piernas.*
(Keo) ¡Chicos, traten de ir rápido!
*Keo y Lility usan su magia para curar a los heridos.*
(Rebeka) ¡Corran!
*Un láser atraviesa el estómago de Erik.*
(Keo) ¡NOOOO! ¡PADRINO!
*Keo le lanza un hechizo para que se cure.*
(Lility) ¡Cuidado, KEO!
*Lility empuja a Keo.*
(Keo) ¡Muchas gracias, casi muero!
(Lility) ¡Tú eres el que más tienes que cuidarte! ¡Eres el que más poder tiene y sin ti no salimos vivos de acá!
(Keo) Tienes razón, tengo que cuidarme más.
(Rumplis) ¡GENTE! ¡LO LOGRÉ! ¡SEAN FELICES!
*Rumplis tira la poción al piso y todos terminan en Tecris City.*
(Lozir) ¡NO PUEDE SER! ¡GENTE, ESTO ES EL INFIERNO AL ROJO VIVO!
(Erik) ¡ESTO ES PEOR QUE LOS LIBROS DE TERROR MÍOS! ¡NO PUEDE SER, QUÉ ES ESTA LOCURA! (Darkly) ¡DEMASIADOS MILITARES! (Keo) ¿Qué...?
(Dunkel) ¡¿Cómo se atreven a hacerle esto a mi ciudad?! ¡Me vengaré!

(Militares) Acepten el régimen o mueren. (Keo) ¡Nunca! (Dunkel) ¡Jamás! (Brik) ¡Ni se te ocurra! (Crisfter) ¡Van a morir primero! (Lility) ¡Mueran! (Rair) ¡Jamás van a lograr nada mientras estemos todos vivos!
— Se forma una batalla súper extrema.

(Cap 13-4: Batalla Sangrienta Roja y Oscura)

(Militares) Entonces van a morir, porque nosotros somos más y no tenemos miedo.
(Keo) Eso ya lo veremos. — Ahora sí se forma una batalla extrema.
(Keo) ¡Al ataqueeeeee! — Todos activan su máximo poder.
(Keo) Tuvimos muchas batallas, pero ninguna es tan extrema como esta. Esta batalla será la que decida el futuro o el fin de muchos mundos, ¡así que defendamos la paz con nuestra alma y carne!
(Todos) ¡Sí, señor! (Lility) ¡Mueran, inútiles!
— Lility lanza su primer ataque y elimina 500 soldados, pero reaparecen mil.
(Lility) ¡Por más que aparezcan, los vamos a eliminar sí o sí!
(Keo) ¡Exacto!
(Militares) ¡Habran fuego!
— Las balas salen por todas partes, pero Keo lanza un poder para ralentizarlas.
(Keo) Chicos, ando usando gran parte de mi energía, las balas ya son más lentas. ¡Aprovechen esta oportunidad!
(Mili) ¡Bien!
— Mili lanza un ataque y elimina 2000 soldados, pero aún así sale el doble.
(Bli) Si sale el doble, esta vez valieron.
— Bli hace un poder que cierra a todos los soldados en una caja enorme que cada vez se hace más pequeña.
(Bli) Creo que es mala idea matar a los soldados.
(Brik) Me di cuenta, ocurre un fenómeno raro, y es que mientras más matemos, más se multiplican.
(Tru) ¡No puede ser, están aplicando el fenómeno del interés compuesto! (Yessi) ¿Qué es eso?
(Tru) Es cuando, por ejemplo, una moneda se multiplica por 2 cada día que pasa: dos por dos, cuatro; cuatro por cuatro, ocho; y así sucesivamente. Puede llegar hasta el millón en poco tiempo. ¡Así que no los maten!
(Dunkel) Pero ellos destruyeron mi ciudad, ¡merecen la muerte!
(Rebeka) Cálmate, ellos no son humanos. ¡Por eso hay que encerarlos!
(Militar Supremo) ¡Gente, han descubierto nuestro secreto! ¡Eviten ser atrapados!
(Keo) ¡Ya es tarde!
— Caen muchas balas. Lozir está siendo atravesado como si fuese queso, pero a la vez es curado por Lirais. (Lirais) ¡Ten más cuidado, Lozir!
(Mili) ¡Sí, andas perdiendo mucha sangre! (Lozir) ¡Jamás perdonaré algo así!
— Lozir con su magia encoge a 4000 soldados.

(Lozir) ¡Ahora sí! ¡Bli, aprovecha y enciérralos!
(Bli) ¡Enseguida!
— Bli, con su poder, encierra los 4000 soldados.
(Keo) ¡Así se hace, gente! ¡Traten de copiar el poder de Lozir!
(Teris) Es un poder muy difícil de aprender en poco tiempo, pero bueno, a ver, intentemos.
(Yoris) ¡No se den por vencidos!
— Yessi ha sido disparado en el corazón.
(Belis) ¡NOOOO, AMIGOOOO!
(Rair) ¡No te preocupes!
— Rair cura a Yessi.
(Sirik) ¡Son demasiados, y demasiadas balas disparan con una precisión increíble!
— Keo está concentrado, regenerando a todos e encogiendo soldados hasta más no poder, pero aún así hay muchos. Todos los edificios están llenos, y no se sabe de dónde salen tantos.
(Freisk) ¡Ayuda! ¡Esto es un desastre total!
(Ambaria) ¡Me siento súper cansada! ¡Alguien que me dé una poción de energía!
(Chris) No se preocupen, chicos, ¡acá tienen!
— Les da pociones de energía con café y bebidas energéticas, todo mezclado.
(Ambaria) ¡Muchas gracias! (Chris) De nada.(Dictador 1) ¿Qué es este caos?
(Brik) ¡AAAAAAA, un dictador!

(Dictador 1) Qué descortés llamarme así, yo solo soy un defensor de la libertad.
(Mili) ¡¿CÓMO SE TE OCURRE DECIR ESA BURRADA, PEDAZO DE INBE$%#!?
(Dictador 1) ¡Aggg! ¡Ya me enojaron!
— El dictador crea un poder que les causa un fuerte dolor de cabeza a todos.

(Keo) ¡AAAAA, MI CABEZA VA A EXPLOTAR!
— Keo intenta atacar al dictador, pero el dictador es demasiado rápido.
(Dictador 1) ¡Jajaja, imposible atraparme!
(Hiraku) No te confíes mucho, tarde o temprano morirás.
— Hiraku le lanza un ataque que le corta un brazo al dictador.
(Dictador 1) ¡AAAAAAA, QUÉ DOLOR! ¡RESFUERZOS! — El dictador 1 llama a Dictador 2.
(Dictador 1) Ni siquiera pude presentarme, ahora morirán.
(Igor) A nadie le importa si te presentas o no.
(Dictador 1) Pues les va a importar porque soy yo.
Fidelius
(Dunkel) ¡¿QUÉEEE, ESE DICTADOR FUE HORRIBLE?! ¡HASTA A MÍ ME ENSEÑARON SU HISTORIA CUANDO ERA NIÑO!
(Fidelius) No soy malo, solo quiero la igualdad social.
(Mili) Sí, pero que todos sean igual de pobres.
(Fidelius) ¡Exacto, que todos pasen hambre menos yo! ¡Jajajaja!
— Keo le lanza un ataque que reduce unos 10,000 soldados. (Keo) ¡Bli, atrápalos!
— Bli los atrapa. (Lility) ¡ESOOO, HAY MENOS! ¡ESTAMOS EN VENTAJA!
(Crisfter) Ahora luchen con todas sus fuerzas y no se den por vencidos.

(Dictador 2) ¡ASÍ LLEGARON LOS RESFUERZOS! ¡QUE COMIENCEN LOS JUEGOS DEL HAMBRE! Y MI NOMBRE ES MAOI.
(Bli) Pues hasta aquí llega tu dictadura, Maoi, psicópata cerdo asesino.
(Hiraku) No podrás detenernos.
(Samantha) ¡Esta será tu tumba! — Le lanza un ataque a Maoi y a Fidelius.
(Maoi) ¡Agg, qué malcriados!
— Maoi usa su poder, que les causa un fuerte dolor de estómago a todos.
(Samantha) Mi estómago, siento que voy a vomitar, ¡más mi cabeza me duele demasiado!

(Keo) Esto es el infierno.
— Keo, junto con Brik, lanza un ataque haciendo que Maoi pierda una pierna.
(Maoi) ¡AAAA, MI PERNA! ¡ESTO ME LO VAN A PAGAR! — Llama al Dictador 3.
— El dictador 3 aparece de la nada.
(Dictador 3) ¡Ya vine, amigos! ¡A mí no me podrán vencer tan fácil!
(Maoi y Fidelius) ¡Por favor, ayúdenos! ¡Estamos en mucha desventaja y solo quedan 100 soldados!
(Keo) ¡Quedaban! — Atrapan los últimos 100 soldados.
(Dictador 3) Así que no aceptas nuestro régimen, ¿eh?
(Brik) ¡Jamás aceptaremos esa mierda!
(Dictador 3) ¡Tú fuiste el que nos asesinaste! (Brik) ¡Y lo haré de nuevo!
— Brik lanza un ataque brutalmente fuerte, pero al dictador 3 no le hace nada.
(Dictador 3) ¡Nunca te metas con el Cheg, porque soy más fuerte que tú!

(Cheg) ¡Ahora sí es hora de que sufran más!
— Cheg lanza un ataque que hace que todos empiecen a morir poco a poco.
(Keo) ¡AAAA, ¿qué diablos es esto?!
— Keo, junto con Brik y Dunkel, lanzan un ataque a Cheg y logran dejarlo sin dos piernas.
(Keo) ¡Por favor, ahora mátenlo! — Todos van directo a matar a los tres dictadores, pero algo sucede...
— ¡BUUUUUM! Una fuerte explosión ocurre y salen todos volando.
(Dictador 4) ¡Ya vine a ayudar! ¡No sé quién soy! (Mili) ¡A nadie le importa, zurdo!
— Le lanza un ataque, pero Dictador 4 lo esquiva.
— Dictador 4 regenera a los tres dictadores.

(Keo) ¡Noooo, maldición!
(Dictador 4) Será imposible derrotarme porque soy mil veces más fuerte que antes.
— Los cuatro dictadores unen sus poderes y matan a todos.
(Dictador 4) ¡Siiiiii! ¡Victoria! Hemos matado a los que se llamaban héroes, hemos matado a Brik, hemos matado a los tres economistas más grandes, hemos matado a Keo. ¡Esto hay que celebrarlooo!
(Fidelius) ¡SIIIIII! (Maoi) Yo me encargo de reaparecer más soldados.
(Cheg) Igual debemos conquistar este mundo, es demasiado difícil. Todavía hay personas que se resisten.
(Dictador 4) ¡Reprimanlos y háganlos sufrir! Y recuerden, ¡nuestro régimen siempre triunfará!

(Fin)...
(Narrador) Ni se les ocurra pensar que este es el verdadero final, porque este virus jamás ganará ni triunfará. ¡Ahora comienza la temporada 5!

**(Capítulo 1-5: ¿Por qué estamos muertos?)**

(Dictador 4) Gente, miren, ¡es la varita mágica de Keo! ¡Vamos a agarrarla!
(Cheg) ¡Sí, sí!
— Se dirigen a agarrarla, pero la varita desaparece junto con los cadáveres a otro mundo más tranquilo
— Mientras tanto, en un mundo después de la muerte...
(Keo) ¡Aaaaaaa, nooooo! ¡Gente, hemos muerto! :(
(Mili) ¡ZURDOS HIJOS DE LA GRANDÍSIMA P#&$% PEDAZOS DE #$@$ AAAAAA! (Dunkel) ¡NOOOOOOO!
(Rebeka) ¿Y ahora qué haremos?
(Brik) No lo sé, nunca he estado en el más allá... Espera... Acá puedo ver a mis amigos... pero ese no es el punto, necesitamos salir de acá.

(Rumplis) Mmm, es que acá no hay dioses, que yo sepa... Los dioses no son reales.
(Rebeka) La verdad sí hay, pero solo uno. Y dudo que tenga el poder para revivirlos. Yo nunca me atreví a hablar con él. Las personas dicen que no quiere a nadie en su castillo.
— Keo le da un fuerte dolor de cabeza a Rebeka.
(Keo) ¡Aaaaaa!
— Keo cae inconsciente al piso.
(Bli) ¿¡QUÉ!? ¿CÓMO ES POSIBLE? ¡KEO SIENTE DOLOR ESTANDO MUERTO!?
(Yoris) No es el único... Me acabo de golpear y me dolió.
— El cuerpo de Keo vuela por los aires y se pierde.
(Dunkel) ¡Nooooo! ¡¿Qué ha pasado!?
(Brik) ¿Y ahora qué hacemos? Ya estamos muertos, pero sentimos dolor... Eso no tiene sentido.
(Rebeka) Algo raro pasa. La verdad, cuando estaba muerta no sentía dolor, solo paz y tranquilidad.
(Death) ¡Imposible escapar de este mundo! ¡Ahora sí es nuestro fin! :(
(Rebeka) Sí.
(Lility) ¡No! Tenemos que buscar a Keo, ¡sí o sí!
(Ambaria) Pero, ¿cómo haremos eso si ni siquiera sabemos dónde está?
(Rebeka) Vamos al castillo del dios. Vi que se dirige hacia esa dirección.
(Rumplis) ¡¿Pero cómo!? ¡Este mundo es infinito!
(Erik) Cálmate, Rumplis. Ella ha estado aquí más tiempo que nosotros.
(Brik) Me pregunto cómo estarán mis amigos...
(Mili) ¿Vamos a verlos?
(Brik) Sí... Digo, no. No ando preparado. Maté muchas personas inocentes en el pasado. Dudo que ellos quieran perdonarme por algo así. (Mili) Pero dudo que ellos te hayan visto.
(Rebeka) Te equivocas. Los muertos pueden verte aunque sea unos días.
(Mili) Eso no lo sabía. (Bli) Tenemos que ver cómo salimos de acá.
(Rebeka) A ver, chicos, síganme. (Yessi) Bien. (Belis) Espero que Keo esté bien en ese castillo.
(Chris) Gente, solo espero que haya alguna posibilidad de salir de acá. Si todos sentimos dolor, eso significa que no estamos muertos del todo.
(Igor) Sentí algo similar cuando mi cabeza salió volando. Terminé aquí en poco tiempo, pero después regresé a la vida como si nada. La verdad, nunca pensé que fuera posible salir de acá.
(Erik) Este lugar se siente brutalmente tranquilo. La gente luce feliz y las calles son hermosas.
(Dunkel) Tienes razón, me recuerda tanto la zona antigua de Tecris City.
(Teris) Muy bonito todo.
(Brik) Cierto, pero aún no sabemos cómo salir de acá.

(Lility) El camino es bastante largo, la verdad, así que tengan paciencia.
(Rumplis) ¿Y si usamos magia para ir más rápido?
(Lility) No es mala idea, pero que yo sepa no conozco un poder que haga eso. Y nunca lo hemos usado. Solo Keo sería capaz de hacer algo así.
(Rumplis) Tienes razón, pero ¿una poción? También… A ver, miren, allá hay una zona que parece un centro comercial. Vamos a ver qué tienen. Además, no tengo equipo ni nada para hacer una poción, así que vamos.
— Todos se dirigen al centro comercial. — Mientras tanto, Keo vuela hasta llegar al castillo.

— En el sueño...
(Un hombre) ¡Keo, despierta!
— Los ojos de Keo se abren poco a poco. Siente dolor, incluso en el sueño.
(Keo) ¿Dónde estoy? ¿Quién eres? ¡Aaaaah! ¡Mis amigos! ¿Dónde están?
(Hombre) Soy yo, tu varita. Realmente nunca fui un objeto, solo soy una persona. Al crearlo, todo se debilitó y tuve que materializarme para sobrevivir y no dejar de existir.
(Keo) ¡¿Qué?!
(Hombre) Sé que es demasiada información, pero ten paciencia.
(Keo) ¡Pero he muerto!
(Hombre) No lo estás. Solo estás inconsciente, al igual que todos tus amigos. Permíteme presentarme. Soy Levin. No me queda mucho tiempo de vida. Necesito que me permitas reposar en tu cuerpo. A cambio, tendrás todo mi poder. Pero, por favor, úsalo para el bien. Mi poder fue creado solo para eso. Si lo usas para aprovecharte de otros, el poder te consumirá.
(Keo) Nunca usaría el poder para aprovecharme de nadie. Pienso que cada cual tiene derecho a hacer lo

que quiera, siempre y cuando no lastime a otros.
(Levin) Me alegra escuchar eso, Keo. Pero mientras repose en tu cuerpo, prepárate, porque algún día te enfrentarás a alguien mucho más poderoso que ese virus. Es alguien muy poderoso y malvado que vendrá a este mundo tarde o temprano. Así que, por favor, prepárate más y no vuelvas a quedar inconsciente, medio muerto.
(Keo) Bien, pero ¿cómo me preparo para enfrentarme a algo tan poderoso?
(Levin) Mientras repose en ti, te diré todo a través de sueños. Es tu deber y responsabilidad anotar todo lo que te diga.
(Keo) Bien.
(Levin) Al tratar de moverme siendo un objeto, me he quedado súper débil. Pero tú y tus amigos están en un mundo muy seguro. Están en dos mundos al mismo tiempo: están muertos, pero vivos. Tus amigos deben salvarte. Tardarán mucho. Por eso, con mis últimas fuerzas, te estoy llevando a un castillo, al más allá, donde está una persona que quiero mucho esperándote. Esa persona sabe cómo hacer que ustedes salgan del más allá. Y bueno, ahora que sabes la mayoría de cosas, permíteme entrar a tu cuerpo, ya que me queda poco tiempo.
— Levin se va desvaneciendo. (Keo) Bien, entra.
— Levin entra al cuerpo de Keo. — Ahora el cuerpo de Keo cambia por completo.
— Keo sigue inconsciente.

— Mientras tanto, en el centro comercial...
(Rumplis) Ufff, menos mal que encontré pociones para todos. Lo raro es que estaban gratis y cada vez que tomas una, se regeneran otras. Eso es raro.
(Erik) Creo que son infinitas.
(Mili) Yo me comí 50 helados, 2 cajas de donas y me tomé 10 cafés fríos. Y lo raro es que no me hice daño, ni me sentí brutalmente llena. Todo lo disfruté.
(Brik) Jajajaja, poco faltaba y te comías la tienda entera.
(Bli) Pero qué raro, si podemos hacer cosas que hacen los muertos, entonces, ¿por qué a la vez sentimos dolor? O sea, algunas veces podemos hacer cosas de muertos y otras veces nos sentimos vivos. Esto es rarísimo.
(Brik) No sé, siento que estamos en dos mundos a la vez.
(Darkly) Hay muchos de mi raza en esta ciudad, estoy impresionada.
(Lozir) De la mía también, jajaja. (Rair) Bueno, vamos al castillo. (Lility) Sí, gente, tomen sus pociones.
— Todos se toman sus pociones.
(Sirik) Uff, qué buena sabe.

**(Capítulo 2-5: Dirigiéndonos al castillo y un encuentro)**

(Samantha) Hay gente... ¡qué cansancio más fuerte! Llevamos ya varias horas tratando de llegar, y ni hablar de lo peor, que es que no nos podemos teletransportar a ningún lado.

(Rumplis) Ni las pociones nos sirven. Esto de estar vivo y muerto es medio raro, la verdad.
(Ambaria) Me pregunto cómo estará Keo.
(Dunkel) Quizá esté bien. Además, esto es el más allá; dudo que haya monstruos.
(Rebeka) Sí, los hay, pero no pueden salir de esa zona. Es imposible. Si salen, se mueren y fin, dejan de existir. Nadie se atreve a ir a ese lugar porque está repleto.
(Dunkel) Jajaja, eso me despierta más la curiosidad. ¿Verdad, Erik?
(Erik) Sí, sí, me gustaría ir a ver cómo son los monstruos en el mundo de los muertos.
(Rebeka) La verdad, no sé, pero dicen que es peligroso. Aun estando muerto, es mejor no ir.
(Erik) Bueno, a lo mejor de lejos se ven.
(Rebeka) No, porque hay niebla.
(Erik) :(
(Darkly) No te preocupes, a lo mejor son iguales que en el mundo de los vivos, jajaja.
(Erik) Cierto.
(Freisk) Gente, cada vez estamos más lejos del castillo y más cerca a la vez, y al mismo tiempo, ando cansado. ¿Y si nos dormimos en alguna zona?
(Brik) Pero ¿cómo se supone que encontremos un hotel si ni conocemos este lugar? Mejor tomemos pociones de energía.
(Freisk) Tienes razón. Además, no vinimos a turistear.
(Teris) Exacto. Espero que encontremos a Keo y que salgamos de aquí rápido, de ser posible.
(Brik) Quiero ir por Keo, pero a la vez necesito ver a mis amigos. Aunque no esté preparado, tengo que verlos sí o sí.
(Mili) Yo quiero ir a ver cómo están. Ni los pude conocer bien.
(Bli) También tenemos que ver a los de nuestro ejército que murieron ese día, tratando de luchar con ese terrible dictador.
(Tru) Brik, tienes nuestro apoyo.
(Brik) Siempre me he preguntado cómo encontrar a un ser querido en el más allá, en este mundo donde cada vez entran más y más personas.
(Bli) A lo mejor hay algún hechizo o algo de localización.
(Brik) Cierto. A ver, intentemos.
*— Brik lanza un hechizo de localización para ver dónde están sus amigos.*
(Brik) ¡Wow, gente, ya sé dónde están! Y lo mejor es que por allá se dirigía Keo. Los puedo ver durante el camino. ¡Qué emoción! :D
(Mili) ¡SIUUUUU!
(Lility) Perfecto, vamos a verlos, aunque tratemos de no tardar mucho, para que así podamos revivir lo más rápido posible.
*— Todos se dirigen a la ciudad donde se encuentran los amigos de Brik.*
(Rair) ¡Wow, gente! ¡Esta ciudad es... es... es...!
(Todos) ¡HERMOSA! (Brik) 0_0 (Cristfer) 0_0 ¿Qué es esto?

(Mili) ¡¿QUÉEEE?! 0_0
— *Todos se quedan sorprendidos.*

**(Capítulo 2-5: Dirigiéndonos al castillo y un encuentro)**

(Lility) — ¡El diablo, Brik! ¿Cómo encontraremos a tus amigos en este lugar tan enorme?
(Brik) — Están cerca, no están en ningún edificio, están en la Plaza.
— *Todos se dirigen a la plaza para ver a los amigos de Brik.*
(Brik) — ¡¿Quéeee?! ¿Son ellos? ¡Cómo han crecido! :0
(Mili) — Bueno, Brik, ¿estás listo para volver a ver a Aziel y Jerik?
(Brik) — Sí, lo estoy. Aunque quizás me rechacen por haber cometido tanto caos, pero soy feliz con que me vean.
— *Mili, Tru, Bli y Brik proceden a dirigirse hacia Aziel y Jerik.*
(Brik) — ¡Amigos, miren! ¡Estoy con ustedes otra vez!
(Jerik) — ¿Quién eres (Aziel) — ¡ES BRIK!
— *Aziel corre hacia Brik a darle un abrazo y Jerik también.*
(Mili) — ¡Oigan, yo también quiero darles un abrazo! Aunque los conocí por muy poco tiempo, ¡vengan para acá!
— *Mili, Bli y Tru también los abrazan.*
(Aziel) — No tienes idea del tiempo que llevaba sin verte. ¡Te extrañé mucho, Brik!
(Jerik) — Aunque murieron personas inocentes, aún así te lo perdonamos. Eran tiempos muy difíciles y fuertes.

(Brik) — Muchas gracias por entenderme, amigos.
(Mili) — Chicos, lo malo es que nos tendremos que despedir rápido, por el hecho de que no estamos muertos como tal.
(Aziel) — ¿Cómo así?
(Brik) — Los dictadores malvados revivieron otra vez. Mientras tratábamos de salvar al mundo, nos dejaron medio muertos. Estamos aquí, pero a la vez no podríamos morir y dejar de existir, cosa que es horrible.
(Jerik) — Ya entiendo.
(Aziel) — ¡Me quiero quedar más tiempo contigo, Brik!
(Brik) — Me gustaría quedarme a hablar con ustedes. El problema es que necesitamos revivir para poder salvar el mundo.
(Jerik) — :(
(Brik) — Pero no se preocupen, ¿y si vienen con nosotros? Así conocerán a mis amigos y mis amigos los conocerán a ustedes. Así podré hablarles y contarles todo lo que he hecho hasta ahora.
(Aziel) — ¡Eso suena genial! :D
(Jerik) — Cuando nos morimos fue horrible. El dolor que se sentía fue como si me hubiese caído un edificio encima. Cuando estuvimos en este mundo por primera vez, no nos adaptábamos porque todo era súper pacífico, pero con el tiempo varias personas nos ayudaron.
(Brik) — Yo, cuando estuve acá por primera vez, vi demasiadas cosas hermosas. Una de esas es esta ciudad. Me encanta.
(Aziel) — Es mi favorita por su arquitectura.
(Jerik) — Lo mejor de acá es que ya no hay sufrimiento. Aun así, este lugar no es perfecto. De vez en cuando ocurren robos y gente maliciosa en las calles. Aunque nos hagan daño, ya no nos pueden matar. Eso es lo más raro de estar muerto.
(Aziel) — ¿Y hacia dónde se dirigieron para poder revivir?
(Brik) — Andamos siguiendo el cuerpo flotante de Keo.
(Jerik) — Yo vi un cuerpo flotando en el aire. Se veía dormido. ¿De casualidad es esa la persona que buscan?
(Tru) — Así es. No sabemos el porqué anda flotando, por eso lo andamos siguiendo.
(Brik) — Bueno, vengan conmigo, bros. (Aziel y Jerik) — ¡Va!
*— Todos continúan siguiendo a Keo.*

**(Capítulo 3-5: Qué hermoso lugar)**

(Lility) — Ya me siento súper cansada. Hemos caminado mucho, aunque este bosque está hermoso.
(Rumplis) — Demasiado bonito, si te soy sincero.
(Mili) — ¡Gente, miren allá! ¡Está el cuerpo flotante de Keo!
(Igor) — ¡Vamos con energía, corran! — *Todos van corriendo.*
*— Hiraku se resbala, pero Belis lo toma de la mano.*
(Belis) — Ufff, menos mal. Hubieses muerto o quizás estarías inválido si te hubieses caído desde tan

alto...
(Hiraku) — Menos mal que ando bien, amigo. (Dunkel) — :0 (Brik) — 0_0 (Aziel) — :0 (Jerik) — :O

**(Capítulo 3-5: Qué hermoso lugar)**

(Mili) — Este lugar es... (Brik) — Es... (Tru) — Es... (Erik) — Her... (Lozir) — Mo... (Igor) — So...
(Rumplis) — En todos mis años de vida, nunca he visto un castillo tan hermoso que hasta se refleje en las nubes. Es demasiado perfecto.
(Rebeka) — Ni hablar de la temperatura, se siente súper agradable, demasiado.
(Rebeka) — Solo estuve en este lugar una vez.
(Aziel) — He estado mucho tiempo en el más allá, pero nunca vi un lugar tan perfecto.
(Lozir) — Gente, ¿pero cómo subimos?
(Rumplis) — Ni modo, hora de hacer magia.
(Rebeka) — Hay un escalón invisible, tranquilos. Aunque Lozi nos podría llevar volando, jajaja.
(Lozi) — Ni se les ocurra.
(Rebeka) — Es broma. Bueno, tardaremos unos 40 minutos en subir. Debido a la distancia, el castillo se ve cerca, pero realmente está lejos, y ya se acabaron las pociones de rapidez, así que ni modo, toca ir despacio.

— *Mientras tanto, en el castillo* —

(Hombre) — ¡No puede ser! Es Keo, pero parece demasiado a Levin. :0 Su ropa está muy deteriorada, mejor se la cambio por una nueva.
— *El hombre procede a vestir a Keo.*
(Hombre) — Bueno, algo me dice que sus amigos están cerca y Keo no despertará porque necesita más

energía. Iré a la sala a recibir a sus amigos.
(Briko) — Ya estoy ansioso por ver a mi hijo (Cris) — Yo también quiero ver a mi hijo.
(Hombre) — Bueno, primero me dejan dar mi discurso, ¿va? Ya que si van muy de repente, quizás se confundan. Miren, ya se abrió la puerta de la sala, eso significa que están aquí, así que debo ir a la sala lo más rápido posible.
— *Se teletransporta.*

**(Capítulo 4-5: Una bienvenida inesperada)**

(Rumplis) — ¡Wow! Esta sala es enorme y se siente un poco fría.
(Yessi) — Nunca pensé ver un lugar tan amplio. Algo me dice que Keo está en buenas manos.
(Teris) — Esperemos, jajaja.
(Rebeka) — Lo estará. Como les dije, estuve aquí una vez cuando Rumplis logró revivirme.
(Brik) — Este lugar se ve muy interesante, amigos. Espero que lo podamos explorar... digo, si nos dan permiso, jajaja.
(Aziel) — Esperemos, así disfrutaremos más tiempo contigo. (Jerik) — ¡Siii! :D
(Mili) — Imagínense jugar a las escondidas en un lugar tan enorme como este.
(Tru) — ¿En serio estás pensando en un juego infantil en esta situación?
(Mili) — Lo siento, Tru, pero es que sería divertido. (Bli) — Tiene razón.
(Hombre) — ¡Oh! ¡Aquí están, queridos héroes! ¡Están medio muertos de milagro!
(Samantha) — ¿Quién es usted, señor? (Hombre) — Yo soy El Señor Lois Lila.

**(Lois)** — Sé lo que estás pensando, Dunkel. Yo soy tu verdadero padre.
**(Dunkel)** — ¡¿QUÉEEE?! ¡¿CÓMOO?! ¡IMPOSSIBLE! Mis padres murieron en Tecris por culpa de unos malditos monstruos corruptos y malvados. ¡TÚ NO ERES MI PADRE! ¡NUNCA ESTUVISTE AHÍ PARA MÍ!
**(Lois)** — Como padre no sirvo, realmente soy una basura. Cuando eras recién nacido te dejé descansando en una cuna, pero por alguna extraña razón no te volví a ver. Desapareciste de la nada. Te busqué por todo el más allá, pero cuando descubrí que no estabas en este mundo, sufrí. Si no me aceptas como padre, está bien, pero al menos déjame teletransportarte con los padres que sí te criaron.
*— Lois comienza a romper en llanto y tristeza.*
**(Dunkel)** — ¿Verdad es? Nunca los pude ver después de aquella masacre.
**(Lois)** — La razón por la cual manifestaste un poder tan fuerte de joven es porque eres descendiente de Levin. Yo y él te hicimos con magia para que tuvieras todo el poder posible en este mundo. Quizá ustedes no conozcan a Levin, pero él y yo somos los creadores de este mundo. Aunque él se encargó de hacer el mundo infinito y yo el más allá, vi cuando tu varita desapareció. No podía bajar a ayudarte, pues en ese momento, la razón por la cual desapareció fue porque un ser muy poderoso y malvado, de un universo que no es este, quería entrar. Levin tuvo que revivir y poner en riesgo su vida, y yo la mía, para poder salvar al mundo una vez más.
**(Dunkel)** — Ya veo, pero al menos Rebeka está conmigo y eso me hace feliz. Además, Keo la tiene y sabe usarla mejor que yo.

**(Lois)** — Eso es cierto, Keo la domina incluso mejor, si soy sincero, ya que se ganó la confianza de Levin. Además, también con mi poder pude lograr sacar a Rebeka del más allá. Aunque sea creador de este mundo, no quiero que nadie me adore. Quiero que este sea un mundo sin dioses. El verdadero dios malvado, el que me creó a mí, a Levin y a otras personas más, ese es de quien tuvimos que escapar. De él, de sus ángeles y de sus creaciones. Murieron muchas personas inocentes, pero para no tardar tanto explicándoles, les diré que los dictadores comunistas no son el ser más fuerte y que pronto les espera algo peor. Levin ahora está descansando en el cuerpo de Keo para así tener más fuerzas en el futuro lejano. Todos nosotros, mis amigos que me ayudaron a hacer este mundo, ustedes y quizás sus hijos, tendrán que combatir con un ser de poder absoluto, con la capacidad de borrarte de la existencia con tan solo un chasquido. En el pasado no era tan fuerte, pero ahora es casi imposible de vencer. Si les soy sincero, me enojé mucho cuando ustedes quedaron medio muertos, ya que eso significa que no tienen la suficiente preparación. Actúan como niños en el campo de batalla y no tienen idea de lo que se enfrentan. Así que les digo que se preparen porque lo que viene será feo.

— *Pausa dramática.*

**(Lois)** — Y bueno, Keo está en un estado de coma. Me he dado cuenta de que no tiene ojos, no sé por qué.

**(Lility)** — ¡¿QUÉEEE?! ¡¿ESTÁ CIEGO?!

**(Lois)** — Así es. Y ese no es el problema. El problema es que necesita estar completo para que tenga la capacidad de mantener vivo a él y a Levin al mismo tiempo.

**(Darkly)** — ¿Y no se le pueden regenerar los ojos con poderes?

**(Lois)** — Sí se puede, pero quedará ciego porque no necesita sus ojos naturales. Necesita unos especiales. Estos ojos tienen la capacidad de darte el poder de almacenar a Levin y mantenerte vivo a la vez. El problema es que Levin y yo los escondimos en un lugar horripilante, lleno de monstruos donde, si te atacan, te mueres. Y esta vez no habrá más allá, solo la nada. Como la nada no existe, si te mueres, lo más probable es que quedes atrapado en un bucle donde mueres una y mil veces. Así que si vamos a esta zona para recuperar esos ojos, debemos tener mucho cuidado. Y otra cosa es que el poder de teletransportarse no sirve. Esto lo agregó Cris como medida de seguridad. Aunque no les he dicho quién es Cris. Oye, Cris, preséntate.

**(Cris)** — Hola chicos, me presento, soy

Cris El Grande

**(Cris)** — Yo soy un hombre que sabe de estrategias, todas las cosas importantes, desde eventos hasta cómo escapar de un lugar. Los calculo de manera fría y psicopática. ¡ESO SIGNIFICA QUE NADIE ES MEJOR ESTRATEGA QUE YO, JAJAJAJA!
**(Brik)** — ¡Wow! Me gusta tu cabello, parece que lo cuidas mejor que yo. ¡Jajaja! **(Cris)** — Muchas gracias.
**(Lois)** — Bueno, con Cris todo será súper fácil. Les prometo que sobreviviremos todos, ya verán. — *Pausa breve.*
**(Lois)** — Bueno, ahora falta mi amigo Briko. ¡Briko, preséntate! Solo faltas tú. Ya sabes que los demás están súper ocupados resolviendo problemas y creando el más allá.
**(Briko)** — Buenos días... Yo soy Briko Dek.

**(Briko)** — Yo soy también el padre de Brik.
**(Brik)** — ¡Nooo! Quizá Dunkel caiga en la bromita, pero yo no. No ando tostado. Mis padres eran unos abusadores y no se parecían en nada a ti.
**(Briko)** — Eso dices tú, pero mira, tú te pareces a mí.
**(Brik)** —...
**(Rebeka)** — Esto sí se puso feo.
**(Rumplis)** — ¡Ay no!
**(Briko)** — Brik, permíteme contar cómo es que existes.
**(Brik)** — Bueno...
**(Briko)** — Antes de que Levin y Lois crearan este mundo a través de un ritual que nos llevó a la nada, mucho antes de que incluso yo conociera a Levin, yo era una persona solitaria, líder de una peligrosa mafia. Disfrutaba de hacer cosas malas, robar y sembrar caos, pero me sentía mal por dentro, me sentía solo. Nunca sentí atracción por una persona, ninguna mujer me aceptó, ninguna persona. Mis soldados los consideraba mis amigos, pero yo quería a alguien que me hiciera compañía cuando más lo necesitaba. Fue así como un día se me ocurrió adentrarme al mundo de la magia negra. Yo no creía en estas cosas de la magia, si tenía una habilidad increíble con las espadas que parecía mágica, pero solo fue práctica y dedicación.
Entonces, un día vi a un adolescente que todos los días caminaba hacia una casa en el bosque, y lo seguí. Descubrí que él y su abuelo hacían magia negra, así que decidí ser entrenado por ellos y aprender. La cosa es que me obsesioné tanto que en pocos días tuve la habilidad de crear vida, así que entonces decidí crearte. Para esa época eras un bebé muy pequeñito. Luego fuiste creciendo, antes del día del ritual. Los soldados te atraparon, así que tuve que buscarte junto con mis amigos y soldados, pero solo encontramos tu cadáver. Me puse triste, así que me llevé tu mano porque eso era lo único que

estaba intacto. Cuando logramos abrir el mundo el día del ritual, entré con tu cadáver al mundo. O sea, con tu mano. Luego se me perdió la mano y no la volví a ver, pero sabía que seguías existiendo de alguna u otra manera. No fue hasta que después de miles de años tus células cayeron en un mundo y naciste en una familia malvada. De hecho, ese diamante que te dio muchos poderes fue puesto a propósito por mí con la ayuda de Levin, pero no fue para nada fácil. Eso tiene una historia larguísima, la verdad. Y bueno, espero que hayan entendido esta historia.
**(Brik)** — Ya entiendo. Por eso me parezco a ti y tengo poderes fuera de lo común. Por eso fue que Lois no pudo matarme cuando me encontré con él.
**(Lois)** — No quería hacer eso. Además, solo aparecí por poco tiempo gracias al poder de Levin también, y pues mi propósito era darte ese poder. Es útil para cazar otras bestias que sean indestructibles.
**(Briko)** — Brik, eres más poderoso de lo que crees. Aquel día donde hiciste todo ese caos, el poder se sentía incluso en el más allá. Tu poder es comparable con el de Levin, solo que ahora luces más débil y no sabemos por qué es. Lo bueno es que no andas perdiendo tus poderes.
**(Brik)** — Quizá fue por caer en la locura y darle parte de mis poderes a Blali y al Devorador de Mundos.
**(Lois)** — A lo mejor es eso.
**(Belis)** — La batalla contra Blali, esa sí que fue super fuerte, aunque no tanto como la batalla contra Canibalismo o los comunistas enfermos estos.
**(Death)** — Es verdad. La de Canibalismo fue mucho peor, aunque sigo sin entender cómo fue que derrotamos al Devorador de Mundos.
**(Rumplis)** — Sí, eso fue una tarea muy difícil.
**(Teris)** — Bueno, yo le temía mucho al Devorador de Mundos, pero la realidad es que Canibalismo fue el que más pesadillas me causó.
**(Aziel)** — Brik, es interesante tu origen.
**(Jeirk)** — No me esperaba que fueses tan único, aunque para nosotros lo eres. ¡Ajaja!
**(Brik)** — Gracias, amigos.
**(Lois)** — Bueno, chicos, es hora de partir a buscar los ojos.
**(Ambaria)** — ¡Genial, vamos!

**Capítulo 5-5: Un Mundo Horrible y Feo**

*— Todos proceden a ir a la zona llena de monstruos.*

**(Mili)** — Este lugar es horripilante. **(Darkly)** — ¿Verdad que sí?

**(Erik)** — ¡Jajaja! ¡Eso es genial! Ahora me inspiraré en este paisaje aterrador para hacer más libros de terror y sangre, ¡mucha violencia! :D

**(Bli)** — ¿Estás loco? Sabes que si nos matan en esta zona será nuestro fin. Dejaremos de existir prácticamente.

**(Igor)** — La verdad, quisiera ser igual de valiente que él. Erik mantiene un equilibrio entre la valentía y el riesgo. **(Tru)** — ¡Jajaja! Es cierto, tienes razón.

**(Samantha)** — ¡Aaaa! ¡Tengan cuidado!

*Un monstruo enorme aparece, cubierto de bocas por todo su cuerpo y dientes afilados hasta en las manos. El monstruo empieza a gritar fuerte.*

**(Cris)** — ¡Cuidado! *Empuja a Rumplis.* **(Rumplis)** — ¡Aaa! ¡Casi me muero!

*Erik lanza un ataque al monstruo, pero el ataque no le hace nada.*

**(Lois)** — No puede ser, estos monstruos ahora son más fuertes, pero dudo que se me complique.

*Lois activa su poder.*

**(Lois)** — Vamos, Briko, ¡ayúdame con tu espada! **(Briko)** — ¡GENIAL! ¡Llevo mucho tiempo sin usarla!

*Lois y Briko saltan y decapitan al monstruo.*

**(Lirais)** — ¡DEMONIOS! ¡ESO SÍ QUE FUE MUY ARRIESGADO!

**(Death)** — 0_0

**(Lois)** — Ya estamos acostumbrados. En nuestro castillo invocamos monstruos y luego los matamos. Es como para practicar.

**(Death)** — ¡Wow, eso es genial! ¡Ajaja! ¡Quisiera hacer eso también, sería divertido!

**(Cris)** — Lo es. El problema es cuando se escapan y rompen todo a su paso.

*Siguen caminando.* **(Freisk)** — Gente, miren, ¡hay un hoyo!

**(Cris)** — ¡Ajá! ¡Aquí es justo donde tenemos que saltar! Lo malo es que una vez saltemos, todos quedaremos separados. Así que, si me toca con ustedes, tienen suerte, pero si no me toca con ustedes, será su fin, a menos que les toque con Lois. Él sí sabe también.

**(Lois)** — Lo malo es que dentro de aquí las realidades cambian. Los monstruos son de la misma realidad, así que no será fácil. Tengan cuidado, por favor. Bueno, ahora sí, ¡saltemos!

*Todos proceden a saltar.* **(Yoris)** — ¡ALLÁ VAMOOOOOOOooooooss!

*Bum.* 13 personas caen en un mundo, y las demás caen en otro.

**(Lois)** — Chicos, despierten, estamos en un lugar con poca iluminación y tenemos que apresurarnos. Siento que cada vez se hace más pequeño.

**(Mili)** — ¡Ay, mi cabeza! Tienes razón, Lois, se siente raro estar aquí y todo se ve oscuro y feo.

*El suelo empieza a temblar.* **(Erik)** — ¡Wow! ¡Hasta temblores tiene esto! ¡Qué magnífica experiencia!

**(Belis)** — Definitivamente estás loco. **(Erik)** — ¡Jajaja! ¡Sí, lo estoy!

*Empiezan a caminar, pero el lugar se empieza a encoger y no lo notan.*

**(Hiraku)** — ¿Soy yo o siento que hay alguien viéndonos?

**(Lois)** — ¡Paren! ¡Sí, definitivamente hay alguien viéndonos!

**(Cristfer)** — ¡ARRIBA! ¡AAA! *Un monstruo feo, cubierto de ojos y sangre, aparece de repente.*

*El lugar empieza a encogerse más rápido.*

**(Cristfer)** — ¡Gente, se encoge más! ¡Estamos medio apretados! **(Christ)** — ¡Matemos al monstruo!

**(Lois)** — ¡El monstruo controla este mundo! ¡Al ataque!

**(Lina)** — ¡Maldito monstruo, te vas a arrepentir!

*Lina lanza ácido al monstruo, y el ácido le cae sobre todos sus ojos. El monstruo grita de dolor y se vuelve más agresivo.* **(Lility)** — ¡Aaaaa! ¡Casi me muerde!

**(Rumplis)** — Si les hacen heridas graves, tengo pociones que curan.

**(Lirais)** — Cierto, yo también guardé algunas. *Rebeka le hace una herida letal al monstruo.*

**(Rebeka)** — ¡Matenlo rápido! ¡Ya solo hay una yarda de espacio! ¡AAAAA! ¡Siento que me asfixio! ¡Qué horror!

**(Lirais)** — ¡Busquen! ¡Ninguna magia funciona para controlar este mundo! ¡Tenemos que apresurarnos!

**(Mili)** — No se preocupen, sé su punto débil. ¡Cierren los ojos!

*Mili lanza un ataque de iluminación tan fuerte que el monstruo explota y todos caen en otra zona.*

**(Lois)** — ¡Uff! ¡Menos mal nos has salvado el día, Mili! **(Mili)** — Muchas gracias. Este lugar luce peor.

**(Erik)** — ¡WOOOOOW! ¡ES UN PSIQUIÁTRICO ABANDONADO! :0

**(Belis)** — ¡Qué hermoso! ¡Jajaja! Ya se me pegó la locura de Erik.

**(Hiraku)** — Chicos, este lugar se siente más tranquilo.

**(Lois)** — Tienes razón, no noto presencia de monstruos... pero eso es malo. Siento que algo no cuadra. Este lugar no parece de aquí.

**(Lility)** — Qué horror. La sangre es fresca, como si recién hubiese ocurrido una masacre.

**(Mili)** — Lo peor es que hay mucho silencio, porque se siente una sensación de paz, pero a la vez siento una inquietud y un miedo horrible.

**(Erik)** — Chicos, esto sí me anda asustando, es poco común...

**(Rebeka)** — Por fin, algo que no te asusta.

**(Erik)** — Chicos, estamos yendo al mismo lugar. Cada vez que caminamos se siente como un bucle.

**(Lois)** — A ver, cambiemos de estrategia. Vamos a marcar los lugares por donde pasemos con dibujos. Vamos a hacer una carita feliz en cada lugar.

**(Samantha)** — Vale, tengo marcadores que utilizo para dibujar, si necesitan.

**(Rumplis)** — Bueno, sigamos adelante. — *Empiezan a avanzar* —

**(Cristfer)** — Miren, chicos, ya no hay puertas. Ahora hay camas y sillas.

**(Lina)** — Espero que estemos cerca de la salida.

**(Hiraku)** — Miren, hay cuatro puertas con botones. ¿Serán elevadores?

**(Christ)** — A lo mejor. Vamos a ver si uno funciona.

— *Se acercan a los elevadores y entran a uno* — **(Lois)** — Chicos, este sí sirve.

**(Samantha)** — Perfecto, podremos salir de este lugar. **(Lirais)** — ¡Genial!

— *El elevador los lleva a un lugar mucho peor* —

— *El elevador los lleva al mundo, y se abren las puertas del elevador* — — *Desaparece el elevador* —

— *Todos empiezan a gritar* — **(Rumplis)** — ¡AAAAAAAAAA!

**(Cristfer)** — ¡AAAAA! **(Lina)** — ¡AAAA!

**(Lois)** — ¡CHICOS, CÁLMENSE, POR FAVOR! ¡BUSQUEMOS UNA PUERTA ABIERTA ANTES DE QUE EL GUSANO ESE BLANCO NOS DEVORE! ¡TENGAN CUIDADO CON LAS PUERTAS, SON PELIGROSAS!

— *Empiezan a correr* —

**(Erik)** — ¡PERO NO HAY NINGUNA PUERTA QUE LUZCA SEGURA Y EL GUSANO ESTÁ CERCA!

— *Una puerta le arranca el brazo a Hiraku* — **(Hiraku)** — ¡AAAAAAAA, ME DUELE, ME DUELEEEEEEE!

— *Sale sangre por todas partes* —

**(Lility)** — ¡ACÁ, RÁPIDO, ENTREN! — *Todos proceden a entrar a la puerta* —

— *Y quedan en una habitación blanca* **(Lirais)** — Hiraku, ven, te curaré el brazo.

**(Lois)** — ¡Maldición, acá es peor! ¡No sirve la magia regenerativa!

**(Rumplis)** — ¿Las pociones sí? **(Lois)** — ¡Sí, esas sí sirven!

**(Rumplis)** — Pues qué mal, de esas no traje. Habrá que vendarle el brazo a la antigua.

**(Hiraku)** — ¡ME DUELEEEEE! — *Llora y grita de dolor* — **(Lois)** — Cálmate.

— *Le hace magia para adormecerlo* —

**(Lois)** — ¡NOOOO, SOY UN IDIOTA, AHORA SE QUEDARÁ DORMIDO!

**(Erik)** — Yo lo cargo. Ténganlo, atenlo con mi abrigo a mi espalda. — *Proceden a atarlo a las espaldas de Erik* —

**(Erik)** — No pesa tanto, menos mal. **(Lois)** — Qué suerte.

*— Pasan unos 2 minutos y la habitación blanca se desvanece. Todos aparecen en un mundo igual, pero peor —*

**(Erik)** — ¡NOOO, ESTE SÍ QUE ES PEOR! ¡MEJOR PARA MI LIBRO, JAJAJA! **(Belis)** — ¡LE VOLVIÓ LA PU**&A!

**(Lois)** — ¡GENTE, TENEMOS QUE ENTRAR DENTRO DE ESA COSA SÍ O SÍ, SINO MORIREMOS!

**(Lility)** — ¡¿QUÉEE?! ¡¿ESTÁS LOCO?!

**(Lois)** — No lo estoy, solo tenemos que entrar ahí y nos llevará a otro mundo. Eso sí, cuidado que no los muerdan; estas cosas tienen un virus que te mata instantáneamente.

**(Lina)** — ¡PUES CORRAAAAAAAAN! **(Mili)** — ¡AAAAA! ¡PU#&#@# CARA!(#*@#!

**(Hiraku)** — Zzzz... zzz... zzz... **(Erik)** — ¡AAAA, CASI ME MUERDEN, AAAA!

**(Cristfer)** — ¡RÁPIDO, ESTAMOS CERCAAAA! — *Todos logran entrar a la boca del monstruo de fondo —*

**(Lois)** — ...Este sitio empeoró mucho...

**(Samantha)** — ¡¿QUÉ ES ESTO?! ¡EL PISO SE MUEVE, LAS PAREDES SE MUEVEN, TODO SE MUEVE! ¡HAY PERSONAS QUE ESTAMOS PISANDO Y NOS ATACAN, AAAAA!

**(Lois)** — ¡ATAQUEN! ¡TENEMOS QUE MATARLOS A TODOS PARA ENCONTRAR EL PRIMER OJO!

**(Rumplis)** — ¡ESTE ES EL MOMENTO PERFECTO PARA ATACAR CON TODAS MIS POCIONES! **(Hiraku)** — Zzzz...

*— Todos empiezan a hacer sus mejores ataques combinados; siguen apareciendo más monstruos por todas partes. —* **(Rebeka)** — ¡MUERAN, MALDITOS MONSTRUOS!

**(Lirais)** — ¡GENTE, MIREN, VI UNA COSA ESFÉRICA BRILLANTE! **(Lois)** — ¡ESO ES, ESE ES EL OJO!

**(Lility)** — ¡Intentaré agarrarlo! ¡AAAA, NO PUDE!

**(Lois)** — ¡NOOO!

**(Lina)** — ¡Qué desesperación! ¡Hay demasiados, hay hasta voladores, maldición!

**(Christ)** — ¡HIJOS DE LA GRAN !#^#! ¡ME QUITARON MI CAFÉ, AHORA SÍ ESTOY ENOJADOOO!

*— Christ desata un poder tan fuerte que empieza a matar a los monstruos uno por uno a una velocidad increíble. —* **(Christ)** — ¡MUERAAAAAAN! **(Hiraku)** — Zzzzz... zzz...

**(Erik)** — Se me dificulta moverme con Hiraku dormido encima de mí.

**(Lois)** — ¡Qué mal eso, pero chicos! ¡MIREN, ES EL MALDITO OJO!

*— Lo agarra y todos salen teletransportados al castillo de Lois. —*

**(Lois)** — Demonios, eso sí que fue intenso. Espero no tener que volver a ese sitio nunca más. Ese psiquiátrico... no recuerdo haberlo hecho o que sea de este mundo. Algo anda mal. En fin, son cosas mías, ¡jajaja!

**(Erik)** — Perfecto, ahora tengo muchísimas ganas de escribir mi nuevo libro de terror. A lo que llegan los demás, por fin puedo quitarme a Hiraku de la espalda.

**(Hiraku)** — Zzzz...

**(Mili)** — ¡Qué tierno se ve cuando duerme! Vamos a hacerle una broma :D. Sé que este día ha sido horrible, pero ya logramos escapar, aunque no estamos intactos.

**(Belis)** — Primero vamos a curarle el brazo, y luego nos curamos nosotros. **(Cristfer)** — Vaaaa.

— *Todos se empiezan a curar.* —

**(Christ)** — Eso de perder mi café me hizo perder la paciencia también.

**(Lina)** — Bueno, gracias a ti logramos matar a ese montón de locos. **(Lility)** — Sí, menos mal.

**(Rumplis)** — ¡MILI, MILI, YA SÉ! ¡VAMOS A VESTIR A HIRAKU DE MUJER PARA CUANDO SE LEVANTE!

**(Mili)** — ¡Buenísima idea!

**(Lois)** — Mmm... ya sé para la broma. En este castillo hay una habitación de mujer que te lleva directo a la sala. Vamos a dejarlo ahí.

— *Proceden a llevarse a Hiraku.* —

**(Lirais)** — Jajaja, si les soy sincera, fue divertido estar todos peleando y Hiraku durmiendo, aunque fue culpa de Lois.

**(Rebeka)** — Hiraku se babeó en el abrigo de Erik. ¡Quiero ver la cara de Erik cuando le toque ponerse su abrigo todo babeado, jajaja!

**(Samantha)** — ¡Será muy divertido! Y se nos irá el trauma. Bueno, vamos a descansar a lo que vienen los demás.

— *Se quedan esperando.* —

**(Cap 6-5: Lo peor de lo peor)**

— *Todos caen al suelo en un lugar medio raro.* — **(Darkly)** — Demonios, qué lugar más raro es este.

**(Yessi)** — Hay polvo por todas partes.

**(Igor)** — Se siente tranquilo por alguna extraña razón. **(Briko)** — No te confíes, este lugar parece seguro, pero uno nunca sabe lo que podremos encontrar.

**(Igor)** — Tienes razón, es mejor estar alerta.

**(Cris)** — Bueno, chicos, acabo de inventar una estrategia que puede ayudarnos a conseguir ese ojo lo más rápido posible. Espero que todo salga bien.

**(Bli)** — ¡Chicos, siento que algo se mueve, aaa, cuidado, Aziel!

— *Aziel esquiva el ataque lo más rápido posible.* — **(Aziel)** — ¡Aaaa, casi muero!

**(Cap 6-6: La amenaza de la bestia y el lugar peor)**

— *Aparece una bestia enorme envuelta en papel, con dientes afilados y ojos inquietantes.* —

— *La bestia hace un sonido ensordecedor.* — **(Sirik)** — ¡AAAA, mis oídos! ¡Hora de atacar!

**(Lozir)** — Yo los ayudaré.

— *Lozir encuentra una lanza en el suelo, así que aprovecha y la lanza al estómago de la bestia.* — — *Lozir MUERE.* —

— *La bestia grita más fuerte y empieza a atacar de forma más violenta.* —

**(Teris)** — Bueno, esto es pan comido.

— *Con magia, quema la lanza, y como la lanza es de metal, la bestia empieza a arder en fuego.* —
**(Rair)** — ¡Ya me tienes harta, maldita bestia!

— *Lanza un ataque y decapita a la bestia.* — — *Pero le sale otra cabeza.* —

**(Rair)** — ¡¿QUÉEEE?! ¡¿CÓMO ES POSIBLE?!

**(Jeirk)** — A lo mejor su punto débil no es la cabeza, intenten atacar por otro lugar.

**(Freisk)** — Lo que más le fastidia es el estómago, supongo. Mejor ataquemos ahí. **(Tru)** — ¡Perfecto!

— *Tru logra golpear el estómago de la bestia con una fuerza descomunal.* —

— *La bestia explota.* —

**(Ambaria)** — Ufff, menos mal... ¡AAAA, está empezando a temblar! ¡Salgamos de aquí! **(Cris)** — ¡Síganme, me sé la salida!

**(Brik)** — ¡Cuidado, se están cayendo las columnas! **(Yoris)** — ¡CASI ME CAE UNA ENCIMA!

**(Cris)** — ¡GENTE, ENCONTRÉ LA SALIDA! ¡ENTREN RÁPIDO!

— *La salida los lleva a un lugar peor.* —

**(Freisk)** — Ufff, menos mal que logramos salir a tiempo.

**(Tru)** — Sí, menos mal. Aunque algo me dice que este lugar será peor.

**(Bli)** — No puede ser, literalmente se derrumbó todo. Si no hubiésemos salido a tiempo, ya habríamos muerto.

**(Cris)** — Tenemos suerte. La verdad, no estaba en mis planes que ese mundo se fuera a caer.

— *Empiezan a explorar.* —

**(Ambaria)** — Chicos, hay ojos en el fondo viéndonos.

**(Briko)** — Tengan cuidado, eviten verlos directamente, son muy peligrosos. **(Ambaria)** — Vale.

**(Jeirk)** — Tengan cuidado, el suelo se hunde también.

**(Aziel)** — No puede ser, el aire acá se siente horrible y hay un olor fuerte a carne podrida.

**(Rair)** — Cierto, ya me están dando náuseas. **(Teris)** — A mí también. **(Yoris)** — ¡AAAA!

— *Dos empiezan a gritar.* —

**(Cris)** — Están bloqueando la salida, no nos queda otra opción, ¡tenemos que matarlos! ¡VAMOS!
**(Briko)** — Contra mi espada y mi magia no podrán.

— El monstruo de un ojo trata de atacar a Briko, pero falla y termina hecho cuadritos. — **(Briko)** — Jajaja, qué débiles son.

**(Brik)** — ¡Wow! Te mueves súper rápido, apenas te pude ver.

**(Briko)** — Espero algún día tener el tiempo para poder enseñarte mi habilidad.

**(Brik)** — ¡Sí, sí, sí! :D

**(Darkly)** — El problema no son los enanos, ¡es la cosa esa enorme que cada vez se acerca más y más! ¡Corran!

**(Lozir)** — Cierto, necesitamos alejarnos para ganar tiempo. — Empiezan a correr. —

**(Sirik)** — Ya estamos lo suficientemente lejos, ¡empecemos a atacar!

— Death lanza un ataque y le tumba los dientes al monstruo enorme. —

**(Death)** — ¡JAJAJA! Ahora necesitarás cajas de dientes si piensas atacarnos.

— El monstruo se pone más agresivo y se mueve más rápido para poder tragárselos. —

**(Igor)** — No lo lograrás, maldito monstruo. — Lanza un rayo súper fuerte. —

**(Igor)** — ¡Yessi, necesito tu ayuda! ¡Ayúdame a incrementar mi poder! **(Yessi)** — Bien.

— Yessi ayuda a Igor y el rayo sale disparado tan fuerte que carboniza al monstruo gigante y a los restantes. —

**(Cris)** — ¡SIUUU! Lo lograron, ustedes son muy fuertes. Ahora podremos pasar. Menos mal que no se quemó la puerta. Eso sí, tendremos que pasar por dentro del monstruo, pero no se asusten, ya está hecho carbón, solo se va a romper.

**(Briko)** — Digamos que será una experiencia medio asquerosa.

**(Yessi)** — Demonios, esa cosa es súper larga... ¿era un gusano eso? **(Death)** — Verdad es.

— Proceden a ir al siguiente mundo. —

**(Sirik)** — ¡CHICOS, ESTE SÍ QUE ES PEOR! ¿¡QUÉ DIABLOS SON ESAS COSAS TAN FEAS!?
**(Lozir)** — ¡AAAAA, QUÉ DIENTES TAN HORRIBLES!

**(Briko)** — Mantengan la calma y sigan atacando. Estos son fuertes, pero son lentos. **(Darkly)** — Perfecto.

— Darkly empieza a lanzar ataques fuertes. —

**(Cris)** — Si matamos a estos cuatro, apareceremos en el siguiente mundo según mi estrategia. ¡Vamos!

**(Brik)** — Quisiera tener tanto poder como antes.

— Brik empieza a llenarse de ira y se vuelve más poderoso. —

— Un monstruo lanza un ataque a Darkly, pero este logra esquivarlo. —

**(Darkly)** — Esas garras son demasiado enormes.

— Lanza un ataque y le vuela una mano al monstruo, lo que hace que este se vuelva más rápido. —

**(Yoris)** — ¡Chicos, no se den por vencido! Ya escucharon a Cris, dijo que solo hay que matarlos. ¡Usen todo su poder y avancemos!

**(Teris)** — Entonces, perfecto.

— Lanza uno de sus ataques más fuertes, logrando matar a un monstruo. —

**(Teris)** — ¡Vamos, pude matar a uno! ¡Ustedes pueden!

— Rair queda rodeada por dos monstruos mientras los demás luchan contra el monstruo grande. —

**(Rair)** — ¿Ustedes piensan matarme? No se preocupen, este será su fin.

— Rair lanza un ataque y los mata a los dos. — **(Rair)** — ¡Siempre se puede!

**(Aziel)** — ¡Vamos, Brik, tú puedes!

— Brik empieza a aumentar más su poder mientras es atacado y gravemente herido. —

— Brik vomita sangre. — **(Jeirk)** — ¡Oh no!

**(Briko)** — ¡Hijo, cuídate! No tenemos pociones ni magia para curarte, acá no sirve. **(Brik)** — No se preocupen.

— Bli lanza un poder y hace que el monstruo enorme permanezca encerrado en una jaula. —

**(Bli)** — ¡Apresúrense, mátenlo! Solo puedo soportar 10 segundos. **(Tru)** — ¡Rápidooo!

— Tru, junto con Freisk y los demás, lanzan varios ataques al monstruo, pero este no muere. —

— La jaula se rompe. —

**(Freisk)** — ¡NOOOOO! **(Brik)** — Ahora sí, ¡GOLPE FINAL!

— Brik golpea al monstruo con una fuerza brutal y lo desintegra. —

**(Brik)** — Ufff, esto sí que fue difícil. **(Bli)** — Wow, pero has aumentado tu poder de nuevo. Solo no pierdas el control.

**(Tru)** — Y cuídate más, mira cómo estás, hasta vomitaste sangre.

**(Brik)** — Lo siento, es que fue difícil concentrarme.

**(Cris)** — Bueno, chicos, ahora sí apareceremos en donde están los ojos según mi plan.

— Todos aparecen en otro mundo. —

**(Cris)** — Oh no, no puede ser. Este lugar sí que está feo, aunque... **(Yessi)** — Definitivamente ustedes están locos...

**(Cris)** — No te preocupes, solo hay que sobrevivir dos minutos. Escóndanse donde puedan y eviten que la basura los mate. Si ven personas, escóndanse también; no son humanos, son monstruos.

**(Igor)** — ¡Sí que será difícil sobrevivir a tanta contaminación! ¡Corran! Hay basura y monstruos por todas partes. **(Death)** — ¡Estos dos minutos serán eternos! ¡AAAA!

**(Sirik)** — Qué suerte tienes, Lozir, puedes volar con tus alas.

**(Lozir)** — ¡Sí, pero mala suerte que hay monstruos volando por todas partes!

**(Darkly)** — ¡Gente, ya pasó un minuto! ¡Sigan corriendo y traten de sobrevivir!

**(Brik)** — Bien, miren, encontré un escondite. ¡Vengan! — Brik, Briko, Cris y Yoris se esconden en una caja de metal. —

**(Teris)** — Qué suerte tienen. — Sigue corriendo. —

**(Aziel)** — Esto está incluso peor que los abusos que sufrimos en nuestra adolescencia e infancia, ¿verdad, Jeirk? **(Jeirk)** — Sí, está mucho peor.

**(Ambaria)** — Solo faltan 30 segundos. **(Bli)** — ¡AAAA! ¡Son muchos!

— Tru se resbala. — **(Fresik)** — ¡Cuidado, Tru!

— Lo levanta. — **(Fresik)** — ¡Sigue corriendo, no te distraigas!

**(Tru)** — ¡Gracias!

— Pasan los 30 segundos y todos aparecen en el castillo de Lois. —

— Un ojo de Levin aparece en la mano de Cris. —

## Capítulo 7-5: *El Despertar de Keo*

**(Lois)** — Uff, chicos, por fin llegaron. Ustedes sí que tardaron. **(Cris)** — Fue más horrible de lo que pensé.

**(Lois)** — ¿Y me lo dices a mí? De nuestro grupo, uno por poco muere. Está descansando, aunque ya lleva mucho tiempo durmiendo. Creo que es hora de despertarlo.

**(Rumplis)** — Jajaja, haz que se levante. La broma será más intensa. **(Mili)** — ¡SÍIIII!

**(Teris)** — Bueno, hora de despertar a la princesa. Esperen, falta Dunkel.

**(Lois)** — Ah, cierto. Lo teletransporté para que estuviese con sus padres mientras ustedes buscaban los ojos. Fue el único que se quedó de vacaciones, pero entiendan que ha pasado cosas horribles. Además, no iba a arriesgar más vidas en esta misión.

**(Ambaria)** — Cierto, era mejor que no viniese.

**(Lois)** — Así es. Bueno, hora de traerlo acá. — Lois teletransporta a Dunkel al castillo. —

**(Dunkel)** — ¡Diablos! Menos mal que me teletransportaste justo cuando me despedí. Bueno, ¿cómo les fue?

**(Erik)** — ¡FUE UNA EXPERIENCIA BRUTAL! Tan única que solo me asusté una vez, jajaja.

**(Belis)** — El pinche Erik se volvió loco. La verdad, no vuelvo a estar con él en un combate, se arriesga mucho. **(Erik)** — ¡Jajaja! Pero no eran tan fuertes, admítelo.

**(Belis)** — ... Eran aterradores. **(Erik)** — ¡Jajaja!

**(Darkly)** — Algo me dice que Erik escribirá muchos libros de terror con esa experiencia. Bueno, luego le contaré cómo nos fue a nosotros. **(Erik)** — ¡Siuuu! **(Dunkel)** — ¡Jajaja! ¿Se asustaron mucho?

**(Lois)** — Si los hubieras visto... Bueno, ahora sí, vamos a despertar a Hiraku.

— Lois teletransporta a Hiraku a la sala para que la broma sea más pesada y lo despierta. —

**(Hiraku)** — ¡Chicos! :D Qué bueno verlos vivos.

— Todos se aguantan la risa. —

**(Hiraku)** — ¿Chicos, qué sucede? ¡Wow, recuperé mi brazo! Espera... mi ropa... **(Death)** — ¡JAJAJAJAJA!

**(Samantha)** — ¡JAJAJAJAJA!

**(Rumplis)** — ¡QUÉ HERMOSA LA PRINCESA HIRAKU! **(Mili)** — ¡VIVA LA REINA!

**(Hiraku)** — ¡NOOOOO, MI ROPAAAAAA! ¡AAAAAA! —Hiraku se ve en un espejo enorme.— ¡¿QUÉEEEE?! ¡ME PINTARON LAS OREJAS Y EL PELO! ¡NOOOOO, ESTO ES IMPERDONABLE!

—Todo el mundo empieza a reír.— **(Hiraku)** — ¡¿Y mi ropa?! **(Lois)** — Está en el sofá, jajajaja.

—Hiraku agarra la ropa y se esconde en un lugar donde nadie lo vea.—

**(Aziel)** — ¡JAJAJAJA, eso sí que fue tremenda broma! **(Brik)** — Les quedó muy buena.

**(Dunkel)** — Me muero de la risa. **(Hiraku)** — Los odio.

**(Lois)** — Eso te pasa por quedarte dormido.

**(Hiraku)** — ¿De qué hablas? ¡Tú fuiste el que me dormiste!

**(Erik)** — Es verdad, y después me tocó cargar a Hiraku. Me dio un dolor de espalda horrible.

**(Lois)** — Jajaja, lo siento, chicos. Es que a veces se me vienen malas ideas. **(Cris)** — Malísimas.

**(Lois)** — Bueno, gente, toca despertar a Keo. ¿Quién tiene el último ojo?

**(Cris)** — ¡Yooo, yo lo tengo! —Se lo da.— **(Lois)** — Perfecto.

—Lois trae el cuerpo de Keo para ponerle los ojos de Levin.—

**(Lois)** — Bueno, ya está bien vestido. Ahora solo hay que ponerle los hermosos ojos azules de Levin.

**(Dunkel)** — Wow, ha cambiado mucho. Su cabello ha cambiado, y su rostro también.

—Lois se pone triste.—

**(Lois)** — Me recuerda tanto a Levin... Bueno, ya le puse los ojos. Wow, esperen, ¡los ojos se han vuelto un rojo brillante! **(Cris)** — ¡Eso es increíble! **(Lois)** — No me esperaba eso.

—Keo empieza a despertarse y se siente un poder muy fuerte por todo el castillo.—

**(Tru)** — ¿Qué es esta sensación de poder? Se siente por todas partes.

—Keo despierta y se siente súper sano.—

**(Keo)** — ¡Amigos, están vivos! ¡Qué genial! —Keo se pone feliz.—

**(Aziel)** — Wow, ¿este es el gran Keo del que nos hablabas, verdad, Brik?

**(Brik)** — Así es, es muy poderoso. **(Jeirk)** — Wow.

**(Keo)** — Chicos, ¿por qué me miran tan sorprendidos? ¿Algo cambió en mí?

—Keo se levanta y se mira en otro espejo.—

**(Keo)** — 0_0 ¡ME VEO GENIAL!

**(Lility)** — ¡LUCES DEMASIADO HERMOSO! **(Keo)** — Muchas gracias :D

**(Lois)** — Bueno, Keo, te contaremos todo lo que sucedió. Eso sí, chicos, quédense un día para descansar porque mañana dejarán de estar medio muertos y van a revivir.

**(Keo)** — ¿Medio muertos? ¿Cómo funciona eso? **(Lois)** — Es una larga historia.

—Todos deciden quedarse un día más en el castillo de Lois. Keo conoce a Aziel, Jeirk, Brik, Cris y Lois. Luego va con Dunkel a visitar a los padres adoptivos de Dunkel.—

—Por la noche, Dunkel, Keo y Brik se quedan hablando.—

**(Dunkel)** — Oye, Lois, si tú y Levin me crearon con magia, ¿eso significa que yo soy hijo de Levin también? **(Lois)** — Así es.

**(Dunkel)** — ¡Ooo wow! Ya quisiera conocer a mi otro padre. Bueno, Lois, no te guardo rencor. Estoy agradecido, ya que si no me hubiese pasado todo esto, no sería quien soy.

**(Keo)** — Wow, ¿yo soy nieto de Lois y Levin? Eso sí me impresiona.

**(Lois)** — La razón por la cual creamos a tu padre con nuestra magia es porque queríamos un ser con nuestro poder para que cuidara de todos. Aunque, bueno, terminaste haciendo lo contrario, pero sin embargo aprendiste de tus errores y mejoraste, al igual que Brik. **(Dunkel)** — Exacto.

**(Keo)** — Todos cometemos errores. La idea es no culparse o engañarse por ellos, sino enfrentarlos. Ser buena persona nunca está mal. Pedir ayuda no te hará débil, solo te hará fuerte al permitir que alguien más te ayude a enfrentar tus errores.

**(Brik)** — Es algo que a mí me gustaría haber aprendido antes de hacer semejante masacre. No quería que murieran inocentes, si les soy sincero.

**(Lois)** — Bueno, al menos estos inocentes viven felices acá.

**(Briko)** — Hijo, me arrepiento de no haber estado cuando te atraparon esos malos. Sé que no te acuerdas de eso, pero si no hubieses muerto antes, no olvidarías cómo fue tu vida pasada.

**(Brik)** — No pasa nada, padre. Yo soy feliz con ser quien soy, con conocerte, tener a mis amigos y salvar al mundo del maldito socialismo.

**(Lois)** — Bueno, chicos, es hora de descansar.

**(Keo)** — Mañana te enseñaré cómo hacer que tú y los demás dejen de estar medio muertos con tu magia. Una vez lo hagas, serás más poderoso, ya que ahora albergas a Levin. Eres más poderoso que Brik y que yo también, así que usa bien el poder y deshazte de ese virus, pero esta vez para siempre.

**(Lois)** — Será imposible eliminarlos por completo, pero una vez lo hayas hecho, mete lo último que quede de ellos en este frasco y luego lo rompes. Así aparecerán en la zona donde fuimos a buscar los ojos de Levin. **(Keo)** — ¡Genial!

**(Lois)** — Bueno, usaré mi magia para que salgan bien vestidos y preparados con sus cosas en el mundo de los vivos. Ahora váyanse a dormir. **(Keo)** — Vale. **(Dunkel)** — Okas.

**(Brik)** — Bueno, adiós, papá **(Briko)** — Adiós, querido hijo. **(Lois)** — Adiós, nieto e hijo. Duerman bien.

—Todos se van a dormir.—

**Capítulo 8-5: Dejar de ser medios muertos**

—Al siguiente día, Keo lee la carta que le dejó Lois invitándolo a su oficina.—

**(Lois)** — Buenos días, Keo. **(Keo)** — ¿Qué tal?

**(Lois)** — Keo, te voy a enseñar cómo sacar a tus amigos del más allá. Por suerte, te será más fácil, ya que no andan muertos, sino medio muertos. Así que bueno, iniciemos con el entrenamiento.

—Lois logra entrenar bien a Keo, así que Keo ahora puede revivir personas.—

**(Keo)** — ¡Wow, qué genial! Ahora puedo revivirlos a todos y acabar con el virus que está destruyendo todos los mundos.

**(Lois)** — Efectivamente. Eso sí, cuídate bien. Ni se te ocurra quedar muerto o medio muerto. Si el virus sigue propagándose, va a arruinar el equilibrio entre el mundo de los vivos y el más allá. No importa si los mundos son infinitos o no, la realidad es que no son tan infinitos como dicen. Cada vez se crean nuevos, pero la mayoría no tienen vida. Así que tu deber es salvarlos a todos. Yo confío en que puedes, porque eres el nieto de Lois y, actualmente, tienes a Lois dentro de ti. ¡Así que VAMOS!

**(Keo)** — ¡Bien, ya estoy listo! —Los demás van a la sala.— —Lois y Keo también se dirigen a la sala.—

**(Keo)** — Bueno, queridos amigos, he aprendido a cómo revivirlos. Aziel, Jeirk, Briko, Cris, Lois... Sé que nos extrañarán mucho, pero no se preocupen. Algún día espero que volvamos a vernos. Espero que ese día llegue rápido. Así que bueno, toca despedirse antes de irnos.

**(Briko)** — Bueno, hijo, no tuve tiempo para conocerte, pero estoy feliz de poder haberte hablado, aunque sea un poco.

**(Brik)** — Gracias, padre. Yo también quería conocerte más.

**(Aziel)** — Bueno, Brik, Jeirk y yo siempre te vamos a recordar. De nosotros dos, tú eres el más especial y siempre lo has sido. Todavía recuerdo cuando teníamos nuestro propio apartamento y tratábamos de ser lo más independientes posible, jajaja.

**(Jeirk)** — Qué buenos recuerdos esos, la verdad.

**(Brik)** — Fue muy divertido estar con ustedes. Estuvieron en mis malos momentos y en los buenos.
**(Mili)** — ¡Chicos! :D

—Mili les da un abrazo a Aziel y Jeirk.— **(Mili)** — Los voy a extrañar mucho. **(Bli y Tru)** — Nosotros también.

**(Cris)** — Bueno, espero también volverlos a ver. Me cayeron súper bien y, bueno, me alegro de que ninguno haya muerto.

**(Samantha)** — Jajaja, muchas gracias. **(Cris)** — Igual.

**(Cristfer)** — Bueno, chicos, dejemos las lágrimas. ¡Hay que enfrentarnos ante esas bestias! **(Lois)** — Dunkel, cuídate mucho. Ten. —Le da una poción.—

**(Lois)** — Tómatela. **(Dunkel)** — Vale. —Dunkel se toma la poción.—

**(Lois)** — Esto te dará mucho poder. También considéralo un regalo de mi parte.

**(Dunkel)** — Muchas gracias. Aunque no estuviste ahí, comoquiera te perdono. Todo el mundo comete errores y hay que aprender a perdonar.

—Lois le da un abrazo a Dunkel y a Keo.—

**(Lois)** — Bueno, Rebeka y Lility, cuídense también. Se les quiere.

**(Rebeka)** — ¡Vaaa! **(Lility)** — ¡Se te quiere también!

**(Keo)** — Bueno, amigos, prepárense para la resurrección. —Keo hace su magia y logran revivir.—

—Aparecen en un lugar recién invadido.—

**(Keo)** — ¡Oh no! Este lugar está siendo invadido por tankistas, y andan cantando:

**Soldados:** — Tres tankistas, tres grandes hermanos, que luchan por nuestra gran nación.

—Los soldados acumulan más poder cada vez que cantan.—

**(Keo)** — ¡Hora de atacar! **(Yessi)** — ¡Por fin!

—Death lanza un ataque, explota un tanque y, a la vez, derriba un edificio.—

**(Death)** — ¡Ajajaja! Ahí tienen, malditos parásitos. —Los soldados empiezan a disparar.—

**(Samantha)** — ¡Cuidado! —Las balas le caen a Erik.— **(Erik)** — ¡¿Qué me han hecho?! ¡Me las van a pagar!

—Erik lanza un ataque extremadamente fuerte, mata a mil soldados, pero aún quedan más.—

**(Rumplis)** — ¡Wow! Eso sí fue muy valiente. Toma, una poción de curación que recién hice. **(Erik)** — ¡Gracias!

**(Igor)** — Chicos, nuestra prioridad debería ser buscar a esos malditos dictadores. Si los matamos, todas estas sombras desaparecerán. Aunque todo quede destruido, habrá que reconstruir. **(Keo)** — Tienes razón. Vamos por los dictadores.

**(Igor)** — Bien, hora de buscarlos. —Aparece un soldado enorme.—

**(Soldado)** — No tan rápido. Ni piensen que los dejaré ir.

—Hace magia para que no puedan teletransportarse.— **(Hiraku)** — ¡Maldita sea!

**(Lirais)** — No pierdan la paciencia. Acabar con este grandulón será como un calentamiento.

—Lirais lanza una poción de fuego sobre el gigante, pero no le hace efecto.—

**(Soldado)** — ¡JAJAJAJA! ¿Calentamiento decías? **(Lirais)** — ¡NOOOOO!

**(Mili)** — ¡Ya valiste, zurdo hijo de pu*#!

—Mili procede a lanzarle varios ataques al gigante que sí le hacen efecto.—

**(Mili)** — Ahora está debilitado, ¡hora de atacar! **(Bli)** — ¡Perfecto!

—Le arranca un brazo al gigante.— **(Tru)** — Ahora está más indefenso.

—Le arranca una pierna.— **(Keo)** — ¡¿Qué?! ¿Cómo hiciste eso?

**(Tru)** — Entrenamiento y dedicación. Ahora te toca a ti, dale el golpe final.

—Keo desintegra al monstruo de un solo golpe.— **(Keo)** — No esperaba tener tanto poder, ¡wow!

**(Brik)** — No te confíes. Este se veía medio débil, no me quiero imaginar al dictador supremo. Ese sí que da miedo. **(Keo)** — Tienes razón. Ahora sí, vamos al otro mundo a ver si están allá.

—Todos proceden a teletransportarse.—

**(Keo)** — Esta ciudad luce rara... está medio abandonada.

**(Brik)** — Es normal cuando se vive el socialismo. A mis amigos y a mí nos tocó vivir lo mismo. Prepárense para una jornada de leyes sin sentido.

**(Rebeka)** — Bien, hay que asegurarnos de que acá estén esos malditos dictadores para acabar con esto de una vez.

**(Dunkel)** — Si encuentro a esos infelices, será su fin. Ahora soy más fuerte que antes.

**(Belis)** — ¡Eso es genial! :D Juntos podremos acabarlos de una vez.

**(Dunkel)** — No me atrevo a destruir este mundo porque sé que hay personas inocentes. Así de fuerte está mi poder.

**(Keo)** — Igual el mío. Pero no podemos excedernos, así que tengamos cuidado.

**(Darkly)** — Gente, se siente la presencia de uno... siento un hambre horrible.

**(Cristfer)** — ¡JAJAJA! Creo que ya sé cuál es. **(Brik)** — Ese maldito Maoi. **(Chris)** — ¡Vamos por él!

**(Rair)** — Estamos más cerca. Mírenlo, nos espera en el centro de la ciudad.

**(Teris)** — Esperen, algo anda mal. Hay soldados apuntando por todas partes. Tengan cuidado.

**(Yoris)** — No hagan ningún movimiento sospechoso, caminen normal.

**(Lina)** — ¡Aaaa, cuidado! Hay minas en el suelo.

**(Ambaria)** — Ufff, menos mal que no pisé ninguna... por poco piso una.

**(Freisk)** — Esto sí que es peligroso. —Todos siguen caminando directo hacia Maoi.—

**(Maoi)** — ¿Conque siguen vivos, eh? No se preocupen, esta vez van a morir y no tendré piedad.

**(Keo)** — ¿De qué hablas si estás súper solo?

**(Maoi)** — ¿Solo, dices?

—Aparecen los demás dictadores y los soldados, apuntando con armas.—

**(Fidelius)** — ¡Ja, ja, ja! Tanto tiempo que llevo buscándolos, pero sin embargo aquí están. Esta vez no cometeremos el error de dejarlos vivos.

(Cheg) —¡LOS MATAREMOS!

(Dictador4) —¡SERÁ SU FIN! (Keo) —No podrán, asquerosos. —Keo lanza un ataque fuerte y mata a la mitad de los soldados, pero aparecen más y empiezan a disparar.

(Keo) —Oh no, tendré que enfocarme en proteger a los demás de las balas. ¡Gente, encárguense de luchar contra los dictadores! Yo los protegeré de los soldados. (Death) —¡Ya escucharon! ¡Al ataqueee!

(Samantha) —¡Se van a arrepentir! —Erik empieza a lanzar ataques violentos, pero los dictadores los esquivan.

(Dictador4) —¡Tengan cuidado! Esta vez lucen más fuertes.

(Fidelius) —¡Entendido, camarada! (Erik) —¡MUERAAAAN!

(Belis) —¡Tengan cuidado! Sus ataques apenas se pueden ver.

(Darkly) —Tienes razón, pero ellos tienen una desventaja, y es que nos dieron demasiado espacio como para poder luchar. Así que ¡aprovechemos! —Cheg lanza un ataque brutalmente fuerte que deja a Rumplis muy herido. (Rumplis) —¡AAAAAAH!

(Yessi) —¡NOOOOO! (Rumplis) —No te preocupes, chico, ando bien.

(Yessi) —Vale. —Lanza ataques a los soldados, pero siguen saliendo más soldados—. Es lo mismo que sucedía antes, ¡maldición! (Ambaria) —¡Cuidado, Igor! —Lo empuja.

(Igor) —Gracias, casi me quedo sin estómago, ¡jajaja! (Ambaria) —Debes tener más cuidado.

(Igor) —Verdad es. —Hiraku lanza un ataque y deja a Cheg sin una pierna. (Cheg) —¡Aaaah, mi pierna! ¡Maldito humano, muere!

(Hiraku) —No podrás matarme tan fácilmente. —Hiraku esquiva todos sus ataques.

(Lina) —¡GOLPE FINAL! —Lina golpea tan fuerte a Cheg que queda inconsciente—. ¡Ahora sí, mueree e!

(Dictador4) —¡No tan rápido! —Dictador4 le da un golpe a Lina en el estómago, haciéndola vomitar sangre.

(Lina) —¡Aaaaah!

(Lility) —¡Nooo, Lina! —Le lanza magia para que se cure, pero no tiene efecto. Lina sufre—. ¡Lozir, ayúdame! Cheg aún sigue inconsciente, vamos a matarlo de una vez.

(Lozir) —¡Enseguida! (Maoi) —¡Tú no te escapas!

(Lozir) —¿Quién dijo? —Le da una patada a Maoi y le rompe el cuello.

(Lility) —Ahora sí es tu fin. —Lility lanza un ataque a Cheg y logra dejarlo en peor estado. Lozir aprovecha y lanza a Dictador4 volando de un golpe. (Lozir) —¡Ahí tienes! Y tú también.

(Dictador4) —¡No es tan fácil! —Dictador4 noquea a Lozir. (Lozir) —¡Aaaah! —Se cae y queda dormido.

(Lility) —Oh no, tengo menos tiempo. —Lility le quita la pistola a un soldado y mata a Cheg.

(Dictador4) —¡NOOOOOOOO! ¡ME LAS VAN A PAGAR CAROOOOOOOO! —Dictador4 se fusiona con el cuerpo de Cheg, pero no sucede nada—. ¡AAAAAA!

(Erik) —¡Nooo, Dunkel! ¡Lozir ha caído! (Dunkel) —Hay que curarlo.

(Rebeka) —Aprovechen y cúrenlo. Yo me encargo de Fidelius.

(Dunkel) —¡Lozir! Despierta rápido.

(Erik) —¡Vamos, o haré que un monstruo te dé respiración boca a boca!

(Lozir) —¡0_0 NOOOOO, ESO NOOOO, NI LOCO! —Se levanta y empieza a atacar a los militares a una velocidad súper rápida.

(Erik) —¡Jajaja! Se asustó bien feo. (Dunkel) —¡Bien hecho, hermano, jajaja!

(Rebeka) —¡Ahora sí será tu fin, Fidelius! —Rebeka le lanza un rayo potente, pero Fidelius lo esquiva. (Rebeka) —Oh no.

(Dunkel) —No te preocupes, ya estamos. ¡Ataca! (Erik) —¡VAMOS! (Darkly) —¡MUERE, FIDELIUS!

(Fidelius) —¡MUERAN USTEDES, CAPITALISTAS REBELDES!

(Lirais) —¡Gente, Rumplis y yo necesitamos ayuda! Hay demasiados soldados.

(Mili) —No te preocupes, ¡allá vamos! (Bli) —¡Estos soldados son criminales! ¡MUERAN!

(Tru) —¡No permitiremos que logren matarnos! ¡Salvaremos al mundo! (Sirik) —¡Yo los ayudaré también!

(Cristfer) —Oh no, son demasiados.

(Rair) —¡Ya apenas puedo ver, son muchos! ¡Que alguien nos ayude!

(Brik) —No se preocupen, amigos, ¡aquí estamos!

(Chris) —¡VAMOS! (Freisk) —¡Amigos, vinimos a ayudar también!

(Teris) —Quizá nos superen en número, pero no en fuerza.(Yoris) —¡No podrán con nosotros!

(Keo) —Cada vez salen más de los edificios. Algo me dice que el poder proviene de los dictadores. ¡Tenemos que derrotarlos de una vez!

(Brik) —¡Son demasiados! —Pasan varias horas y todos quedan muy heridos. La esperanza se empieza a perder, todo se empieza a llenar de soldados hasta más no poder: soldados enormes, soldados pequeños, helicópteros, tanques. Cada vez se les hace más difícil poder derrotar a los dictadores.

(Brik) —Oh no, esta vez será nuestro fin si no hacemos algo. —Brik se acuerda de algo.

(Mili) —Brik, ¿estás pensando lo que yo estoy pensando? (Brik) —Efectivamente. Ya se acercan.

(Bli) —¡Siuuuuu, se acercan! (Tru) —¡SIIIIIII! (Keo) —¿Quiénes se acercan?

(Brik) —Refuerzos.

(Líder del ejército) —¡No se preocupen, nosotros los vamos a salvar!

(Dictador4) —¡JAJAJAJAJA! ¿Cómo piensan salvarlos si son bien pocos? ¡JAJAJAJAJA!

—Se empiezan a abrir portales y salen los demás soldados—

(Mili) —Este será el fin de ustedes, zurdos hijos de put#. ¡Que vengan las fuerzas especiales!— Mili se levanta y empieza a atacar a Maoi.

—Vienen las fuerzas especiales.—

(Fuerzas especiales del Ancapismo)

—¡Asqui, estamos! ¡Vamos a derrotar y a eliminar este virus de una vez por todas!—

(Mili) —¡AL ATAQUEEEEEEE!—

El ejército ancapista empieza a destruir todos los soldados del comunismo. Ahora Keo y los demás tienen más espacio para enfrentarse a los dictadores.

(Dictador4) —¡NOOOO, MI EJÉRCITO SE ANDA DEBILITANDO!—

—Maoi lanza un ataque y hace que todos tengan un hambre horrible, empezando a desnutrirse.—

(Bli) —¡Aaaaah, ayuda, Rumplis!— (Rumplis) —¡Allá voy!— —Rumplis cura a Bli con una poción.—

(Igor) —¡Wow, un ejército muy fuerte!—

(Voces de fondo) —¡Esperen, aún faltamos nosotros!—

—Aparecen los políticos del mundo que era socialdemócrata.—

(Políticos enmascarados)

—Narrador: Los políticos enmascarados son los que eran socialdemócratas, que Mili logró ayudar junto con Keo y los demás.—

—Nosotros los ayudaremos a derrotar a estos dictadores sinvergüenzas y manipuladores, no se preocupen.— —Se escuchan tres voces de fondo.—

(Trillizos) —¿Se olvidaron de nosotros, chicos? ¡Asqui, ESTAMOS! :D—

(Dunkel) —¡Cierto, malditos trillizos! ¡Qué bueno verlos de nuevo, lo siento mucho por haberlos olvidado!—

(Trillizos) —No se preocupen, ya no somos malos. Hemos visto tanta destrucción que ahora queremos salvar al mundo también. ¡Vamos!—

(Brik) —Eso sí que fue algo bien inesperado, la verdad.—

(Trillizos) —¡Maldito Brik, te extrañamos!— (Brik) —¡Wow, me reconocieron!—

(Trillizos) —No olvidaremos a ese chico depresivo y medio loco.—

(Brik) —¡Jajaja, verdad! ¡Es bueno, al ataqueeee!

(Capítulo 10-5: Algo fuerte viene, algo sorprendente pasa.)

(Dictador4) —No les será tan fácil derrotarnos, por más que sean, ¿verdad, Maoi?—

(Maoi) —Sí, ¡nunca nos van a derrotar, malditos!—

(Teris) —¡Ajjajaja, ya andas perdiendo soldados!—

(Dictador4) —¡ME LAS VAS A PAGAR CON TU VIDA!— (Yoris) —¡No podrás!—

—Yoris le lanza un ataque a Dictador4, pero él esquiva.—

—Dictador4 deja gravemente herido a Yoris.— (Yoris) —¡AAAaa!—

(Keo) —¡Lility, no te preocupes, Yoris! Ahora tengo tiempo para poder derrotar a este virus.—

—Keo empieza a atacar a Maoi con todo su poder.—

(Maoi) —Quizás te creas muy fuerte, pero eres muy lento.— (Keo) —¿Tú crees?—

—Keo procede a moverse más rápido que una bala, pero aún así Maoi detecta sus movimientos.—

(Lility) —¡Ya hay menos soldados! Mientras Keo se encarga de Maoi, ¡vamos a derrotar a Dictador4!—

(Dictador4) —¡Eso les será muy difícil! ¡JAJAJAJA!—

—Dictador4 se mueve a la velocidad de la luz.—

(Rumplis) —¡NOOOO! ¡AHORA SERÁ MUY DIFÍCIL PODER VERLO!—

(Brik) —¡Es invisible! ¡Ataquen a todas direcciones!— —Empiezan a atacar.— (Sirik) —¡Lo puedo ver!—

—Sirik logra golpear a Dictador4 con fuerza.— (Dictador4) —¡Aaaah!—

(Cristfer) —¡SE FRENÓ RÁPIDO!— —Cristfer ataca a Dictador4.—

(Darkly) —¡Aún quedan muchos tanques y soldados! ¡No se confíen!—

(Erik) —¡Vamos a destruirlos todos!— (Maoi) —¡NOOOO!— (Samantha) —¡CÁLLESE!—

—Samantha le dispara con éxito a Maoi.— (Keo) —¡Ahora sí!—

—Keo golpea a Maoi con tanta fuerza que logra destruirlo.— (Dictador4) —¡NOOOOOO!—

—Dictador4 corre súper rápido y logra recuperar el cuerpo de Maoi. Lo absorbe también, y sucede algo.—

(Dictador4) —¡Ahora sí estoy completo!— (Mili) —¿Cómo así?— (Bli) —¿De qué hablas, si ya solo quedas tú?—

(Tru) —¡Solo usa excusas, sigan atacando!—

—Dictador4 empieza a crecer y empieza a agarrar color. Se convierte en un hombre enorme.—

(Mili) ¡¿QUEEEE?! ¿¡CÓMO ES POSIBLE!?

(Lirais) ¡EL DICTADOR4 SE HA VUELTO UN HUMANO ENORME!

(Igor) No creo que sea un humano, es algo peor... (Rumplis) ¿Qué es?

(Igor) Es Stalin. (Hiraku) ¿Qué es Stalin? (Igor) El verdadero terror. (Hiraku) ¡Huy, no...!

(Rumplis) Habrá que luchar más fuerte esta vez.

(Políticos enmascarados) ¡Gente, cuidado! ¡Ese sí es fuerte! ¡Aprendimos de él en la clase de historia! (Mili) ¡ZURDO DE MIER--!

(Stalin) ¡USTEDES NO SON RIVAL PARA MÍ! — *Grita fuerte* — ¡LOS VOY A MATAR A TODOS SIN IMPORTAR SI DESTRUYO ESTE Y OTROS MUNDOS! ¡MI PODER ES TAN FUERTE QUE NO LO PERDERÉ AUNQUE MUERAN HUMANOS!

(Stalin empieza a atacar) (Lozir) Bueno, hora de atacar con más fuerza y velocidad.

(Rebeka) Hagamos un ataque combinado.

(Dunkel) ¡No se olviden de mí!

— Lozir, Rebeka y Dunkel hacen varios ataques, pero Stalin los esquiva con facilidad. —

(Stalin) ¡JAJAJAJA! — Les da una patada y los saca volando a otro mundo. — (Belis) ¡Nooo, me las vas a pagar!

(Chris) ¡MUEREEEE! (Rair) ¡No se den por vencido! ¡Quizá sea fuerte, pero es uno solo!

(Yessi) ¡Así es, al ataqueee! (Lina) ¡VAMOS!

(Stalin) Desde acá se escuchan como simples hormigas. (Brik) ¡CALLATE MONSTRUO!

(Stalin) ¡TÚ CALLATE HORMIGA DE M#@&#%!

— Les da un golpe y caen en otro mundo junto con Lozir, Dunkel y Rebeka. —

(Keo) ¡Nooo! ¡Los anda mandando para otros mundos! ¡Eso es una estrategia sucia!

(Death) ¡Las vas a pagar! (Samantha) ¡Te vamos a derrotar!

(Erik) ¡No eres más fuerte que nosotros!

(Igor) ¡Te vamos a derrotar y tu imperio socialista caerá! (Rumplis) ¡Prepárate para mis pociones!

(Hiraku) ¡Y para mi gran poder! (Darkly) ¡Y para mis ataques!

(Stalin) Otro grupo más que intenta enfrentarse a mí y no puede.

— Stalin los golpea y los manda para otro mundo también. —

(Stalin) ¡¿POR QUÉ DESAPARECEN?! ¡YO QUIERO QUE MUERAN! ¿¡QUÉ SUCEDE!?

— Se da cuenta de que el problema es él, ya que activó un hechizo para crear portales. —

(Stalin) Mmm, así que era culpa mía... ahora no lo será.

— Stalin modifica su magia y se hace más fuerte. —

(Keo) ¡Ufff, menos mal que logré esquivar a tiempo!

(Freisk) Keo, no te preocupes por los demás, siguen vivos y nosotros estamos aquí.

(Keo) ¡Bien!

— En otro mundo... — (Dunkel) ¡Ay, mi cabeza, me duele mucho!

(Rebeka) ¡A mí también! (Lozir) Menos mal que no hemos muerto.

(Belis) ¡Chicos! :D ¡Están aquí! (Dunkel) ¡Belis, me alegro de que tú y ustedes estén bien! ¿Y los demás?

(Belis) Solo estamos nosotros. (Chris) Ese maldito nos sacó volando.

(Rair) Acá se escuchan muchos gritos, ¿qué sucede?

(Yessi) No lo sé, pero este lugar lo están destruyendo también. (Lina) Todo es un caos.

(Brik) ... ¡Chicos, miren para al frente! (Dunkel) 0_0 ¡Es... es...!

(Lozir) ¡No...! (Dunkel) ¡ES EL DEVORADOR DE MUNDOS! (Chris) ¡¿QUEEEEEE!?

(Soldado de Brik) ¡Chicos, tienen que buscar refugio! ¡Vinieron más comunistas en aviones, están aliados con el devorador de mundos!

(Brik) ¡¿QUEEEE!? ¡¿USTEDES QUÉ HACEN AQUÍ!?

(Soldado de Brik) Espera, ¿eres tú, señor Brik? (Brik) Así es.

(Soldado de Brik) Este es tu mundo, logramos revelarnos contra los comunistas, pero recién reviven al devorador de mundos. ¡Esto ha sido una tragedia!

(Brik) No te preocupes, juntos lo podremos derrotar. ¡Ahora nosotros estamos aquí ayudándolos! ¡Traigan toda la artillería pesada!

(Soldado de Brik) ¡Enseguida! — Vienen más soldados a ayudar. —

— Todos empiezan a acercarse más al devorador de mundos. Hay charcos de sangre por todo el suelo y un ambiente tenso. —

(Dunkel) Es demasiado enorme. (Rebeka) Da miedo con tan solo verlo.

(Lozir) Bueno, ya lo derrotamos una vez, de seguro esta es pan comido. (Belis) Así es.

(Chris) ¡VAMOS POR ÉL! — todos empiezan a atacar al devorador de mundos.

El devorador de mundos empieza a gritar fuerte y a quemar todo a su alrededor.

(Devorador de mundos) He vuelto y tengo mucha hambre. Me comeré a todos ustedes y luego iré por más mundos. (Rair) Vamos a dispararle desde un lugar alto.

(Yessi) Bien, yo te acompaño, vamonos con los soldados. (Brik) Tengan cuidado, chicos. (Yessi) Vale. (Lina) Yo los acompaño también.

(Rair) Mejor todavía, así seremos más y lograremos derrotar a este sinvergüenza.

— Pasan varias horas y el devorador de mundos hace un caos, empieza a destruir todo a su paso.

(Dunkel) Es tan grande que sería mejor atacarlo a distancia. Su tamaño es una desventaja, además está muy lento.

(Brik) Tienes razón, es mejor atacar con magia y disparos desde la distancia.

(Lozir) Yo lo atacaré desde el aire, que alguien me dé una lanza. (Brik) ... No hay lanzas. (Lozir) Maldición, necesito una.

(Soldado de Brik) Ten estas banderas, te pueden funcionar. Mira, su punta es afilada como un cuchillo.

(Lozir) ¡Perfecto! — Lozir agarra dos lanzas y empieza a volar super alto para poder derrotar al devorador de mundos.

(Rebeka) ¡Cuidado, Lozir! ¡VAMOS, TÚ PUEDES!

(Belis) ¡Está temblando super fuerte! Apenas puedo caminar.

(Chris) No te preocupes, todos estamos en un muro que según Brik es muy resistente a temblores. ¡Sigamos disparando todo lo que haya! — le da una bola de cañón.

(Chris) ¡Dispara! (Belis) ¡Enseguida!

— En un helicóptero. (Rair) ¡Wow, miren, es Lozir volando!

(Yessi) Se acerca demasiado al devorador de mundos. (Lina) ¡Hay que ayudarlo!

— Lozir se acerca lo suficiente al devorador de mundos y lanza las dos banderas. Las puntas de las banderas impactan en los ojos del devorador de mundos, pero no hacen efecto.

(Lozir) Oh no, esto sí se puso feo. (Yessi) ¡Lozir, vete, nosotros nos encargamos!

(Lozir) ¡No, no soy un cobarde! ¡Denme armas o algo! — Le dan una RPG.

(Yessi) Quizá esto te ayude, pero es poco probable. El devorador de mundos es resistente a las balas y la magia de Brik no está funcionando. (Lozir) Mmm.

(Rair) ¡Está demasiado fuerte! (Rair) ¡Cuidado, está votando fuego por su boca!

— El devorador de mundos vota mucho fuego y empieza a quemar a varios soldados. (Dunkel) ¡Iré a atacarlo!

(Brik) ¡Voy contigo, está cobrando más fuerza! — Brik y Dunkel se dirigen al devorador de mundos.

(Brik) ¡Ahora sí, hasta aquí llegaste, devorador de mundos!

— Brik le lanza un ataque super fuerte y logra hacerle un agujero enorme en el estómago.

— El devorador de mundos se queda tieso y empieza a regenerarse.

(Dunkel) ¡NOOOO, SE REGENERA!

— Dunkel lanza ataques super fuertes junto con Brik.

— El devorador de mundos los ataca también con fuego y se empiezan a quemar.

(Brik) ¡AAAAAAA, ME DUELEEEE! (Dunkel) ¡AAAAAAA!

— Pasan las horas y Brik logra darle el golpe final al devorador de mundos.

(Devorador de mundos) ¡Aaaaaaa!

— Lozir agarra otra bandera y le echa veneno de Rumplis.

(Lozir) Oye, Dunkel, con tu magia haz que este veneno sea letal.

(Dunkel) Bien. — Dunkel hace que el veneno sea super fuerte.

(Lozir) Ahora sí, será tu fin, devorador de mundos.

(Devorador de mundos) ¡NUNCA PODRÁN DERROTARME! EL GOLPE FINAL NO FUNCIONÓ.

— Lozir le lanza la bandera y la bandera se clava en el devorador de mundos.

(Devorador de mundos) ¡NO ME HIZO NADA! ¡AJAJAJA!

— El devorador de mundos empieza a moverse más rápido.

(Dunkel) ¡Nooooo! ¡Está más fuerte ahora!

(Yessi) ¡Noooo! (Rebeka) ¡Aún tenemos tiempo, no nos demos por vencidos!

— El devorador de mundos intenta aplastar a Brik, pero algo sucede.

— El veneno empieza a hacer efecto.

(Devorador de mundos) ¿Qué es esto? ¡Aaaaa! ¡NOOOOOO! ¡ME LAS VAN A PAGAR!

— El devorador de mundos se empieza a carbonizar hasta quedar como una estatua y se rompe, haciendo una lluvia masiva de piedras. (Dunkel) ¡ESOOOO! ¡LO DERROTAMOS!

(Brik) ¡CUIDADO, ESTÁN CAYENDO PIEDRAS DEL CIELO! — Caen todas las piedras.

(Soldados de Brik) ¡Brik y sus amigos han salvado el mundo de nuevo! ¡HURRAAAAA!

— Todos empiezan a celebrar.

(Brik) No, aún nos queda derrotar al dictador. (Soldados de Brik) ¡TE AYUDAREMOS!

(Brik) ¡NO! Ustedes quédense y sigan derrotando a los socialistas restantes, luego salven a las vidas inocentes.

(Soldados) ¡Enseguida, Brik!

(Dunkel) ¡Wow, nunca supe que tuvieras tus propios soldados!

(Brik) Jajaja, son algunos de mis secretitos. (Lozir) ¡Wow, eso es genial!

(Lina) ¡Salvamos el mundo! Por fin. Era más arriesgado ir volando con Lozir, jajaja.

(Lozir) Pero ¿de qué hablas? ¡Yo fui el que más me cuidé! (Yessi) ¡Sí, claro! (Rair) Jajaja.

(Brik) Tenemos que volver. ¿Dónde está Keo? Pero presiento que nuestros amigos necesitan ayuda... ¡Oh no!

— Gente, ¡VAYAN TODOS A ELFISLAND, ES EMERGENCIA! (Belis) ¡VAMOS! (Lina) ¡ENSEGUIDA!

(Cap 11-5 Caos en Elfisland)

— Unas horas antes — (Death) ¡Aaaaaa! — Cae al piso.

(Samantha) ¡AAAAA! — Cae encima del estómago de Death.

(Death) ¡Vomita! (Death) ¡AAAAA, MI ESTÓMAGO!

(Samantha) ¡LO SIENTO, CAÍ DE MUY ALTO! ¡AAAAA, ME LLENASTE DE VOMITO!

— Samantha empieza a vomitar por el asco también.

(Death) Lo siento. (Erik) ¡DEATH, CUIDADOOO!

— Erik cae encima de Death de nuevo y lo hace vomitar. (Death) ¡AAAAA!

(Rumplis) ¡Cuidado, chicos! — Cae encima de Erik y Death. (Samantha) ¡AJAJAJA!

(Erik) ¡AAAAA, MI ESPALDA! ¡AAAA, RUMPLIS, ME ESTÁS JALANDO EL PELOOOOO!

(Rumplis) Lo siento, lo siento. (Igor) ¡AAAAA, CUIDADO!

— Death se sale del medio, Erik y Rumplis también. — Igor cae de cabeza y queda enterrado en un charco de barro.

— Igor se empieza a ahogar. (Erik) ¡GENTE, AYUDEMOS A IGOR!

— Rumplis agarra a Igor por una pierna y Erik por la otra.

(Rumplis) A la cuenta de tres... ¡Jala! ¡Uno, dos, tres!

— Proceden a jalar, pero Erik termina quitándole una bota a Igor.

— Erik se cae. (Erik) ¡Está difícil de sacar!

(Death) ¡Esperen, lo voy a ayudar! — Death ayuda a jalar a Igor y lo logran sacar.

— Igor sale cubierto en barro e inconsciente. (Rumplis) ¡NOOO, IGOR SE AHOGÓ!

(Hiraku) ¡AAAAAAAAAA, SALGANSE DEL P#@^ MEDIO! — Hiraku cae encima de Igor.

— Igor tose y sale el barro. — Igor empieza a respirar.

(Igor) ¡AAAA, CASI MUERO, QUÉ HORRIBLE! ¡NO ME PODÍA NI MOVER!

(Hiraku) ¡Auch, me golpeé duro la cabeza!

(Samantha) Mmm... qué raro, estamos vivos. Menos mal que no andamos muertos. Y lo digo porque este lugar anda destruido también. (Death) Cierto, algo muy malo pasó aquí.

(Erik) Espera, ¿este lugar es Elfisland?

(Rumplis) ¿Por qué sería Elfisland? Esto no tiene lógica ni sentido... digo, sí tiene lógica: lo pueden destruir en cualquier momento también.

(Erik) Es que miren la madera en el suelo y el paisaje, es Elfisland.

(Hiraku) Chicos, ¿qué es esa cosa de allá? (Death) ¡Es enorme! Vamos a ver qué es.

(Igor) ¡De seguro es un monstruo enorme!

— Todos proceden a acercarse. (Death) Tienes razón, no puede ser... ¡sí es un monstruo enorme!

(Erik) ¡Vamos a derrotarlo!

— Se acercan mucho más. (Canibalismo) ¿QUIÉN DEMONIOS SON?

(Hiraku) ¡¿QUÉEEE, EL MONSTRUO HABLA?!

(Canibalismo) ¡ESTE SERÁ SU FIN! ¡TENGO HAMBRE! ¡QUIERO CARNE, CARNE, CARNEEEEEEEEEEEEEE! — Grita super fuerte.

(Erik) ¡ATAQUEN!

(Death) ¿Por qué su voz suena como la de Canibalismo? Algo anda mal.

(Canibalismo) ¡YO SOY CANIBALISMO 2.0! ¡Creado por los socialistas, nací para servirles!

— Canibalismo los empieza a atacar.

(Samantha) ¡OH NO, ES CANIBALISMO, PERO MÁS FUERTE! ¡ATAQUEN RÁPIDO!

— Todos empiezan a atacar.

(Death) ¡No puede ser, es demasiado resistente y se mueve muy rápido! Necesitamos a más personas.

(Hiraku) Así es, pero recuerden, ¡ataquen con rabia e ira, no con miedo! (Rumplis) ¡Entendido!

(Igor) ¡A MÍ ME ENOJÓ CAER EN UN MALDITO CHARCO DE BARRO, CAR@$$!

(Samantha) ¡A MÍ ME VOMITARON ENCIMA! (Erik) ¡ME JALARON EL PELO!

— Se enojan mucho y se vuelven mucho más fuertes.

(Death) ¡MUERE, MALDITO CANIBALISMO! (Canibalismo) ¡JAMÁS, USTEDES SON MIS PRESAS!

— Todos atacan a Canibalismo, pero él se regenera de manera super rápida.

(Death) Esta vez nos la pusieron difícil. (Brik) ¡Chicos, ya estamos acá!

(Death) ¡¿Brik?! (Brik) Volví, queridas niñas. (Hiraku) ¡CÁLLESE Y AYÚDENOS!

(Brik) ¡ENSEGUIDA! ¡JAJAJA!

(Dunkel) ¡Ya vine! Demonios, esta bestia es enorme, pero no tan grande como la que acabamos de enfrentar.

(Canibalismo) ¡CARNE, CARNE, CARNEEEEE!

(Lozir) Esa voz es de una sola persona, y esa es Canibalismo. ¡Chicos, no bajen la guardia! Este es peor que el Devorador de Mundos. Se come a los humanos sin piedad ni remordimiento, ¡así que ATAQUEN!

(Rebeka) ¡Canibalismo, malo! ¡Nos volvemos a ver de nuevo, esta batalla será épica!

(Yessi) ¡JAJAJA, ESTA VEZ MATARÉ A MI MAYOR TRAUMA DE UNA VEZ POR TODAS!

(Belis) ¡MUEREEEE!

(Chris) ¡YA SE ME ACABÓ EL CAFÉ, AHORA SÍ ME VIENE EL ENOJO!

(Rair) Ahora que muera este bastardo que destruyó a Elfisland, no mereces estar vivo.

(Canibalismo) ¡CARNEEEEE! (Lina) ¡NO HAY CARNE, ESTA VEZ TE MORIRÁS DE HAMBRE!

— Todos empiezan a atacar a Canibalismo.

— Mientras tanto, en otro mundo... *Varias horas antes*

(Stallin) jajaja, ahora son menos, ¿creen que podrán derrotarme aún?

(Mili) Sí, podremos derrotarte, infeliz.

(Keo) Esta vez será tu fin, Stallin. Quizá con los demás pudiste, pero conmigo no vas a poder.

(Blli) Gente, tenemos que movernos más rápido. ¡Sus golpes son más fuertes! Aprovechen que no hay casi soldados ni gente y ataquen con todo. (Militares ancapistas) ¡Enseguida!

(Trilliso1) ¡Muere, Stallin! (Trilliso2) ¡No podrás con nosotros jamás!

(Trilliso3) ¡JAMÁS! (Ambaria) ¡Cuidado, es muy rápido!

(Stallin) jajaja, apenas pueden predecir mis movimientos.

(POLÍTICOS ENMASCARADOS) Si derrotamos a Stallin, será el fin de este virus de una vez por todas. Seremos libres. Seguirán habiendo comunistas, pero serán humanos y no estas bestias.

(Tru) ¡Tenemos que acabar con esto ya para poder salvar a las familias, a las personas, a los animales y al mundo entero! (Lility) ¡Vamos, no se rindan!

(Cristfer) ¡Gente, están apareciendo más soldados y esta vez son más fuertes!

(Teris) Tranquilos, me encargaré de ellos. (Yoris) Sí, igual iré contigo.

(Freisk) ¡No me dejen, yo también quiero ir! Les ayudaré a derrotar los tanques.

(Stallin) jajaja, mucho bla bla bla y poca acción. — Stallin sigue atacando con fuerza.

(Keo) ¡AAAAA, ES DEMASIADO FUERTE! — Keo empieza a atacar con muchísima fuerza y logra debilitar a Stallin un poco.

(Stallin) ¿Crees que con eso me vencerás?

— Stallin se vuelve más fuerte y golpea a Keo, rompiéndole sus costillas.

(Keo) ¡AAAAA! ¡DUELE, PERO NO ES HORA DE DARSE POR VENCIDO!

— Keo se llena de mucha adrenalina y se vuelve más rápido, aunque sienta dolor.

¡Ya no hay pociones de curación y a este límite la magia ya no ayuda, así que es hora de atacar con más fuerza!

— Keo lanza hechizos al dictador y Stallin esquiva, pero a la vez recibe impactos.

— Aparecen más soldados malos. — Los soldados ancapistas empiezan a cantar para motivarse.

(SOLDADOS ANCAPISTAS) Nuestros voluntarios alzan armas sin temor y con fervor,

Mientras ustedes roban y traicionan, nosotros luchamos con valor.

El sudor de nuestra frente forja acero y voluntad,

Ustedes siembran muerte y caos, nosotros cosechamos libertad. Marchando voy firme, sin titubeo,

Con la libertad como escudo y fe, Sin obligación, sin humillación,

Aquí no hay opresión ni sumisión. Con disciplina o sin disciplina, La nación es de su gente fiel, ¡No nos rendiremos jamás!

Doblegaremos la rodilla ante el poder. (Cancion completa en youtube KeoRed Alerta Amarilla) Narrador si escuchan las canciones sera mejor ya que se adentraran mas a la lectura.

(Lirais) ¡No nos demos por vencidos, aún hay tiempo! (Sirik) Así es. (Keo) ¡No podrás contra nosotros!

(Stallin) ¿Tú crees? Mientras estaban luchando como tontos, aproveché y le avisé a los soldados que revivieran al Devorador de Mundos y a Canibalismo, cuando me enteré de su leyenda. ¡Así que ellos están vivos destruyendo mundos a su antojo! ¡JAJAJA!

(Brik) ¡Esos ya los matamos! (Keo) ¡¿BRIK, VOLVISTE?!

(Brik) Sí, y lo mejor es que matamos al Devorador de Mundos y a Canibalismo solos.

(Stallin) ¡¿QUÉEEEEEEE?! ¡¿CÓMO ES POSIBLE?! ¡INACEPTABLEEEE, HIJOS DE @$#^@#$&!

— Stallin se vuelve más violento, rápido y fuerte.

(Keo) ¡VAMOS, HORA DE DERROTAR A STALLIN, TODOS JUNTOS! ¡ATAQUEN CON TODAS SUS FUERZAS!

**Capítulo 12-5: Algo épico**

(Stallin) — ¡Agg! Fui un tonto al mandarlos a otro mundo por accidente, pero ahora sí los mataré.

(Trillisos) — ¡No lo lograrás! (Keo) — ¡Juntos lucharemos hasta el final!

— *Lirais golpea fuerte a Stallin.* (Lirais) — ¡Ese sí te impactó! (Mili) — ¡ZURDOS HIJOS DE #((@$!

— *Mili se vuelve más fuerte también.*

(Bli) — ¡Hora de ayudar a Mili, vamos a hacer un ataque junto con Mili!

(Tru) — ¡Vamos! — *Tru hace ataques masivos y rodea a Stallin de muros.*

(Tru) — ¡Ahora sí, golpeenlo con fuerza! ¡Todos lancen sus ataques antes de que rompa o salte el muro!

— *Sirik y Lility lanzan varios ataques.* (Sirik) — ¡No le hacen nada los ataques! (Lility) — ¡Con más fuerza!

— *Lility ataca de forma violenta, logrando lastimar al dictador.* (Stallin) — ¡AAaah!

(Cristfer) — ¡Toma esto! — *Cristfer le lanza un ataque de ácido.* (Teris) — ¡Y esto!

— *Le lanza un ataque super fuerte.*

(Yoris) — ¡Y esto también! — *Le lanza una poción de veneno.*

(Stallin) — ¡AaaAaaaAAA! — *Stallin logra romper el muro* y empieza a atacar.

(Freisk) — ¡Esta vez no nos mandarás a otros mundos!

— *Freisk hace magia y le detona una mano, sale sangre por todas partes.* (Ambaria) — ¡MUERE!

— *Le detona la otra mano.*

(Stallin) — ¡MALDITOS! — *Stallin logra regenerar sus manos y le empiezan a salir músculos por todo el cuerpo, se vuelve mucho más fuerte* y los empieza a atacar.

— *Todos sufren varios golpes y heridas, pero aun así siguen luchando con fuerza.*

(Políticos enmascarados) — ¡NO NOS DAREMOS POR VENCIDOS!

— *Lozir le empieza a disparar con una RPG.* (Stallin) — ¡AAAAAA! ¡MIS MÚSCULOS!

— *Stallin ataca a Lozir y Lozir sale volando.* (Lozir) — ¡AAAAA!

(Dunkel) — ¡NOOOOO, MALDITO STALLIN! (Lozir) — No te preocupes, hijo, ando bien.

(Erik) — ¡Lozir, yo te cubro, trata de recuperarte!

(Lozir) — Bien. (Death) — ¡Nos las vas a pagar a todos, y a las personas inocentes que están muriendo!

(Stallin) — ¡CÁLLENSE YA! (Lina) — ¡CÁLLATE TÚ, BASURA!

— *Le lanza ataques fuertes, pero Stallin los esquiva y golpea fuerte a Lina. Lina queda inconsciente.*

(Rumplis) — ¡Oh no! ¡Soldados, llévense el cuerpo de Lina, está inconsciente!

(Soldados ancapistas) — ¡Enseguida! — *Samantha logra romper los músculos de Stallin.*

(Samantha) — ¡AHORA DA TU ATAQUE FINAL, KEO! (Keo) — ¡Enseguida!

— *Pero Stallin se regenera rápido.* (Stallin) — ¡JAJAJA, QUÉ TONTO FUE ESO!

(Hiraku) — ¡YA ME TIENES HARTO! — *Hiraku se vuelve más poderoso y lanza más ataques, pero no le hacen efecto a Stallin.*

(Stallin) — ¡ERES DÉBIL, TUS ATAQUES SOLO ME HACEN COSQUILLAS!

(Rebeka) — ¡NO NOS RENDIREMOS! (Belis) — ¡GENTE, SE MUEVE MÁS RÁPIDO, CUIDADO!

*— Stallin empieza a dejarle graves heridas a todos.*

(Chris) — ¡YO SOLO QUIERO UN MALDITO CAFÉ, HIJO DE LA GRAN @($&( ME &#($(&(# ANORMAL CAB#&$!

*— Chris se enoja mucho y empieza a golpear a Stallin de manera super veloz.*

(Stallin) — ¡AAAAA! (Rair) — ¡APROVECHEMOS!

(Yesi) — ¡SÍ, HORA DE DERROTAR A ESTE DICTADOR! (Keo) — ¡VAMOS! (Brik) — ¡Te ayudaré!

*— Keo empieza a golpear fuertemente a Stallin y logra hacerle heridas graves.*

(Brik) — ¡Ahora sí! *— Brik procede a volverse super poderoso y le arranca un brazo a Stallin.*

(Stallin) — ¡NOOOO! *— Keo y los demás golpean a Stallin para que no se pueda regenerar.*

(Keo) — ¡AHORA SÍ DARÉ MI ATAQUE FINAL, PERO NECESITO SU AYUDA, CHICOS, UNAN SUS FUERZAS CON LA MÍA!

(Todos) — ¡ASÍ LO HAREMOS! *— Todos, y hasta los militares, unen sus fuerzas, lanzando un ataque tan fuerte como mil bombas nucleares juntas.*

(Stallin) — ¡AAAAAAAAAAAA! ¡ME DUELEEEEEEE!

*— Stallin explota y muere para siempre.* (Keo) — ¡ESPEREN, NO ESTÁ MUERTO AÚN!

*— Keo mete en un frasco su esencia y rompe el frasco.*

(Keo) — ¡AHORA SÍ HA MUERTO!

*— La explosión al matar a Stallin es tan fuerte que deja todo super iluminado. En los demás mundos empiezan a desaparecer los comunistas y socialistas, y el virus se empieza a morir. La luz vuelve a todos los mundos otra vez. La gente se pone feliz, las personas salen de sus escondites, los soldados cantan victoria, todos se empiezan a abrazar, y unos nuevos héroes empiezan a ser reconocidos.*

(Militares y personas del mundo donde están Keo y los demás)

**USTEDES SON LOS HÉROES, ¡VIVAN, VIVAN!**

(Keo) Gracias ! (Lirais) Fue super difícil, pero no fue imposible.

(Mili) ¡SÍIIII! ZURDOS HIJOS DE PUTA, ¡TIEMBLEN LA LIBERTAD AVANZA, VIVA LA LIBERTAD CARAJO! (BriK) ¡VIVAAAAAA!

(Tru) ¡HAGAMOS A LOS MUNDOS GRANDES OTRA VEZ! (Bli) ¡HAGAMOS QUE LOS MUNDOS SEAN MÁS SEGUROS!

(Sirik) ¡JUNTOS SOMOS MÁS! (Lility) ¡NADA ES IMPOSIBLE! (Cristfer) ¡LO LOGRAMOS!

(Yoris) ¡NOS MANTENDREMOS FIRMES, SIN TITUBEAR Y SIN RETROCEDER!

(Freisk) ¡ESTA ES NUESTRA TIERRA, DONDE SOMOS LIBRES DE COMERCIAR!

(Ambaria) ¡NO VOLVEREMOS A PAGAR OTRO IMPUESTO, NUESTRA LIBERTAD NO SE VENDEEEE!

(Políticos enmascarados) ¡HURRAAAAA!

(Trillisos) ¡ASÍ SE HACE! ¡QUÉ BIEN NOS SENTIMOS AL SABER QUE SOMOS HÉROES!

(Death) ¡HEMOS LOGRADO ALGO GRANDE! (Samantha) ¡ASÍ SE HACE, SOMOS FUERTES!

(Erik) ¡USTEDES SON NUESTRA MOTIVACIÓN!

(Chris) ¡CAFÉEEEE, CAFEEEEE, CAFÉEEEEE, QUIERO CAFÉEEEE, AAAAAA! (Rumplis) No te preocupes, traje un poco.

(Chris) Gracias (Rumplis) De nada. (Igor) Por fin, ahora podré explorar libre y sin límites, ¡gracias, amigos, gracias!

(Keo) Gracias a ti, hiciste mucho durante la batalla. (Igor) ¡Muchas gracias! *Empieza a llorar de felicidad.*

(Hiraku) ¡VENCIMOS! (Dunkel) ¡LEVIN Y LOIS ESTARÁN ORGULLOSOS DE NUESTRO TRABAJO! (Lozir) ¡POR FIN SOMOS LIBRES DE NUEVO!

(Rebeka) ¡Libres como el viento! (Belis) ¡QUÉ FELICIDAD! (Rair) ¡HURRAAAAA!

(Yessi) Chicos, ¡voy a llorar! *Empieza a llorar de felicidad también.*

(Lina) ¡HICIMOS UN GRAN TRABAJO, ESTOY SUPER FELIZ! :D

(Brik) Y bueno, Keo, ¿qué nos espera ahora?

(Keo) Habrá que prepararnos porque quizás nos espere algo peor, pero vamos a disfrutar y ayudar a las personas a reconstruir desde ya. (Brik) ¡Enseguida!

*Todos empiezan a reconstruir sus casas y hogares. El mundo de Brik lo empiezan a reconstruir de nuevo también. Pasan varias décadas y, por fin, terminan. En el mundo de Brik se crea la primera nación Anarco Capitalista libre gracias a Mili, Brik, Bli, Tru y Keo.*

*Por la tarde, en el primer mundo Anarco Capitalista, en el castillo donde actualmente viven Keo y los demás cuando se les antoja.*

(Lility) **Keo, levántate, hoy es un gran día. Hoy vamos a celebrar después de tanto tiempo que estuvimos reconstruyendo.**

(Keo) **¡¿QUÉ?! Se me olvidó que era hoy, jajaja, bueno, empezaré a vestirme.** *Se va a vestir.*

(Lility) **¡Ay, qué día más hermoso y relajante! Nunca en mi vida pensé que iba a vivir en un mundo tan increíble y que se desarrolla tan rápido gracias a que no existe estado.**

(Mili) **¡Hola, Lility! Escuché eso, jajaja. Al principio, a mí me decían loco por no creer en el estado, pero mira ahora, los locos son ellos.**

(Lility) **Qué curioso, la verdad. Es increíble cómo a veces uno tiene toda la razón, aunque las personas estén en desacuerdo.**

(Mili) **Así es.** (Keo) **Ufff, gente, ya me vestí. ¡Oh! ¡Hola, Mili, ¿cómo estás?!**

(Mili) **Súper feliz, hoy por fin toca celebrar nuestro esfuerzo.**

(Keo) **Eso sí, es genial. Jajaja, ya por fin podemos descansar después de tantos días y meses ayudando a los demás y trabajando sin descanso.**

*Se escuchan gritos.*

(Rumplis) **¡AAAAAAAAAA!** (Hiraku) **¡Maldito Rumplis, otra vez me vestiste de mujer!**

(Keo) **Jajaja, algo me dice que Hiraku le va a dar tremenda paliza.**

(Rumplis) **¡Ayuda!** (Keo) **¡Jajaja!** (Mili) **¡Jajaja, qué hermosa princesa!**

(Lility) **¡Esto es demasiado divertido! Todos los días hay una broma nueva, espero nunca cansarme, jajaja.**

(Rumplis) **¡Hiraku, cálmate, por favor! Hoy es un día especial.** (Hiraku) **¿En serio?**

(Rumplis) **Sí, sí, hoy vamos a celebrar nuestro esfuerzo.** (Hiraku) **¡Siiii, qué genial!**

*Otra cosa es que Erik, con gran parte de su dinero, ayudó a fundar un mundo donde gobierna lo misterioso y lo aterrador, con cuentos de terror, fantasías y oscuridad. Una ciudad única.*

*Mientras tanto, en la ciudad de Erik...*

(Erik) ¡Demonios, me duele el bolsillo, jajaja!

(Darkly) Bueno, al fin y al cabo es una ciudad perfecta. :D

(Erik) Bueno, este fue uno de mis mayores sueños y por fin está hecho realidad. Me acuerdo cuando vino Brik, quedó tan enamorado que hasta un edificio se compró para vivir acá. ¡A todos les gustó mi ciudad!

(Darkly) Es que es demasiado hermosa. A veces me pregunto cómo es que pudimos llegar tan lejos.

(Erik) Eso es para que veas que nada es imposible, solo hay que darle tiempo y dedicación a las cosas.

(Darkly) Tienes razón. ¡Aaaaaa, me acordé de algo! (Erik) ¿Qué sucedió?

(Darkly) ¡Hoy es el día! (Erik) ¿Qué día? *Se asusta*

(Darkly) Hoy nos toca celebrar todo nuestro esfuerzo. :D ¡Vamos con los demás!

(Erik) ¡Siuuu! Bueno, vamos a vestirnos bien. *Proceden a vestirse.* (Darkly) ¡Hermoso!

(Erik) Usted está hermosa también, más hermosa que unas rosas manchadas en sangre puestas en un altar oscuro.

(Darkly) ¡Qué romántico! *Se dan un beso y luego se teletransportan donde están los demás.*

*Mientras tanto, en una sala súper enorme...*

(Keo) ¡Chicos, por fin llegaron! ¡Ya estamos todos bien vestidos, ya está todo preparado! :D

(Death) ¡Genial!

(Samantha) ¡Ya quiero comer dulces, siuuu!

(Erik) Yo quiero contarles mi libro super aterrador que hice de noche, inspirado en todos nuestros traumas. ¡Jajaja! Incluso cuando a Chris le quitaron el café.

(Chris) ¡Uy, no, eso sí que me dio miedo! (Belis) ¿Miedo dices? ¡Te volviste super loco!

(Chris) Jajaja, es que así soy cuando no tomo un buen café.

(Keo) Jajaja, este Chris es un adicto.

(Lility) Así es, todas las horas se toma un café distinto, jajaja.

(Rumplis) Qué feliz estoy de que todo haya salido perfecto. Nadie murió, quizá salimos heridos, pero aquí estamos. Así que espero que sigamos así, mejorando todo el tiempo, siendo más fuertes y ayudando a las personas buenas.

(Igor) Así es, menos mal que no morí cuando caí en el charco de barro, jajaja.

(Hiraku) ¡Eso fue traumatizante!

(Dunkel) Aunque nos haya pasado cosas malas, lo bueno es que hemos disfrutado. Así que aprovechemos cada momento como si fuera el último.

(Brik) Así es, como tiene que ser. Hay que disfrutar y aprender a enfrentar tus errores.

(Ex políticos) Nosotros hemos aprendido mucho desde que los conocimos. Muchas gracias, la verdad. (Mili) Gracias a ustedes por escucharnos también.

(Militares) Fue una lucha difícil, pero aquí estamos, de pie.

(Ambaria) Tengo una idea: vamos a ver películas de terror también por la noche.

(Freisk) Y luego podemos jugar videojuegos si se les antoja.

(Keo) ¡Ya sé, vamos a desvelarnos!

(Todos) ¡Siiiiii! (Yoris) ¡Yo quiero ver cómo canta Brik! (Teris) ¡Yo también!

(Brik) Jajaja, quedarán impresionados con mi increíble talento a la hora de cantar. ¡Todavía vienen chicas a mi puerta! (Cristfer) ¡Eso es genial! :D

(Sirik) Ufff, y hacemos competencia de nadar en la piscina. (Tru) ¡Perfecto, eso será divertido! (Bli) ¡Yo me apunto!

(Mili) ¡Viva la libertad, carajo! (Todos) ¡Viva! (Lirais) Este será otro de los días más felices de mi vida. ¡Muchas gracias, chicos! (Todos) ¡De nada! (Rebeka) ¡Bueno, es hora de festejar!

(Belis) ¡Siiiiii, fiesta! (Rair) ¡Vamos! (Yessi) ¡Ya quiero que pongan el metal! (Lina) ¡Yo también! (Keo) ¡Esperen, chicos! (Todos) ¿Qué sucedió?

(Keo) Cuando derrotamos a Stallin, escuché a mis padres, Freisk y Ambaria decir unas frases que me interesaron. Así que decidí hacer un himno con ellas.

(Mili) ¿Hiciste un himno? (Keo) ¡Así es! :D Este será el himno de los libres, que será usado para invocar ese espíritu de libertad y rebeldía. ¡Así que canten conmigo!

Himno de Vullnetar

*(El canto de la libertad y el libre comercio)*

¡Defenderemos el libre comercio,

no nos rendiremos hasta vencer su poder!

Quiero ser libre y comerciar,

quiero expresarme sin temor.

No quiero ser reprimido por el estado,

y si nos presionan, nos alzaremos.

Nuestra voluntad es firme, nunca cederemos,

aunque el mundo esté en desacuerdo.

Y las naciones intenten oprimirnos,

nos mantendremos firmes sin titubear,

¡sin retroceder!

Con metales y percusión, marchamos al ritmo,

esta es nuestra tierra, donde somos libres de comerciar.

No volveremos a pagar otro impuesto,

nuestra libertad no se vende.

Esta es nuestra tierra, no del estado,

nos mantendremos firmes, defenderemos nuestra nación.

Con voluntad voluntaria, sin vacilación,

este es nuestro hogar, nunca lo abandonaremos.

Una nación independiente,

donde la libertad es nuestro estandarte.

¡Viva la libertad, sin ella no somos nada!

Si alguien intenta quitárnosla, resistiremos con todas nuestras fuerzas.

*(Narrador: la canción está en KeoRed, himno de Vullnetar, YouTube)* **(Keo)**: —Ahora sí, chicos, ¿qué les pareció? **(Mili)**: —¡Está hermoso! **(Brik)**: —¡Nos quedó genial! **(Dunkel)**: —¡Fue una auténtica obra de arte! **(Lozir)**: —¡Hay que celebrarlo también! **(Keo)**: —¡Ahora sí, vamos a celebrar!

—Todos empiezan a celebrar, bailan, cantan, comen, juegan videojuegos, escuchan a Erik leer su libro de terror completo, y todos se quedan varios días felices y festejando.

Y bueno, este sí es el verdadero final, pero aún no… aun faltan muchos mundos por recorrer, muchas aventuras. Así que todavía no es el final, ¡esto apenas continúa!

Pronto habrá más historias que contar y más personas que lean este libro. Así que si has llegado hasta aquí, ¡ayúdame a promocionar este libro para que llegue a más personas y todos lo puedan leer!

**FIN...**

# Contexto de las situaciones que parecen contradictorias

Quiero explicar algunos puntos para que todo tenga sentido mientras leen:

1. **Brik y su alianza destructiva:**
    a. Brik acabó con los regímenes socialistas porque había perdido la cordura. Su objetivo de destruir todos los mundos surgió del inmenso dolor de perder a sus mejores amigos, a quienes amaba profundamente. Este vacío lo volvió loco y malvado, llevándolo a hacer alianzas con Blali y Canibalismo en un intento desesperado por llenar ese vacío emocional.
2. **La conexión Wi-Fi:**
    a. Cuando se menciona que el Wi-Fi no funciona, es porque está protegido con magia y es imposible hackearlo, incluso con habilidades mágicas.
3. **El poder de Keo y Dunkel:**
    a. Cuando dicen que tienen suficiente poder para destruir mundos, lo dicen de forma sarcástica, aunque técnicamente podrían hacerlo. Sin embargo, les tomaría muchísimo tiempo lograrlo.
4. **Facilidad para volverse rico:**
    a. En este mundo es más sencillo prosperar económicamente porque muchas personas crearon emprendimientos exitosos y, además, la magia facilita la construcción de casas y otros recursos.
5. **Unicidad de los mundos:**
    a. Cada mundo es único, con su propia cultura y tradiciones, lo que enriquece la diversidad de la narrativa. Muchas gracias por comprar este libro y leerlo completo.

Made in the USA
Monee, IL
02 May 2025

16286617R00148